苏东坡的心电图

丁千城·著

中国社会出版社
国家一级出版社·全国百佳图书出版单位

图书在版编目（CIP）数据

苏东坡的心电图 / 丁千城著 . —北京：中国社会出版社，2019.10
ISBN 978-7-5087-6235-7

Ⅰ . ①苏…　Ⅱ . ①丁…　Ⅲ . ①苏轼（1037–1101）—传记　②李清照（1084– 约 1151）—传记　③郑板桥（1693-1765）—传记　Ⅳ . ① K825.6 ② K825.72

中国版本图书馆 CIP 数据核字（2019）第 223961 号

书　　名： 苏东坡的心电图
著　　者： 丁千城

出 版 人： 浦善新
终 审 人： 李　浩
责任编辑： 李新涛

出版发行： 中国社会出版社　　**邮政编码：** 100032
通联方式： 北京市西城区二龙路甲 33 号
电　　话： 编辑部：（010）58124841
邮购部：（010）58124848
销售部：（010）58124845
传　真：（010）58124856
网　　址： www.shcbs.com.cn
shcbs.mca.gov.cn
经　　销： 各地新华书店

中国社会出版社天猫旗舰店

印刷装订： 北京联兴盛业印刷股份有限公司
开　　本： 170mm×230mm　1/16
印　　张： 22.5
字　　数： 250 千字
版　　次： 2019 年 12 月第 1 版
印　　次： 2019 年 12 月第 1 次印刷
定　　价： 48.00 元

中国社会出版社微信公众号

目　录

郑板桥变形记

自序：在粗糙的现实里有心灵地活着

有心灵地活着越来越成为一个问题，尤其在日渐粗糙的现实中。

现实日渐粗糙，一部分原因来自于效率价值观。空中飞人，早上从广州出发，中午在上海吃饭聊生意，下午飞北京，晚上吃饭聊生意，末班飞机回到广州。一天三次飞行，走过的路可以超过古人一生一世。

微信等工具越来越让人成为“非人”，一个在手机屏幕上刷存在感的人，匆忙接受无数信息，要么点赞，要么骂娘，只需要这两种反应模式，就能找到强大的自我。电脑的发明源于二进制，十进制有 0 到 9 十个数字，二进制只有 0 和 1 两个数字。0 和 1 两个数字可以用开关的“开”与“合”来表示，这就构成了最原始的电路，人类从此进入新世界。信息科技充分发达以后，人日渐简化成一个开关，点赞是1，骂娘是0。

科技造成幻觉，在2014年岁末，终于登峰造极。吕克·贝松导演，斯嘉丽·约翰逊主演的科幻动作片《超体》，开辟出一个惊世骇俗的新法门——吃药成佛。按传统想法，成佛是一条艰辛的道路，需要勇猛精进，是大丈夫的事业，但法力无边的科技让人吃药就可以成佛。这样的药不知要卖多少钱？如果吃药可以成佛，那么吃药成为莎士比亚、成为梵·高、成为曹雪芹，想必更加容易，小菜一碟。

传统需要通过修为，通过身心全方位参与才能拥有的能力一次次被切割、被外包，用科技手段实现加持。顺风耳，买个手机就行；千里眼，买了摄像头就行。当所有能力都被外包，个体变得强大无比，内圣外王，唾手可得。

以前看《红楼梦》，觉得大观园里的少男少女着实幸福，上小学的年纪不用做奥数，长大了不用找工作、买商品房，唯一的正经事是谈恋爱。黛玉是标准的专业人士，不光初见宝玉就觉得“似曾相识”，和宝玉闹别扭的时候还要说“我为的是我的心！”从宝黛的罗曼史来看，有心是一件很累的事，但无心不仅无聊而且无趣，只是泡妞，《红楼梦》变成《金瓶梅》了。

我当然相信互联网是一项伟大的发明，也相信互联互通是伟大的、一定会实现的趋势，但我同时觉得，所有关于互联网、移动互联网的预言，都有大佬在背后操纵，名噪中国的《失控》的作者KK，只是大佬手中的工具。大佬在开辟新大陆，建设新世界。KK说“去中心化”，事实上所有伟大的互联网公司都有一个中心，就是大佬。所谓大佬，是一种霸道和蛮力，他们想把一切人和事都异化为工具，最好是0和1那样简单的工具。

卡夫卡《变形记》的主人公格里高尔，在某一天早晨，突然发现自己变成了一只大甲虫。在某一天早晨，我们突然发现自己变成了一个要么点赞、要么骂娘的开关。

“U盘化生存”听上去是一种自由，构成强大的诱惑，让我们对科层制组织更加深恶痛绝，但真的自由需要独自面对真实的自我，无论如何不是一件轻松的事。南宋辛弃疾的词，“我见青山多妩媚，料青山见我应如是”，如果把其中的“青山”替换成“真实的自我”，你不一定会喜欢上自己。

在我想来，一个人的独立生存与发展，需要具备几种最基本的能力，比如进化的能力、情感的能力、表达的能力、审美的能力、组织或领导的能力，而不仅仅是上过大学，有这样那样的考级证书。自从遥远的农业时代开始，一直到现在的互联网时代，这些能力跨越千年，历久弥新。

我不想被异化，尤其是异化成一个开关。大佬们在异化我们的过程中，让我们有内圣外王的感觉，同时还让我们对吃药成佛保持高度的期待，整个过程非常舒服，非常兴奋，但当我们真的成为一个开关以后，我们失去了自我，最终被抛弃，流落街头，成为弃儿。

去中心化、U盘化生存都是伪自由，真正的自由是一种不被时代抛弃的自由，然后才能有免于匮乏的自由。一个人有身体，是基本的事实。一个人有一颗心，也是基本的事实。孟子、王阳明这些人相信，人有一颗心，这颗心中天生具足良知、良能，也应该是基本的事实，所谓“人之所不学而能者，其良能也；所不虑而知者，其良知也”。

在日新月异的互联网时代，我们恐慌性追随，想融入其间，不想成为弃儿，为此付出巨大的努力，每天看100多次手机、在微信上花三四个小时。我们的双手紧紧扒在诺亚方舟上，青筋暴突，血迹模糊，但大佬们还是把我们看成材料和工具。

在如此粗糙、粗暴的互联网时代，我不想缴械投降。我愿意，甚至迷恋花巨大的精力去考察一颗颗心灵，他们是一些很靠谱的人，比如老子、庄子，东坡、王维，李白、杜甫，当然还有一些女性人物，比如李清照。我说他们靠谱，一个是时间，屹立千百年而不倒；二是没有利害关系，至少他们不会骗我。当我走进他们的心灵以后，有一种恋爱的感觉，又像是一次“尽精微、致广大”的旅行。

看一个人，要复原那个时代阳光的味道、空气的流动，复活那个肉身凡胎、那个真实的心灵。如果有可能，每位传主我先要找可靠的年谱，然后看他们的全集，全集看不完，至少是选集。我打开书，一场说走就走的旅行就开始了；我合上书，就在某个遥远的驿站洗洗睡了。我偶然会看别人写的关于他们的传记，作为可有可无的参考，我还是想“自己体贴出来”，直面他们，与他们在晦暗不明的小径上相逢，我不想定义他们，只想重看一遍花开花落。

我把“自己体贴出来”的东西写成文字，称之为“中国人的心灵史”。我慢慢迷上了这件事，平时抽空看他们的材料，秋冬蛰伏，一个字一个字写出来，为心灵作一次进补。

我没有想到，在互联网时代，要做到在粗糙的现实里有心灵地活着，如此大不易。感觉自己活着，感觉别人也活着，活得有血有肉、活色生香，就是最大的幸福。

在冬日的阳光下，我有时痴想。某一天，我垂垂老矣，但我已经写完了 30 个人，甚至 50 个人，他们像《清明上河图》一样铺展在我眼前，又像一颗颗熠熠生辉的蓝宝石镶嵌在我书房的天花板上，江河奔流、花开花落，“云在青天水在瓶”。我满足、窃喜，庆幸自己在异化的枪林弹雨中，九死一生，还是一个活生生的人。

最后，我要感谢一个人，俄国作家陀思妥耶夫斯基，他说：“人是一个谜，需要解开它，如果你一辈子都在解这个谜，那你就别说浪费了时间。我在研究这个谜，因为我想成为一个人。”

苏东坡的心电图

苏东坡生于 1037 年，1101 年去世，享年 65 岁。他出生在四川眉山，渴慕的最后归宿地是江苏宜兴，他人生的最后岁月漂流在京杭大运河上，运河两岸挤满了百姓，希望一睹这位大名士的风采。东坡最后在运河上去世，他把 3 个儿子叫到床前，说：“我这辈子没有作恶，去世后不会堕入地狱。”又说，“等到那个时候，千万不要哭泣，让我坦然化去。”

阅读东坡是一种奇异的经历。我觉得自己也是运河两岸争睹东坡风采的百姓之一。我们对天才都有好奇心，花一整天阅读东坡诗文，得到的愉悦，正好可以抵消上网 10 分钟浏览社会新闻带来的零乱。

东坡有几种好处，给我们安慰，也让我们倍感失落。首先说失落。阅读东坡，让我们觉得自己是一个哑巴，失语症患者。东坡留下大量的文字，他手中的那支笔，已成为身体的某种器官，随时表达，心手合一。而我们只能隐忍，苦辣酸甜，说不出来，憋在那儿，脸憋得通红。其次是时光的痕迹，说来好笑，据说现在是大数据时代，你在银行转账、网上聊天、宾馆开房，都会留下痕迹，但我们的心灵还是一天天湮没无闻。东坡用他的文字让许多个瞬间成为浮雕，山高月小，水落石出，永不泯灭。天才意味着权力，表达的权力、记忆的权力、抵御随风而逝的权力。

虽然有许多失落之处，但我们依然离不开东坡，因为东坡同样给我们很多安慰。从北宋到现在，千年以来，一直有很多人相信，东坡是文曲星下凡，但东坡的文字告诉我们，他只是一个真实的人。他的一生有许多好运气，比如他从不缺爱。他有最好的女人缘，前后三位夫人都姓“王”（王弗、王闰之、王朝云），所以我称他为“王的男人”。三位夫人在人生的不同阶段陪伴他，各有风华，相濡以沫，又都约好了似的先他而去。东坡还拥有最高质量的母爱，当然还有最高质量的父爱与兄弟之爱。他的母亲程夫人与孟子母亲、岳飞母亲齐名，如果“好女人是一所学校”要选形象代言人的话，程夫人应是不二之选，她不仅培养出两个不朽的儿子苏轼、苏辙，还培养出自己的丈夫苏洵，她是文学史上鼎鼎大名的“三苏”身后的教母。程夫人去世时，老苏与两个儿子一起跪倒在灵柩前，有人提醒老苏说，按礼法，妻子去世，丈夫不必跪拜。老苏动情地说，我跪拜的不是老妻，而是恩人，足见老苏感念之深。

东坡走出眉山以后，在庙堂与江湖也收获了无数的爱与尊重，上至连续几代的皇帝、皇后、太后、太皇太后，中至皇亲贵戚、朝中大佬，下至同僚下属、道释朋友、歌伎舞女、黎民百姓。乌台诗案，东坡坐牢 100 多天，差点丢了性命，那些想置他于死地的人，表面上是政见不合，究其根本，可能只是忌妒，就像小时候，我们总想把成绩最好、最受老师宠爱的同学揍一顿一样。

相隔千年，我们遥看那一段时光，不管当时如何繁花似锦或命悬一线，不管是深挚的重爱还是一浪高过一浪的忌恨，其实都是东坡自我成就的养料。东坡的一生两次“走出盆地”，一次是从地处四川盆地的边远小城眉山到京城开封。在这条路上，东坡一共走了五次，第一次是进京科举，第二次是回去奔母丧，接着又回到京城，后来又送父亲的灵柩回乡，后来又回到京城，从此再没能回到家乡。从眉山到开封，有时走北线的陆路，经汉中到西安，再到开封，路上大部分时间骑马，如果马出了问题，就骑驴；有时走南线的水路，顺长江而下，过三峡，到江陵，再换陆路北上。这是东坡地理上的迁移。东坡另一次“走出盆地”是乌台诗案后贬谪黄州（湖北黄冈），他成了一名不拿薪水、不得签署公文的罪官，犹如到了“五七干校”。在黄州，东坡躬耕田亩，为一家 20 多口的吃饭问题担忧，物质生活到了水平线以下，但黄州依然是东坡的福地，他的文学从此进入大江大河的开阔之境，他为自己取了个号——东坡居士，这是东坡自己始料未及的心灵秘史。黄州以后，东坡回到朝廷，升了好多次官，但事实证明他不是做京官的料，于是又一贬再贬，先是往北到定州，再掉头一路南下，广东惠州、海南儋州，东坡人生的最后 10 年，在大宋王朝的疆域内南北纵横，行踪遍及王朝的山山水水，在地理上和整个王朝的疆域合二为一。

东坡晚年自述“身如不系之舟”，他的一生如他的文章一样行云流水，初始“在河上、在湖上”，后来“在江上、在海上”，最后痴想“在溪上”，而终不可得。东坡有长期做地方官的经历，历任八州，他多次漂泊在汴河、京杭大运河之上；他点醒了三个西湖，杭州西湖、颍州（安徽阜阳）西湖、惠州西湖；他又多次在长江漂泊，黄州是江边荒城，最远的时候，他渡过琼州海峡到了海南。后来，东坡老了，厌倦了江海风涛，他想安静下来，经过多次失败的尝试，最终在江苏宜兴（北宋常州府）买了田地，他年轻时就听说宜兴荆溪风景如画，山水形胜，东坡最后的梦想是“在溪上”悠游岁月，而天不假年，不肯再成全他。

东坡所有的作品，诗词文赋、书法绘画，在我看来，只是他的心电图。那是一幅绵延无尽的长卷，真实无虚，历历在目。五千年中华史，没有人能够把一生的心电图完整地保存下来，只有东坡，作了最成功的尝试。东坡最好地诠释了我的一个梦想，“在粗糙的现实里有心灵地活着”。东坡一直在提醒我们，每一个人都有一颗心，这颗心不仅是全身供血的泵，还是王阳明所说的“良知”栖息地。这颗心里什么都有，有山河大地、爱恨情仇、三千大千世界。东坡的一生，绝不让自己的心灵蒙垢。

第一章 王的男人

所有的文学史都有一种傲慢，或者说偏颇，就是对作家的私生活缺乏精心的梳理。在我的体会里，用一个人的公共生活覆盖掉他的私生活是一种暴力，一种缺乏起码尊重的暴力。在此情势下，我们看到的往往是一个假面的人，一个随时可能倒塌的外在形象或符号。不涉及私人生活的名人传奇是一个木偶，是一台安装了 Windows 系统，但没有 DOS 系统的电脑。不涉及私人生活的文学鉴赏只是不小心把水溅到了女孩子的裙子上，只是隔靴搔痒，只是初次见面即谎称朋友。

宋神宗熙宁七年（1074 年），东坡 38 岁，从杭州通判调任密州知州。北宋密州即现在的山东诸城。按北宋官制，知州是地方行政一把手，相当于市长；通判是二把手，相当于副市长。东坡从杭州通判调任密州知州，是正常的人事升迁。之所以到密州，是出于东坡向朝廷的请求。东坡的弟弟苏辙，比东坡小 2 岁，当时在山东济南任职，兄弟俩宦游四方，已经好几年没见面了，东坡存了常常相见的愿望，想靠弟弟近一点，而朝廷俯允所情，同意了。

东坡到了密州，当时的密州通判叫刘庭式，济南人，是君子，也是奇人。他在贫寒时，曾“议娶乡人之女”，有了婚约，但尚未致送聘礼，按古代礼制，这种情况不算真的订婚。后来，刘庭式高中进士，而那个女孩子却因病双目失明了。女孩子家是穷苦的普通农户，无权无势，所以不再提婚约的事。当时有人想出一个变通的办法，劝刘庭式娶盲女的妹妹为妻，刘庭式听后笑着说："吾心已许之矣。虽盲，岂负初心哉？"最终娶盲女为妻。刘庭式到密州后，马上接盲妻到任所。后来，盲妻在密州去世，刘庭式十分悲痛，终生不肯再娶。

刘庭式的经历给东坡巨大的冲击。有一次，东坡问他："哀生于爱，爱生于色。子娶盲女，与之偕老，义也。爱从何生，哀从何出乎？"刘庭式说，我只知道死去的是我的结发妻子，她有眼睛是我的妻子，没有眼睛也是我的妻子。如果我因为她容貌美丽才生爱恋之心，因有爱恋之心才生哀痛之情，那么随着时间的推移，她逐渐年老色衰，我对她的爱恋之情就会越来越少，她死后也就不会有哀痛之情了。如果那样的话，那些在大街上挥舞衣袖、烟视媚行的女子，岂不是都可以娶回家了吗？

东坡听了这番话，深为叹服，预言说，刘庭式是有情有义的人，将来一定能够取得功名富贵。当时有人笑话东坡武断了，东坡就举出一个例子，三国时羊祜娶了夏侯霸的女儿，后来夏侯霸叛国投敌，夏侯家"亲友皆告绝"，羊祜却一如既往地对妻子恩宠有加，后来羊祜成了西晋开国名臣。刘庭式的品行和羊祜差不多，他如果不能富贵，就会得道，修成正果。一起聊天的人，听了东坡的话都将信将疑。8 年以后，有人从庐山来，说起刘庭式的情况，刘庭式在庐山太平观，神采奕奕，面有紫光，上山下山，往返六十里，健步如飞。东坡听到这个消息，特别高兴，专门写了文章，佐证他的预言。

刘庭式娶盲女，有情有义，终身不渝，对东坡构成巨大的情感冲击。东坡在到密州的第二年，正月二十夜里，做了一个梦，后作《江城子·乙卯正月二十日夜记梦》悼念亡妻王弗。

十年生死两茫茫，不思量，自难忘。千里孤坟，无处话凄凉。纵使相逢应不识，尘满面，鬓如霜。

夜来幽梦忽还乡，小轩窗，正梳妆。相顾无言，惟有泪千行。料得年年肠断处，明月夜，短松冈。

王弗是东坡的第一任妻子，结婚时，东坡19岁，王弗16岁。王弗年轻美貌，侍亲甚孝，可惜天命无常，27岁就去世了，留下一个儿子苏迈，当时年仅6岁。

东坡在《亡妻王氏墓志铭》中说，刚结婚的时候，她没有告诉我自己认识字。她看见我读书，就坐在我身边，我读过的书有忘记的地方，她会提醒我。我问她一些书上的内容，她都记住了，这样我才知道她聪敏且文静。后来，她陪我去陕西凤翔府做签书判官，我经常外出，每次回来她都详细询问我办事的情形，经常告诫我："你在这里，人生地不熟，办事一定要处处小心。"她告诫我的这些话，父亲也告诫过我。我在外面和朋友说话，她在屏风后面听，过后她会提醒我："某人讨论问题有偏见，你的想法本来就是对的，为什么还要和他反复讨论呢？"有人来求我办事，跟我套近乎，她告诫我说："这种人不可靠，这么快就和你成了朋友，不合常理，你轻易相信他，很容易上当，这种自来熟的人还是少交往的好。"经过一段时间，她的看法果然被证实了。

东坡天性纯真，没有心计，心直口快，性情急躁，遇到不合心意的事情，总觉得“如蝇在台，吐之乃已”，而且“眼前见天下无一个不是好人”。这样的性格在官场非常不利，容易中别人的圈套，也容易得罪人，加之东坡早年诸事顺利，声名鹊起，又助长了他的自信和自负。东坡在陕西凤翔为官，是他仕途的开始，那时父亲苏洵和程夫人都已去世，弟弟苏辙又不在身边，王弗在相夫教子以外，还承担“诤友”的责任，往后东坡渡尽劫波，自然会感念结发妻子的那一种难得的好处。

《江城子·乙卯正月二十日夜记梦》写于1075年，王弗1065年去世，正好十年，所以说“十年生死两茫茫”。王弗去世后，归葬四川眉山，距苏洵夫妇墓西北八步，对山东密州来说，是千里之外的孤坟。东坡有一种痴想，虽然天人永隔，但如果再次相见的话，恐怕发妻已经不认识自己了，现在的自己“尘满面，鬓如霜”，而王弗永远停留在“小轩窗，正梳妆”的美好年华。

东坡最好的词，平易近人，没有需要解释的典故，只是朴素、深情而已。

王弗1065年5月去世，来年4月，苏洵亦去世，其时东坡一家在京城开封。等到明年，东坡兄弟护父丧回家乡眉山。1068年10月，东坡续娶王弗堂妹王闰之为妻。王闰之时年22岁，东坡33岁。按当时的标准，王闰之已是标准大龄剩女，宋时女子出嫁总在十五六岁年纪，王弗嫁给东坡时16岁，史氏嫁给苏辙时15岁。史氏远比王弗幸运，与苏辙白头偕老，比苏辙晚5年去世。有一种分析认为，王闰之嫁给东坡，出自王弗遗愿；而王弗最大的心事，是当时年仅6岁的幼子苏迈能得到好的照顾。王弗的愿望没有落空，王闰之后来生子苏迨、苏过，但对待三个孩子一视同仁，没有偏私。东坡晚年在《祭亡妻文》中赞叹王闰之说：“妇职既修，母仪甚敦。三子如一，爱出于天。”

王闰之与东坡共同生活了 25 年，她去世时东坡已经 58 岁。在这 25 年中，东坡的人生大起大落，尤其经历了乌台诗案的牢狱之灾与贬谪黄州的艰苦岁月。王闰之追随东坡，从家乡眉山来到京城开封，而后辗转于浙江杭州、山东密州、江苏徐州、浙江湖州、湖北黄州、河南汝州、江苏常州、山东登州，再回到开封，接着又到杭州、安徽颍州、江苏扬州，最后又回到开封，在开封去世，终年 47 岁，一生风尘仆仆，经历忧患，也饱览繁华。

熙宁元年（1068 年），东坡为父亲守孝三年期满，偕王闰之回到京城。第二年，宋神宗重用王安石，开始变法。东坡上书神宗，论朝政得失，让王安石很心烦，熙宁四年（1071 年），东坡通判杭州。东坡一生很难在朝廷长久立足，他缺乏一个政治家所必需的中庸和才干，于是不断自请外放。在地方为官，东坡从容、自在，游刃有余。东坡第一次外放杭州，举家迁移，王闰之紧紧相随。熙宁七年（1074 年），东坡词《少年游·去年相送》，很能看出夫妻间的感情。

去年相送，余杭门外，飞雪似杨花。今年春尽，杨花似雪，犹不见还家。

对酒卷帘邀明月，风露透窗纱。恰似姮娥怜双燕，分明照、画梁斜。

杨花是柳絮，东坡后来说杨花“似花还似非花”，说它“似花”，却色淡无香，容貌纤细，隐身枝头，从不惹人注目；说它“非花”，却有花名，又与百花同开同落，一起装点春光。东坡有多首咏物词，而注目杨花，足见他心思细腻，别有襟怀。

当时，东坡因赈济灾民，在润州（今江苏镇江）办差。离家的时间有点长，走的时候“飞雪似杨花”，在冬天；填这首词时，“杨花似雪”，已是暮春，可还没能回去。《诗经·小雅·采薇》中说：“昔我往矣，杨柳依依；今我来思，雨雪霏霏。”东坡用其意，但毫无痕迹。

东坡见不到闰之，他不肯老实说出自己的思念，而是痴想闰之会如何想念自己。这是东坡诗文的一大特色，从不肯呆板地直说、正说、浅说，而是要曲一层、侧一层、深一层地去说，之所以能这样，是由于东坡性情妩媚，才气摇曳多姿。

那么闰之会如何想念自己呢？当然在晚上，孩子们睡了，家也安静下来，天上出现一轮明月。月亮是东坡的最爱，自东坡以后，月亮成为相思最大的物证。李白说“举杯邀明月，对影成三人”，那是孤寂到无可名状之后的一种痴想。东坡想象闰之“对酒卷帘邀明月，风露透窗纱”，闰之想效法李白，卷起门帘，引明月为伴，可是风露机灵，透过窗纱，乘隙而入。东坡又想起，家中梁柱上画着双飞双栖的燕子，嫦娥把月光斜斜地洒向画梁，寂寞、冷清，相思如潮水。

我对东坡的一生有了完整的了解以后，慢慢发现这首词另有不足为外人道的隐衷。东坡设想闰之思念自己的情形，是一种想象，或者说是希望。闰之没有那么高的文艺修养，她的文化水平远逊王弗，闰之当然会思念自己的丈夫，但绝没有如此浪漫。王弗与东坡，有点像童话，又因为相处短暂而弥足珍贵。闰之与东坡，很平实，柴米油盐，真实不虚。况且王弗在世时，两人是少年夫妻，闰之嫁给东坡时，已属高龄，家中有 20 多口，更有三个孩子需要悉心照顾。闰之陪伴东坡 25 年，恪尽职守，由对姐夫的敬重，到夫妻的恩爱，再到亲情式的相濡以沫。东坡有极致的文艺基因，闰之无法完全理解，但东坡的人生大起大落、上上下下，流离万里，不能没有闰之这样质朴的老妻压住阵脚。东坡在《腊日游孤山访惠勤惠思二僧》中说：

天欲雪，云满湖，楼台明灭山有无。
水清出石鱼可数，林深无人鸟相呼。
腊日不归对妻孥，名寻道人实自娱。

东坡通判杭州，在从开封到杭州的路上，特别去颍州看望恩师欧阳修。欧阳修向东坡称道惠勤，而惠思又是王安石的好友，所以东坡到杭州的第三天，就急忙去访问他们。腊日，是腊八节，时在腊月初八，江南习俗，那一天吃腊八粥，在家中祭祀祖先。因为闰之能干，东坡才能自由外出，"腊日不归对妻孥，名寻道人实自娱"，语气里有一丝幸运。

东坡另有重阳诗，其中说："可怜吹帽狂司马，空对亲春老孟光。"司马是官名，等同于通判，孟光是汉朝梁鸿的妻子。《后汉书》说梁鸿在江南时，妻子孟光亲自舂粮，借以维持家庭生计，平素"举案齐眉，相敬如宾"，堪称模范夫妻。东坡把闰之比作孟光，是真心的赞美。

闰之还有一种千万人没有的品性，心静如水，甘苦自适。无论是乌台诗案以后，东坡一贬再贬，人生处在最低谷的时候，还是东坡回到朝廷，仕途跃升之际，闰之都不动声色，泰然处之。牛耕衣织，绝无怨言，锦衣玉食，也无惊喜，这对一个女人来说，是很难得的心境。

东坡在黄州，闰之能干、体贴，在困境中维持生计，最艰难的时候，跟东坡一起采摘野菜，赤脚耕田。闰之出身农家，于农事并不生疏。有一次，家里的耕牛得了重病，闰之说："此牛发豆斑疮也，法当以青蒿粥啖之。"按她的办法，耕牛果然得救。对于农事来说，耕牛是重要的生产工具，东坡大为兴奋，特别写信给朝中的朋友，告诉他们这件事。

东坡在给好友王巩的一首诗中，给闰之极高的评价：

子还可责同元亮，妻却差贤胜敬通。

元亮是陶渊明，陶渊明有《责子诗》，告诫孩子们不要懒惰。敬通是东汉大鸿胪冯衍，冯衍是个神童，9 岁就能背诵《诗经》，成语"博览群书"说的就是他。冯衍学问、人品、气节样样都好，但遗憾的是，妻子特别悍妒，冯衍为此牢骚不断，痛苦终身，甚至给小舅子写信，要求休妻。《世说新语》的作者刘义庆曾经自嘲说，我与冯衍相比，有三个共同点：一是为人慷慨，有大节；二是刚直敢言，不为世俗所容；三是家里都有悍妇，实属家门不幸。

东坡说"妻却差贤胜敬通"，感叹自己这辈子比冯衍强多了。东坡写完这首诗后，觉得言犹未尽，又加注说："我虽然文章比不上冯衍，但慷慨有大节却不输他；冯衍碰到英明的皇帝，但怀才不遇，这一点跟我相似，但是他的妻子特别悍妒，我少此一事，所以我还是比他幸运。”东坡在名作《后赤壁赋》中，还给了闰之一个特写镜头。

是岁十月之望，步自雪堂，将归于临皋。二客从予，过黄泥之坂。霜露既降，木叶尽脱。人影在地，仰见明月，顾而乐之，行歌相答。

已而叹曰：“有客无酒，有酒无肴，月白风清，如此良夜何？”

客曰：“今者薄暮，举网得鱼，巨口细鳞，状如松江之鲈。顾安所得酒乎？”

归而谋诸妇。妇曰：“我有斗酒，藏之久矣，以待子不时之需。”

于是携酒与鱼，复游于赤壁之下。

闰之说：“我有斗酒，藏之久矣，以待子不时之需。”那种说话的口吻，似妻似母，让人动容。东坡本是天真率性之人，闰之温顺，知足惜福，一切包容。东坡从杭州到密州，一开始很不适应，杭州富庶，密州荒寒，加之刚到密州时，旱灾、蝗灾肆虐，盗匪横行。东坡是一州之长，还经常和通判刘庭式沿着城墙挖杞菊果腹，老百姓更难活命，城中多弃婴，东坡心情之郁闷可想而知，有时回家就要发脾气。东坡《小儿》诗中说：

小儿不识愁，起坐牵我衣。
我欲嗔小儿，老妻劝儿痴。
儿痴君更甚，不乐愁何为？
还坐愧此言，洗盏当我前。
大胜刘伶妇，区区为酒钱。

东坡的小儿子苏过，生在杭州，当时四五岁，看见父亲回来，不免要缠着父亲玩闹。东坡心情不好，就责骂孩子。“儿痴君更甚，不乐愁何为？”完全是闰之的口吻，说孩子任性，你怎么比孩子还要任性？回家就生气，成天愁眉苦脸的干什么，何不自己找些乐子呢？闰之一边说，一边洗了酒杯放在东坡面前。密州产酒，这是东坡对密州最满意的地方。东坡酒量有限，但平素无酒不欢。东坡想起竹林七贤中的刘伶，有名的酒鬼，从不介意家中生计，平时出门，叫下人扛着一把铁锹跟着，告诉他说，我在哪里喝死了，就在那里把我埋了。刘伶的夫人非常痛苦，常把家里的酒藏起来，后来愤恨到“捐酒毁器”，把酒泼掉，把酒坛子、酒杯砸了。东坡说“大胜刘伶妇，区区为酒钱”，同样感觉幸运，觉得闰之比刘伶的夫人好太多。

闰之虽出身农家，但与东坡在一起的时间长了，耳濡目染，也有文艺基因的萌芽。一天晚上，院子里月光皎洁，梅花盛开，闰之鼓动东坡请朋友来花下饮酒，她说：“春月胜如秋月，秋月令人凄惨，春月令人和悦。”东坡兴奋地说：“原来你也是会作诗的，刚才你说的话，真真是诗家语言。”东坡被闰之触动灵感，填词《减字木兰花·春月》：

春庭月午，摇荡香醪光欲舞。步转回廊，半落梅花婉娩香。
轻云薄雾，总是少年行乐处。不似秋光，只与离人照断肠。

闰之还有一种好，是特别属于那个时代的。就在东坡通判杭州时期，苏家收纳了一名歌伎，名叫王朝云。朝云是杭州本地人，当时只有 12 岁，后来成为东坡爱妾。闰之比东坡小 10 岁，朝云比东坡小 25 岁。闰之 1093 年去世，终年 47 岁；又过了 3 年，朝云去世，终年只有 35 岁；再过 5 年，东坡去世，终年 65 岁。

宋朝有官妓制度，官员迎来送往、节庆唱和，可以招官妓陪酒，但有一样，仅限于陪酒、陪唱，不能陪睡。陪酒、陪唱是风雅，陪睡就有伤风化了。宋词能成为一代之文学，跟官妓制度有关，既然要陪唱，就要有不断翻新的歌词，就要有词人。柳永是其中的佼佼者，和各地歌伎交往密切，在“倚红偎翠”“浅斟低唱”中寄情声色，成为名作家，时称“凡有井水处，即能歌柳词”。

就政府官员来说，家中往往多妻妾，妻妾是名分，能不能生儿子是关键，比妾地位更低的还有侍女。宋朝既有官妓制度，侍女的主要工作就不是端茶倒水，而是要美艳，要有歌舞弹唱的才艺，这样主人才有面子，因此好的歌伎非常抢手，是官员家庭品位和实力的门脸。东坡是朝廷官员，又是大名士，家中当然也有侍女，东坡称她们为“擦粉的虞侯”，所谓虞侯，就是侍从。

朝云进入苏家，当属侍女，苏家侍女也远不止朝云一人。很久以后，朝云为东坡生了一个儿子，小名“干儿”，可惜未满周岁就夭折了。朝云还生过两个女儿，她的身份一直是妾，但朝云对东坡有特别的意义，按现代观念，把朝云看作东坡的第三位夫人更加贴切。

朝云家境清寒，自幼沦落在歌舞班中，有才有貌，渐渐成为杭州西湖有名的歌伎。朝云之于东坡，男欢女爱倒在其次，难得的是他们之间具有“心灵一致”的条件，是在长期厮守中脱颖而出的知音。东坡并非好色之徒，他与女人一向保持若即若离的关系，他的旷达个性，儒、释、道三教合一的修养，朋友众多又乐于交往的生活习惯，让他无法在小情小绪上长期体恤、照顾某一个女人，他没有宝玉之于黛玉的那种细心和耐心。

朝云的与众不同在一则小故事中展露无遗。有一次，东坡退朝回家，吃过饭后，“扪腹徐行”，一边摸着肚子，一边散步，这是东坡自创的养生方法。东坡看见几个侍女在身边，就问她们：“你们说说看，我这肚子里都有些什么？”一位侍女说：“都是文章。”东坡不以为然。另一位侍女说：“满肚子智慧。”东坡不以为然。朝云开口说：“学士一肚皮不合时宜。”东坡捧腹大笑，赞叹说：“知我者，唯有朝云也。”

在家内、家外众多歌舞侍女中，只有朝云能洞悉东坡的内心世界。东坡少年得志，但仕途坎坷，虽然他与王安石、司马光私交很深，但王安石当政时，他是反对派，司马光当政时，他是异端，虽然身在朝廷中枢，尽得天时、地利、人和，但最终不安于朝，只好自请外放。就此而言，东坡的确“不合时宜”。朝云能有这样的理解，东坡当然倾心。

朝云是歌伎出身，阅人无数，与闰之这样的农家老姑娘见识自然不同，再加上天性颖悟，自然世事洞明。对东坡来说，朝云也是其文学的酵母之一。

东坡通判杭州时，写下大量关于西湖风景的诗词，其中最有名的当数《饮湖上初晴后雨》，这是组诗，有两首：

朝曦迎客艳重冈，晚雨留人入醉乡。
此意自佳君不会，一杯当属水仙王。

水光潋滟晴方好，山色空濛雨亦奇。

欲把西湖比西子，淡妆浓抹总相宜。

“水仙王”是一座庙，用来祭祀钱塘龙君。这两首诗，水平相差很远。第一首平庸，第二首是千古绝唱，“遂成为西湖定评”。相同题目的组诗，为什么会有如此差异？想必在写第二首时，东坡受到特别的刺激，生发特别的灵感。

我们现在读古人诗词，有很大的困难，因为我们无法进入那时的场景，我们只能用现代人的眼光、心理去臆测，因此误解重重。比如杜甫的诗：“两个黄鹂鸣翠柳，一行白鹭上青天。”我以前认为，“一行白鹭上青天”是诗人的一种想象，后来走过许多地方，看过许多风景，才慢慢明白，这不是想象，而是写实。杜甫时的中国，是 1000 多年前农业社会的中国，没有环境污染，只要有开阔的水面，“一行白鹭上青天”就是平常的景象。再比如，我读《资治通鉴》，经常看到某地呈报祥瑞，说是郊野出现黄龙。这让我很难理解，黄龙是什么？是恐龙吗？《资治通鉴》是严肃的史书，何以记载这样的异事？后来我到西北，碰上沙尘暴，就在大马路上，黄沙漫天，随风飞舞，在某时某地，飞舞的黄沙偶尔呈现出龙的形象，奔腾跳荡，势不可当。我当时就有一种不恰当的联想，这莫非就是史书中记载的黄龙？古人虽然不戴眼镜，但不表示没有近视眼，如果一个近视眼看到如此景象，视迹模糊，说是黄龙出没，当然可以原谅，他就此向朝廷呈报祥瑞，也不能说是刻意欺骗，古代没有摄影、摄像技术，因此也不用担心会像“正龙拍虎”那样被证伪。

东坡在诗中说“欲把西湖比西子，淡妆浓抹总相宜”，也应该是一种写实。东坡写此诗时，身边忽然出现西施一般的美人，她应该是一名歌伎，是不是朝云，无从考证。美人唱了好多首词曲，换了几身妆饰，时而艳丽，是为“浓抹”，时而素净，是为“淡妆”，但美人终究是美人，怎么样都好看，都合适，就像西湖一样，晴天有晴天的好，“水光潋滟”，雨天有雨天的奇，“山色空濛”。

按现代人的逻辑，我们很难想象，东坡作为名满天下的大名士、文坛领袖，在杭州是如何做官的。古人笔记中这样描述：

苏公游西湖，常命旌旗随从，出北山路的钱塘门，他自己则带一两个老兵，从南山路的涌金门泛舟绝湖而来，在普安院吃午饭，再到灵隐、天竺随便走走，吏人抱牍相从，到了冷泉亭，他就据案判事，详研双方纷争辩讼，然后落笔如风，判定了积案。公事既毕，便与僚吏痛饮，薄暮，骑马回城，老百姓夹道来看太守。

这与我们在电视新闻中看到的“做官”情形完全不同，感觉不像在做官，倒像是行为艺术。东坡深爱杭州西湖，自封“西湖第一知己”，他说：“使杭州而无西湖，如人去其眉目，岂复为人乎？”因喜爱而常愿置身其中，“欲将公事湖中了”，把西湖当成办公室了。

东坡在杭州，最喜欢去寺庙，去了以后，先是赏花，中午吃素斋，夏天炎热，饭后就在竹荫下光膀子睡午觉，午觉醒来，再喝茶。当时西湖寿星寺一个小和尚，时常侍候东坡，看见东坡背上有七颗黑痣，排列如北斗七星。

东坡判案，也有传诵千年的有趣故事。有个做扇子的商人，欠绫绢供应商很多钱，被告到官府。东坡问案，卖扇商人有苦衷，说是今年入春以来阴雨绵绵，扇子卖不动，加之家中老父亲去世，经济周转困难，不是故意拖欠别人的钱。东坡想了想说："姑且把你的扇子拿来，我来帮你发个利市。"一会儿，扇子送到，东坡选了数十柄扇子，在上面写写、画画，行书草书、枯木竹石，一挥而就，然后交给卖扇商人说："赶紧拿去卖掉，变钱还债。"卖扇商人感激涕零，刚出府门，扇子就被一抢而空。

东坡在杭州，几乎无日不欢宴。他是大名流，为各方推重，到了杭州以后，各级官员、地方头面人物，都以宴会有他在座为荣，弄得东坡不堪重负，向朋友诉苦说："到了杭州，简直是入了酒食地狱。"

东坡游西湖，时常有歌伎参与，场面盛大。古人笔记中说：

公春时每遇休暇，必约客湖上。早食于山水佳处，饭毕，每客一舟，令队长一人，各领数妓，任其所适。晡后鸣锣以集之，复会望湖楼或竹阁之类，极欢而罢。至一二鼓，夜市犹未散，列烛以归。城中士女云集，夹道以观千骑之还，实一时之胜事也。

这是什么场面！再不要说什么豪华KTV，天上天间了。东坡做官的情形，实超出现代人的想象，杭州西湖是东坡工作与娱乐的大舞台，活色生香，万众瞩目。

朝云当然会仰慕东坡的才华和风度，她应该早就知道东坡，只是从来没想过有一天会朝夕相处。东坡在“冠盖满京华”的开封，一直处在舞台的中央，朝云只是杭州默默无闻的一个小女子，能进入苏家，内心觉得如在梦中，更难得的是，苏家善待她，尤其是闰之宽厚，所有这一切都是朝云能够追随东坡的机缘。朝云感激闰之，东坡也感激闰之，东坡觉得自己比冯衍强，冯衍的妻子悍妒，如果闰之也悍妒，朝云就很难进入苏家，即使进了，恐怕也难以长久。闰之与朝云，虽身份不同，一妻一妾，但在东坡的生活和精神世界中恰成互补，缺一不可。东坡本性不是政治家，而是天真、浪漫的文人，闰之和朝云从不同的方面成全了他。

东坡有多年地方行政的经验，他是能吏，有担当，敢作为。东坡历任八州，而杭州是福地，西湖的山水、寺庙、草木激发了他自在、洒脱、孩子般的天性，那是东坡的黄金岁月。通判杭州以后，东坡知密州，那是大宋北方苦寒之地；后来知徐州，东坡成为抗洪英雄，奋战 50 多天，保全了徐州城；再后来知湖州，湖州在浙江北部，近太湖，离杭州不远，有著名的“太湖三白”：白鱼、银鱼和白虾，但东坡来不及享受，旋即遭遇乌台诗案，朝廷特使到湖州将他逮捕，锁拿到京城御史台，经历了 100 多天的牢狱之灾。东坡在狱中受尽凌辱，几乎性命不保，危急时写下绝命诗：“梦绕云山心似鹿，魂惊汤火命如鸡。”当时东坡 44 岁，闰之 32 岁，朝云 17 岁。在生死关头，东坡最牵挂的人，除了弟弟苏辙，就是老妻闰之，“额中犀角真君子，身后牛衣愧老妻”，东坡觉得自己惹下杀身之祸，家族备受惊吓，对不起一家老小。

乌台诗案后，东坡贬谪黄州，监视居住，没有薪水，不能签署公文，生计艰难，东坡在诗中说："今年刈草盖雪堂，日炙风吹面如墨。"东坡自己盖房子，起名"雪堂"；在瓦砾堆中开垦荒地，起名"东坡"。就在筑雪堂、自号东坡的那一年，东坡的文学创作进入大江大河的新境界，写出前、后《赤壁赋》,《念奴娇·大江东去》等重要作品。那一年，东坡虽然"日炙风吹面如墨"，但依然老当益壮，第二年朝云生了一个儿子，东坡老年得子，无限欣喜。为孩子起名是一件大事，东坡在黄州没有实际行政工作，时间宽裕，借机遵父亲遗命，注解《易经》，东坡受《易经》启发，为孩子取名苏遯。"遯"取自《易经》第三十七卦"遁"，寓意远离政治旋涡、归隐江湖之意。

遯儿满月之时，东坡感慨自己曾经名动京城，而现在"不为人识"，都是因为"聪明反被聪明误"，因此写诗说：

人皆养子望聪明，我被聪明误一生。
惟愿孩儿愚且鲁，无灾无难到公卿。

但不幸接踵而至，遯儿很快夭折，未满周岁。东坡非常痛苦，在悼亡诗中说："吾年四十九，羁旅失幼子。幼子真吾儿，眉角生已似。"这是说孩子长得像自己，可惜老年失子，"归来怀抱空，老泪如泻水"。朝云是母亲，痛苦更是无与伦比，东坡记载朝云的情况说，"我泪犹可拭，日远当日忘。母哭不可闻，欲与汝俱亡。故衣尚悬架，涨乳已流床。"

东坡在黄州，自称"不为人识"，但朝廷有许多人惦记他，其中包括宋神宗。北宋连续三代皇帝，仁宗、英宗、神宗，都非常爱惜东坡的才华，东坡因此能够东山再起，先是知山东登州，到登州只有五天，又被紧急召回朝廷。在登州时间太短，东坡没来得及观赏向往已久的蓬莱仙境，一直引为憾事。东坡回朝廷后，以火箭速度不断升官，先是礼部郎中，半个月后，升起居舍人，再过三个月，升中书舍人，不久再升翰林学士、知制诰，所谓知制诰，就是为皇帝起草诏书。其时神宗去世，哲宗继位，只有 12 岁，由高太后垂帘听政。高太后是神宗的母亲，起用司马光为宰相，全部废除王安石新法。东坡反对王安石变法，被认为是保守派，现在司马光得势，东坡时来运转。事实上，东坡并不是纯正的保守派，他对司马光尽废新法的做法非常不满，司马光从政治利害出发，对东坡渐渐失去耐心，下属望风使舵，东坡又开始受到攻击，不安于朝，再次请求外放。

朝廷最后决定，东坡外放杭州知州。时隔 18 年以后，东坡第二次到杭州，上一次是通判，这一次是知州。杭州百姓非常高兴，沿路焚香鸣炮，热烈欢迎。

东坡这次来杭州，恰逢江浙大旱，饥荒与瘟疫并作。东坡积极救灾，开粮仓、济灾民，又起用大批民间良医，调制药剂，抵抗瘟疫。灾年过后，东坡开始整治西湖，取湖中葑草、淤泥堆筑成堤，沟通西湖南北，沿堤遍植芙蓉、杨柳，人行其上，如在画中，又在湖中广植荷花、菱角，抑制葑草生长，防止湖水淤塞，后人感念东坡，把东坡修筑的长堤命名为“苏堤”。

东坡 1089 年 7 月到杭州，3 年后又被召回京师，复任翰林学士、知制诰，兼侍读，当上了哲宗帝师。东坡在政治上有自己的见解，不肯妥协，又喜欢批评时政，在京城勉强停留半年，很快出知颍州（安徽阜阳)。1092 年，东坡在颍州，疏浚颍州西湖。不久又移知扬州，很快又被召还京师，授兵部尚书，升端明殿学士，兼翰林学士、礼部尚书。

东坡起起落落。1093 年 8 月，闰之在开封去世。东坡在祭文中说，“惟有同穴，尚蹈此言”，意思是将来自己去世以后，要和闰之合葬。8 年后，东坡去世，弟弟苏辙完成了东坡遗愿。苏辙对闰之非常敬重，先后写过两篇祭文，其中说：“兄坐语言，收畀丛棘。窜逐郑城(黄州)，无以自食……贫富戚忻，观者尽惊。嫂居其间，不改色声。冠服肴蔬，率从其先。性固有之，非学而然。”苏辙认为嫂子危难之中“不改色声”，是“性固有之，非学而然”，是对闰之天性的充分肯定。

闰之与东坡生死与共，东坡在人生大危难之际，倚闰之为家中长城。闰之在乌台诗案最惊恐的时候，曾经烧毁东坡大量诗词文稿，后人为此一直诟病闰之，甚至认为夫妻从此感情破裂，这是想当然的臆测。东坡在黄州，给文彦博写信，说到乌台诗案的恐怖情形：

轼始就逮赴狱，有一子稍长(苏迈)，徒步相随。其余守舍，皆妇女幼稚。至宿，御史符下，就家取文书。州郡望风，遣吏发卒，围船搜取，老幼几怖死。既去，妇女恚骂曰：“是好著书，书成何所得，而怖我如此！”悉取烧之。比事定，重复寻理，十亡其七八矣。

东坡在湖州被逮捕，事出突然，而“州郡望风，遣吏发卒”，非常紧张，家中“老幼几怖死”。在此情形下，闰之烧毁东坡诗书文稿，一则是情急之下的本能反应，二则当时案情未明，东坡文稿中会不会有新的发现，实属难知。乌台诗案是文字狱，东坡文稿遗存越多，出问题的可能就越大，闰之“悉取烧之”，于保全东坡是必要的措施。当时环境险恶，东坡在被押解去开封的船上，多次想投河自尽。因此，脱离当时的实际情况，认为闰之烧毁文稿是一种软弱，不可饶恕，这些都是风凉话，是好了伤疤忘了疼。对于东坡来说，文学创作是他生活方式的一部分，就像吃饭、喝茶一样，他从来不担心自己在文学史上的地位，不会像郑板桥那样生前编定文集。东坡起步就是文坛领袖，置身舞台中央，万众瞩目。臆想东坡会因为这件事，与闰之心生芥蒂，是对东坡的天才基因、豁达个性缺乏真实的了解，就像中国首富掉了个钱包，经济上会元气大伤吗？东坡对门人说过：“方今太平之盛，文士辈出，要使一时之文有所宗主。昔欧阳文忠（欧阳修）常以是任付与某，故不敢不勉。异时文章盟主，责在诸君，变如文忠之付授也。”东坡考虑的是文坛盟主的传承问题，不是诗词文稿数量的多寡。

1093 年 8 月，闰之去世，九月东坡出知河北定州，已迫近大宋北方边境。来年四月，东坡以讥刺先朝的罪名贬知英州（今广东英德）。东坡从河北赶往广东，结果还没有到达英州，再贬惠州（今广东惠阳）。当年十月初二，东坡翻山越岭到达惠州，随行的只有朝云和小儿子苏过。东坡长子苏迈时在宜兴，家庭其他成员已去宜兴安置。闰之永远留在了开封，现在陪伴东坡浪迹天涯的只有朝云了，时年东坡 59 岁，朝云 34 岁。在古人看来，59 岁已是风烛残年，而贬往广东，是仅次于死刑的惩罚。东坡遭此大难，去往一无所知的边远荒地，绝无复起的可能，家中侍妾数年间相继辞去，独朝云与东坡紧紧相随，长途跋涉，无怨无悔。东坡有《朝云诗》，写他对朝云的喜爱与感慨：

不似杨枝别乐天，恰如通德伴伶元。

乐天，是唐朝诗人白居易，家中多歌伎，其中有名的如樊素，善歌，以唱《杨枝词》闻名，故称“杨枝”；另有歌伎小蛮，善舞。“樱桃樊素口，杨柳小蛮腰”，樊素的嘴小巧鲜艳，如同樱桃；小蛮的腰，柔弱纤细，如同杨柳。白居易此时志得意满，可等到他年老时，樊素离他而去，“春随樊子一时归”，好生伤感。东坡说“不似杨枝别乐天”，是感叹朝云“一生辛勤，万里随从”，患难见真情，让垂暮之年的东坡感激涕零。伶元，汉朝大臣，有侍妾名通德。通德“能言飞燕子弟故事”，伶元敷衍成著名艳情作品《赵飞燕外传》。通德一生追随伶元，不离不弃。东坡说“恰如通德伴伶元”，是感叹朝云像通德一样，有始有终，忠敬如一。

东坡在惠州，朝云经常唱曲，为东坡破愁解闷。东坡有词作《蝶恋花·春景》：

花褪残红青杏小，燕子飞时，绿水人家绕。枝上柳绵吹又少，天涯何处无芳草？

墙里秋千墙外道，墙外行人，墙里佳人笑。笑渐不闻声渐悄，多情却被无情恼。

古人以为，芳草是柳絮变化而来，柳絮随风散落天涯，芳草处处而生，因此说“枝上柳绵吹又少，天涯何处无芳草”。朝云经常唱这首词，每次唱到“枝上柳绵吹又少”时，不胜伤悲。东坡问原因，朝云说，我不忍心唱完接下来的那一句：“天涯何处无芳草。”东坡大笑说，我正悲秋，你又开始伤春了。

朝云的不忍心来自对东坡身世的感慨，“身行万里半天下，僧卧一庵初白头”，宦海浮沉，人生如转蓬，越贬越远，沦落天涯。东坡之大笑，是旷达，是劝慰，是心心相印的好心情。后来，朝云在惠州去世，东坡“终生不复听此词”。

朝云是杭州女子，对岭南闷热、潮湿的气候很难适应，在惠州又遭遇瘟疫，身体虚弱，终日与药为伍。朝云信佛，东坡知徐州时，朝云曾经跟随一位老尼学习《金刚经》，到了惠州，更加虔诚，投靠当地寺庙为俗家弟子，因此东坡说：“经卷药炉新活计，舞衫歌扇旧因缘。”

朝云在惠州前后不到两年，因病去世，终年35岁。去世时，拉着东坡的手，口诵《金刚经》：“一切有为法，如梦幻泡影，如露亦如电，应作如是观。”朝云临终之际不忘劝慰东坡，人生如梦幻泡影，像露水，又像闪电，一瞬而逝，不必太在意，这是朝云最后的心意。

朝云去世时，东坡61岁。在《惠州荐朝云疏》中，他说：“轼以罪责，迁于炎荒。有侍妾朝云，一生辛勤，万里随从。遭时之疫，遘病而亡。”语调平静，实有无限悲伤、无边孤独。东坡另有《西江月·梅花》，是纪念朝云的悼亡之作。

玉骨那愁瘴雾，冰肌自有仙风。海仙时遣探芳丛，倒挂绿毛么凤。
素面翻嫌粉涴，洗妆不褪唇红。高情已逐晓云空，不与梨花同梦。

瘴雾，是南方山林中的湿热之气。芳丛，是丛生的繁花。绿毛幺凤，岭南一种类似鹦鹉的珍贵禽鸟。这是一首咏梅词，东坡以梅花比朝云，朝云玉骨冰肌，不惧瘴疠，追随自己来到岭南，最终不幸去世，“高情已逐晓云空”；又说朝云天生丽质，“素面翻嫌粉涴（wò 玷污），洗妆不褪唇红”，像梅花一样艳丽多姿，东坡之一往情深，让人心悸。

东坡另有多首悼亡朝云的作品，如两首《雨中花慢》，其中说“今夜何人，吹笙北岭，待月西厢。空怅望处，一株红杏，斜倚低墙”，是过去美好的回忆，越回忆，越伤感；“襟袖上，犹存残黛，渐减余香”，是慢镜头，渐成定格，朝云渐行渐远；“但有寒灯孤枕，皓月空床”“算应负你，枕前珠泪，万点千行”，是现在的落寞与空寒。

如果朝云不去岭南，她会英年早逝吗？爱一个人，为了一句白头偕老的承诺，朝云可以付出生命的代价。千年之下，朝云活在东坡不朽的诗文里，究竟是幸运还是不幸呢？

东坡遵朝云遗愿，将她葬在惠州西湖边的松林里，墓上筑六如亭，亲手写下楹联：

不合时宜，唯有朝云能识我；
独弹古调，每逢暮雨倍思卿。

东坡安葬朝云的第二年，再贬海南儋州，他的三位夫人，王弗、王闰之、王朝云，只能在天上看着他渡过琼州海峡。5 年后，东坡北归，暴病，一生止于京杭大运河的船上。

第二章 阴转晴

有些人让人尊敬，有些人让人喜爱。

与东坡同时代的那些伟人，比如王安石与司马光，都有让人尊敬的理由，但我们很难喜爱他们。在我的感知里，王安石与司马光就像健美运动员，我们会赞叹他们肌肉完美，比如司马光耗时 19 年主编皇皇巨著《资治通鉴》，王安石主持变法，不仅影响至今，而且声名及于海外，但我们很难喜爱他们，就像我们很难爱上健美运动员一样。

东坡完全不同，他有很多种色彩，非常生活化，感情细腻，有种种人性的弱点，特别真实。我们很容易喜欢上东坡，不管你是男人，还是女人，就像他同时代的许多好朋友和红颜知己一样。东坡的文学天才并不是我们喜欢他的必要条件，那只是意外的惊喜，就像一个姑娘到最后才发现她深爱的男友还是亿万富翁一样。

东坡是一个非常简单的人，他的弟弟苏辙说："其于人，见善称之，如恐不及；见不善斥之，如恐不尽；见义勇于敢为，而不顾其害。用此数困于世，然终不以为恨。"东坡这种性格，让我想起齐白石的一幅画"人骂我，我也骂人"。

齐白石作这幅画时，大约 70 岁，画面上一位白胡子、白眉毛的老头，盘腿坐，二指左向，眼神右向，神情有点不屑，有点调皮，有点笑意。齐白石在画上题："人骂我，我也骂人。"

齐白石画作：人骂我，我也骂人

我曾经在网上看到一位当今的成功人士，谈“成熟的六个标志”：

1. 学会妥协。退一步是为了形成合力。

2. 学会释怀。从容的忽略胜过愤慨的回击。

3. 学会宽容。宽容像春天的阳光，照耀别人也温暖自己。

4. 学会隐忍。隐而不发不是不发。

5. 学会简单。美丽和幸福都是简单的，把握了简单就是不简单。

6. 学会换位思考。换个角度，世界就会大不相同。

这是一则微博，很受追捧。所谓成熟，大概就是传说中的人生智慧。在我想来，这则微博不过是教人“君子报仇，十年不晚”，能忍所不能忍，唾面自干。白石老人主张去他妈的智慧，“人骂我”，本能的反应当然是“我也骂人”，没有妥协、隐忍、宽容、释怀、换位思考那么一大套后天学来的东西，就像单细胞生物那样简单，简单到只是条件反射。人到中年以后，我慢慢想明白一件事：道德比智慧重要。所谓“道”，就是天地、自然的规律；所谓“德”，就是按这种规律去做，真这样做了，也就“得”了。没有现实格局的种种利害算计，不屑于谋略，不屑于智慧。我在东坡身上发现了这种基因，东坡说：

余天下之无思虑者也。遇事则发，不暇思也。未发而思之，则未至；已发而思之，则无及。以此终身，不知所思。言发于心而冲于口，吐之则逆人，茹之则逆余。以为宁逆人也，故卒吐之。

东坡说得很清楚，他行为的逻辑是让自己舒服，“遇事则发，不暇思也”，让自己的身体舒服，即使对方会不舒服，也无暇顾及了。我们可以从书法中窥见东坡心性的端倪。东坡是书法大家，“宋四家”之首，其余三位是黄庭坚、米芾、蔡襄，其实最早不是蔡襄，是蔡京，但蔡京是大奸臣，人品太差，后来就给换下来了。东坡有著名的《黄州寒食诗帖》，行书 17 行，129 个字，现藏台北“故宫博物院”。

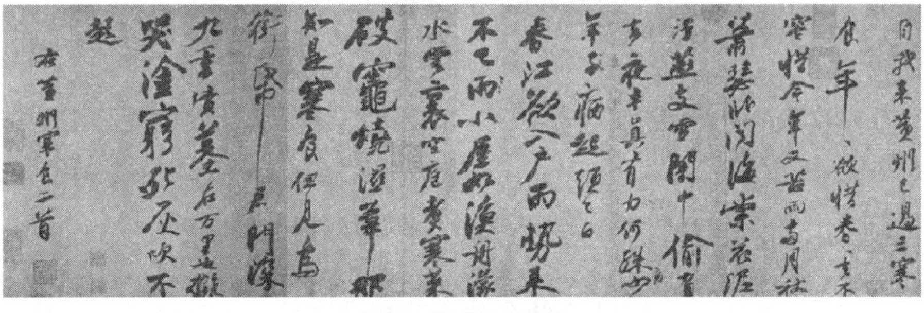

苏东坡《黄州寒食诗帖》

诗帖写于东坡谪居黄州时期，内容是两首五言诗：

其一

自我来黄州，已过三寒食。
年年欲惜春，春去不容惜。
今年又苦雨，两月秋萧瑟。
卧闻海棠花，泥污燕支雪。
暗中偷负去，夜半真有力。
何殊病少年，病起须已白。

其二

春江欲入户，雨势来不已。
小屋如渔舟，蒙蒙水云里。
空庖煮寒菜，破灶烧湿苇。
那知是寒食，但见乌衔纸。
君门深九重，坟墓在万里。
也拟哭途穷，死灰吹不起。

寒食节约在清明节前一二日，禁烟火，吃冷食，后世逐渐增加祭扫、踏青、秋千、蹴鞠、斗鸡等风俗项目。在古代，寒食节和重阳节是非常重要的两大节日。

东坡《寒食诗》记载了他在黄州的艰难岁月。一开始说，自从我来到黄州，已经是第三次过寒食节了。寒食节，时在春天，“年年欲惜春”，但“春去不容惜”。今年春天雨水特别多，连续两个月像秋天一样萧瑟、寒冷。我睡在房间里，听说海棠花已经谢了，雪白的花瓣凋零，被污泥浊水摧残，一片狼藉。海棠花怎么在春天就凋谢了呢？就像在漆黑的夜里，有一个神秘的人，把她背负着跑走了。这个神秘的人，真有力量啊！又像一个病中的少年，等到病好了起来行走，忽然发现头发和胡须已经斑白了。

这是第一首，东坡言犹未尽，接着写了第二首。第二首更加写实，说连天阴雨，江水高涨，快要漫到家里来了，而雨势还没有减弱的迹象。我借以栖身的小屋像一叶渔舟，漂浮在苍茫的水雾里。厨房里空荡荡的，用作柴草的芦苇湿漉漉的点不着火，我看见乌鸦衔着纸钱，才想起今天是寒食节。京城开封在遥远的北方，宫门九重，可望而不可即。想回到家乡眉山，那里有先祖的坟墓，但是相隔万里，也不可能回去。晋朝阮籍“时率意独驾，不由径路，车迹所穷，辄恸哭而返”，我和他一样，也是穷途末路，心如死灰。

东坡到黄州的第三年，春雨连绵，困守家中，心灰意冷，百无聊赖，这是诗的内容部分。从书法角度来说，《寒食诗帖》影响深远，与王羲之《兰亭序》、颜真卿《祭侄稿》并称“天下三大行书”。黄庭坚说：“东坡此诗似李太白，犹恐太白有未到处。此书兼颜鲁公、杨少师（唐末五代书法家杨凝式）、李西台（北宋书法家李建中）笔意，试使东坡复为之，未必及此。它日东坡或见此书，应笑我于无佛处称尊也。”又说东坡的书法“早年用笔精到，不及老大渐近自然”。黄庭坚是“苏门四学士”之一，但只比东坡小9岁，两人是亦师亦友的关系。

我手上有东坡《寒食诗帖》和黄庭坚《砥柱铭》的书画高仿复制品，时常观摩。《砥柱铭》是唐太宗的宰相魏徵的文章，黄庭坚很喜欢，多次抄写，传世书法作品，共计82行，407个字，加上历代题跋，总长近15米。2010年6月3日，《砥柱铭》创造出中国艺术品拍卖的世界纪录，以4亿多元人民币成交。

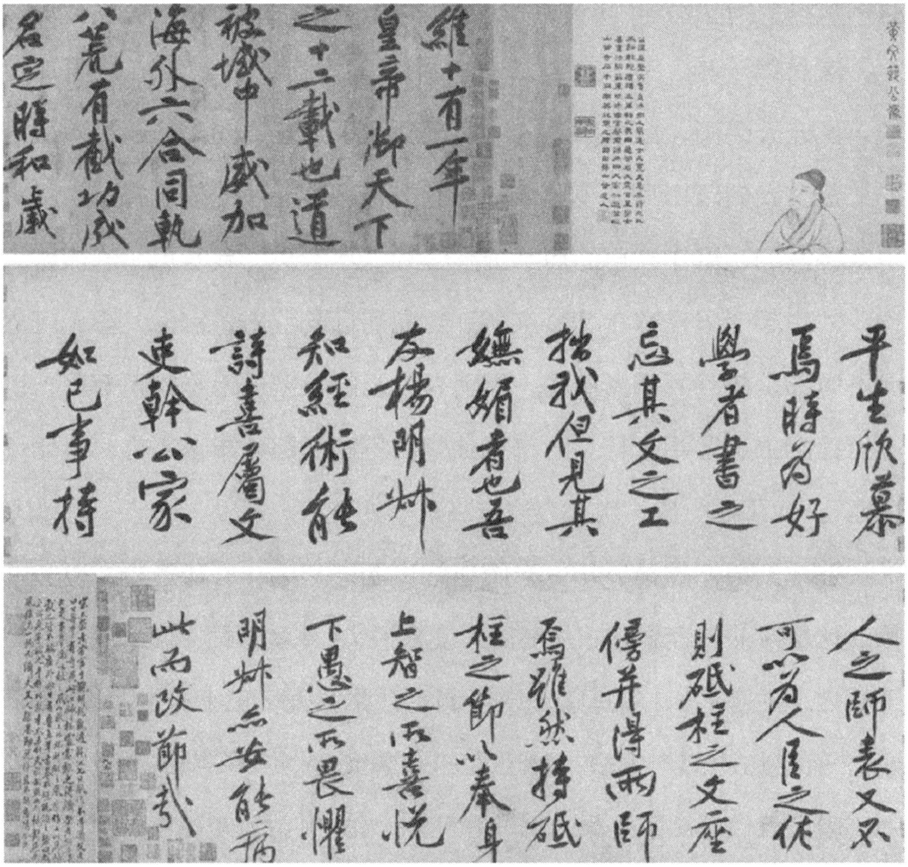

黄庭坚《砥柱铭》(局部)

就我个人的体会来说，一开始就很喜欢黄庭坚的字，笔势鲜活，笔法锋芒外露，长枪大戟，纵横奇崛，概括起来就是一个字：靓。书法史上靓作很多，一眼就觉得好看，觉得喜欢。比如文徵明《行书五言律诗》、唐伯虎的《落花诗册》等，这些作品非常漂亮，夺人耳目。再看东坡的《寒食帖》，就觉得没有那么靓，非常随意，只是习作、草稿。

人到中年，才慢慢读懂《寒食帖》。《寒食帖》是东坡的心电图，细看其中的每一个字，能感觉到中年东坡心中的细水微澜。如果说黄庭坚、文徵明、唐伯虎的作品是西装革履、干净整齐的少年郎，那么《寒食帖》就是宽袍大袖、不修边幅的中年大叔。黄州的东坡是一个熟透了的老男人，不再紧张，没有企图心，就像一个女人只是素颜，没有那种“不漂亮，毋宁死”的年轻姑娘的偏执。

有一次，我去眉州三苏祠，见到许多东坡书法碑刻，颠覆了我对书法的整体理解。就在一幅作品中，东坡随意挥洒，字大字小，一会儿是楷体，一会儿是行书，写到最后是草书。东坡有自己的法度，他是最真挚的唯“心”主义者，唯自己的心是从，他在粗糙的现实里有心灵地活着，见字如见人，见诗如见面。东坡说，“我书造意本无法”“自出新意，不践古人”。

《寒食帖》解开了我的一个心结，以前看书写眉批，有时觉得某个字写得丑，就要擦掉；最严重的时候，如果是钢笔写的，擦不掉，会用小刀裁掉，明显强迫症。现在好了，因为东坡说，有的人说我的字写得丑，像压扁了的癞蛤蟆，可这又有什么要紧呢？有人说我不懂音律还写词，我手写我心，不懂音律又有什么要紧呢？东坡给我一种深切的指引，书法和女人一样，不化妆也可以出门。东坡说："欲把西湖比西子，淡妆浓抹总相宜。"我要说，不管是素颜，还是淡妆、浓抹，西湖很自在，就在那里，不生不灭，不增不减，不垢不净。

《寒食帖》作于1082年，东坡46岁。那一年，东坡创作大丰收，两游赤壁，写出前、后《赤壁赋》，又写出著名词作《念奴娇·大江东去》。东坡逐渐老熟，谪居长江边城黄州，处在仕途谷底，迫于生计开荒种地，种种因缘，让东坡进入大江大河之境。

东坡解脱束缚，回归自然以后，他的天性完全呈现出来，不再用力，天真、率性是他的终极竞争力。写《寒食帖》的第二年，东坡有《记承天寺夜游》：

元丰六年十月十二日夜，解衣欲睡，月色入户，欣然起行。念无与乐者，遂至承天寺寻张怀民。怀民亦未寝，相与步于中庭。庭下如积水空明，水中藻荇交横，盖竹柏影也。何夜无月？何处无竹柏？但少闲人如吾两人耳。

全文只有83个字，像一则日记。张怀民是东坡的朋友，同样贬谪黄州，没有住处，借居在承天寺。东坡好动，好交游，他说那天晚上，刚想解衣睡觉，忽然看见月光照进窗来，于是欣然起行。黄州不同于杭州，人事寂寥，于是想起张怀民，就到承天寺找他。正好怀民也没有睡，两人就一起在院子里散步。东坡留下了那个夜晚的月光，"庭下如积水空明，水中藻荇交横，盖竹柏影也"。藻、荇（xìng），都是水草。月光如水，院子里的竹子、松柏，倒影在月光里，像水草纵横。

后人给这篇短文以极高的评价：韵流字间，神余篇外，深得禅悦。我们看古代诗文，有一种毛病，就是光听别人说，许多东西不是自己体会出来的。比如东坡说王维“诗中有画，画中有诗”，这个我们都知道，但我们不知道为什么。就像大家都知道宝马是好车，是“驾驶的乐趣”，但没有实际的体验，是听别人或广告说的。《记承天寺夜游》这样简单的文字，为什么好？我想起苏洵说过的一句话：“天下之无营而文生者，唯水与风而已。”“文”通“纹”，风无心吹过水面，自然生纹，这是大自然最平常的景象，没有人心的造作与安排，是“无营”而生，这是中国人推崇的文章最高境界，风行水上，自然成文。可惜我们从小学三年级开始写作文，一直没有人教我们体会这种境界。

评论东坡诗文最常用的词是“行云流水”，《记承天寺夜游》给了我们一个微型体验。东坡曾经很自负地说：“吾文如万斛泉源，不择地皆可出。在平地，滔滔汩汩，虽一日千里无难。及其与山石曲折，随物赋形，而不可知也。所可知者，常行于所当行，常止于不可不止，如是而已矣！其他，虽吾亦不能知也。”这是天才的自述，读东坡诗文就有这样的好处，能让我们近距离观察、体验一个天才的绝代风华，而不是总在二、三流的作品里打转转，把肠胃都弄坏了。

在我的想象里，《记承天寺夜游》像王羲之的手札，比如《初月帖》。虽然现在看不到真迹，能看到的只是唐朝摹本。

《初月帖》是一张便条，内容大意是：最近我一直想写这封信，但没有邮差，寄不了信。昨天到这里，又收到你上月十六日的来信，虽然相隔遥远，但也十分感激。你最近还好吗？我突然生病，身体不好。一直在路上，身心憔悴，就写到这里吧。羲之。正月十二日。

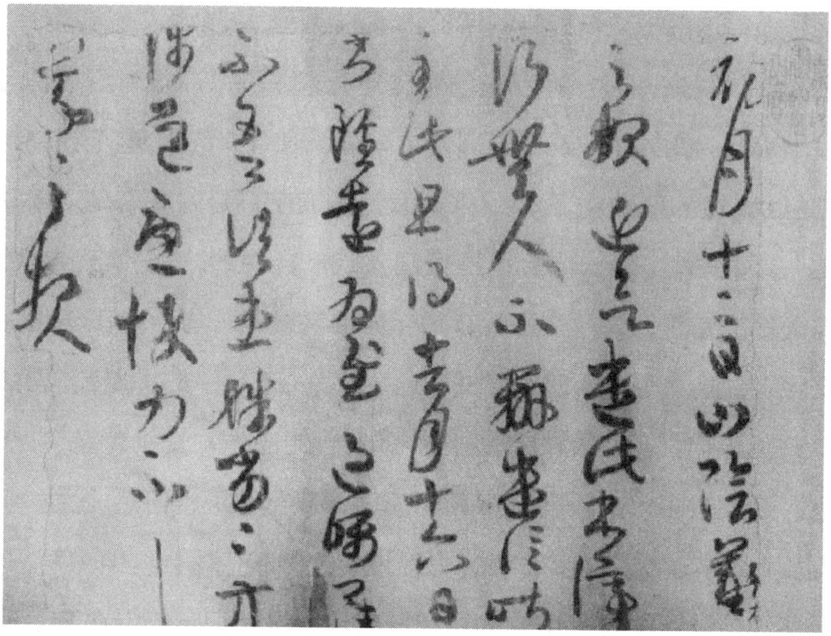

王羲之《初月帖》

王羲之49岁到绍兴任会稽内史，《初月帖》当是其后的作品。东晋人士，一向被认为风流倜傥、任情傲物，王羲之逸笔草草，任性而为，他最好的作品都是无意为之，其中有一个绝大的秘密——天真与自然是一个人最根本的力量。《孟子》说："人之所不学而能者，其良能也；所不虑而知者，其良知也。"良知良能是一个人最后的依据，世界只是良知良能的投影，所以王阳明说，一生体会只有"致良知"三个字。对文艺来说，要把生命之水加以澄清，成为一泓碧水；要把观念与感知的流动化为一缕清风，如此方能"风行水上，自然成文"，任何临时抱佛脚的计算、技巧和重构都是"营"，不仅于事无补，而且弄巧成拙。普通人迷失本来面目，硬做、硬写，跟自己较劲，劳神苦心，以创作为苦事、难事。按道家说法，苏东坡、王羲之是真人，真人就不是盗版的人。真人的本来面目，是一眼活泼泼的清泉，是阳明说的“无善无恶心之体”，是“我有明珠一颗，久被尘劳封锁。一朝尘尽光生，照破河山万朵”，是“高高山顶立，深深海底行”。

东坡的心思又细腻，又特别，又有趣。东坡知颍州时，已经五十六七岁，有《泛颍》诗。他说自己特别喜欢水，“到官十日来，九日河之湄”，又说“吏民相笑语，使君老而痴。使君实不痴，流水有令姿”。水怎么“有令姿”呢？东坡说：

画船俯明镜，笑问汝为谁？
忽然生鳞甲，乱我须与眉。
散为百东坡，顷刻复在兹。
此岂水薄相，与我相娱嬉。

这样细腻、有趣的观察，完全是一个孩子的心境，东坡年富力强，“有必达之隐而无难显之情”，发为诗文，让人惊喜。东坡还有《花影》诗：

重重叠叠上瑶台，几度呼童扫不开。
刚被太阳收拾去，又教明月送将来。

一个成年人，怎么会有这样的观察，这样的心境？有人说，这是一首政治抒情诗，“花影”暗指朝廷当政小人，扫不开，收拾不尽。我觉得这样解读，过于用力，东坡生性旷达，不喜欢含沙射影。又有人说，这诗有禅意，神秀有偈子“身是菩提树，心如明镜台，时时勤拂拭，勿使惹尘埃”，意境确有相同之处。我的感觉是，没有那么复杂，东坡不会想那么多，他只是“以口头语，写眼前景，说平常事”。东坡笔下的花影，每个人都见过，但我们捕捉不到；捕捉到了，说不出来；说出来了，不那么自然。北宋诗人梅尧臣说：“作诗无古今，唯造平淡难。”平淡？当然难，有几个人愿意平淡呢。东坡另有《琴诗》，也是童心的痴想：

若言琴上有琴声，放在匣中何不鸣？
若言声在指头上，何不于君指上听？

陶渊明不懂音乐，但弄了一把好琴放在家里，只是没有琴弦，每当朋友来喝酒，陶渊明就装模作样地弹着琴说：“但识琴中趣，何劳弦上声。”这种名士的风趣，现在难得一见，即使见了，也很少有人欣赏。

东坡说过许多很骄傲的话，比如“今生读书悔已迟”，意思是他肚里的书都是上几辈子读的，娘胎里带来的，别人怎么也赶不上。早教机构常说“不要让孩子输在起跑线上”，按东坡的说法，即使从胎教开始，还是太晚了。东坡当然知道陶渊明的典故，但东坡有自己感兴趣的问题：琴声究竟在何处？如果说琴声在琴上，为什么琴放在琴匣里就没有声音呢？如果说琴声在弹琴人的手指上，那你为什么不趴在琴师的手指上听呢？

我们也曾经像东坡一样天真过、疑问过，但很快就不再天真，不再疑问了。我们喜爱东坡，是因为他帮我们保存了天真的活化石，让我们偶尔想起，我们并不是生下来就这样俗气，这样精英，这样成熟。

东坡又有《百步洪》诗。百步洪，在江苏徐州附近的泗水，急流险滩，长约百步。东坡与好友多次放舟南下，经过此地，有点像现在的漂流。东坡在诗中形容百步洪流水湍急，连用8个比喻：

长洪斗落生跳波，轻舟南下如投梭。
水师绝叫凫雁起，乱石一线争磋磨。
有如兔走鹰隼落，骏马下注千丈坡。
断弦离柱箭脱手，飞电过隙珠翻荷。

“斗落”指水位陡然下降，“投梭”形容小船如织布的梭子，一闪而过。水师是船工，凫雁是野鸭子。小船速度太快了，连船工也惊叫起来，水里的野鸭子惊腾而起。东坡心里又紧张，又开心，为了告诉别人水流得真快，用了一连串的比喻：好比“鹰隼捕兔”，好比“骏马下坡”，好比“断弦离柱”（柱是调弦用的木把，旋转时用力过猛，弦会绷断，在绷断的那一瞬间，弦将飞快地弹出去），好比“利箭脱手”，好比“飞电过隙”（闪电飞快地掠过隙缝），好比“水珠翻荷”（猛然掀起荷叶，荷叶上的水珠急速翻滚而下）。一口气8个比喻，东坡想象力爆棚，笔酣墨饱，绘声绘色。

我一直觉得，如果把以上几首小诗介绍给刚学作文的小朋友，那么如何观察生活，如何具体地描写，如何见人所未见，如何于无疑处生疑，如何展开想象、运用修辞，如何立足童心、童趣本色，一切尽在其中，比那些面目可疑的作文辅导书不知要强多少倍。

东坡是一个有趣的人。罗辑思维的罗胖子说“有种、有料、有趣”，在我想来，“有料”最容易，花点笨功夫，谁都可以做到，所谓学富五车；“有种”就难，关键时刻，挺身而出，知行合一，不是每个人都能做到的；“有趣”最难，随着年龄增长、阅历增加，世故养成，多数人面目可憎，不敢照镜子，一照镜子，自己吓一跳。东坡如何有趣呢？有一次，东坡患红眼，有人告诉他，最好不要吃脍（切成薄片的肉或鱼），他这样写内心的挣扎：

余患赤目，或言不可食脍。

余欲听之，而口不可，曰：“我与子为口，彼与子为眼，彼何厚，我何薄？以彼患而废我食，不可。”

子瞻不能决。

口谓眼曰：“他日我患，汝视物吾不禁也。”

东坡想听从“不可食脍”的忠告，可他的嘴不同意，嘴说：“我是你的嘴，它是你的眼，都是身体的重要零件，你为什么单单对眼睛好，而苛刻我呢？”东坡听了这话，不知道怎么办，还是嘴豁达，想出一个折中方案，嘴跟眼睛商量说：“如果有一天，我生病了，不能吃东西，我也不会禁止你看天下美色。”

我第一次看这篇小文章，笑了好半天，才相信“其智可及，其幼稚不可及”这句话是真的。司马光主编300多万字的《资治通鉴》，那么严肃，那么一本正经，活得多累啊。他小时候砸缸救落水的小伙伴，可长大了，跟我们一样，变得偏执，变成一根筋的“司马牛”，终于无趣了。无趣时间长了，难免无聊，不再有生活的质感，变成黑白画像上的圣贤，让人望而生畏了。

东坡好吃，馋到骨子里。现在很多人标榜自己是吃货，其实真正的吃货是很难炼成的。大家都明白“患难见真情”的道理，一个真正的吃货，绝不在于他能走遍中国，下下馆子，而在于他没有任何吃的机会时，能够变着法子想吃、爱吃、巧吃。没有文化素养，没有真诚的迷恋，没有百折不挠的追求，光能下馆子的人成不了吃货，人生很公平，社会很残酷。东坡在《初到黄州》诗中说：

自笑平生为口忙，老来事业转荒唐。
长江绕郭知鱼美，好竹连山觉笋香。

东坡因乌台诗案差点丢了性命，被贬到黄州。1080 年大年初一，东坡离开京城，二月初一到达黄州，当时家人都在弟弟苏辙那儿，东坡形单影只。到了黄州以后，东坡是罪官，政府不分配住房，只好借住定惠院，跟着和尚们吃素餐。“自笑平生为口忙，老来事业转荒唐。”东坡把吃看成事业，可现在天天吃素餐，实在太荒唐。但是没有办法，没有办法也要想办法，东坡开始惦记沿途所见风物，风物的中心是一个吃字。“长江绕郭知鱼美，好竹连山觉笋香。”既然长江近在咫尺，江鲜一定是有的，漫山遍野那么多竹子，东坡仿佛闻见笋香一阵一阵飘过来。江鲜会有的，竹笋也会有的，东坡想着想着，心里有了希望，心情也高兴起来。

东坡特别喜爱竹子，竹子对东坡也贡献良多。东坡在《於潜僧绿筠轩》诗中，对竹有一番震古烁今的高论：

可使食无肉，不可居无竹；
无肉令人瘦，无竹令人俗。
人瘦尚可肥，士俗不可医；
旁人笑此言，似高还似痴。
若对此君仍大嚼，世间哪有扬州鹤？

於潜县，地处浙江，东坡通判杭州期间，曾经到该县视察工作。於潜县有寂照寺，寺中有绿筠轩。寂照寺有僧人慧觉禅师，与东坡谈佛理，很投机。於潜多竹，绿筠轩外竹海苍茫，苍翠欲滴，东坡有感而发，即兴写了这首诗。

诗中说到王徽之，王徽之是王羲之第五子，为人风雅，生性喜竹。有一次，他搬新家，刚一入住，马上叫人房前屋后都种上竹子。有人问他原因，他说："何可一日无此君。"东坡翻新典故，写出"可使食无肉，不可居无竹"这样的金句，随后解释原因，"无肉令人瘦，无竹令人俗"，再进一层，"人瘦尚可肥，士俗不可医"。这六句，全用主锋，层层递进，自抒胸臆。

东坡为文，有一种典型手法，在主锋正说以外，还要"曲一层、侧一层、深一层"地去说，造成一波三折、跌宕起伏的效果。"旁人笑此言，似高还似痴”，这个旁人是东坡虚拟的人物，对上面的说法不以为然，认为是高妙、迂阔之论。“若对此君仍大嚼，世间哪有扬州鹤？”此君，借用王徽之“何可一日无此君”，指竹。“大嚼”，出自曹丕《与吴质书》:“过屠门而大嚼，虽不得肉，贵且快意。”比喻心里想，但得不到，只好自欺欺人。“扬州鹤”，出自南朝殷芸的小说《吴蜀人》，有几个人在一起聊天，谈各自的理想，有人想当扬州刺史，有人想发财，有人想骑鹤升天做神仙，还有一人想“腰缠十万贯，骑鹤下扬州”，升官、发财、成仙三者兼而有之。东坡暗含讽喻，社会上的俗士，总想把世间好事占全了，但有气节的人难得富贵，富贵的人无暇学仙，想兼而有之，都是妄念。

东坡的思维不受遮拦，顷刻之间，上下古今，布局经营，在中国人的文化心理中楔入“竹与肉”的人生思辨。丁聪有漫画《笋烧肉》，画中三位人物，苏东坡、郑板桥，两人一般馋样，中间服务员捧着一钵笋烧肉。丁聪在题画诗中说:“无肉令人瘦，无竹令人俗。若要不瘦又不俗，天天笋烧肉。”丁聪不惮穿越，诚是妙人。

如果我们认为东坡在“竹与肉”之间持对立观念，那就小看东坡了。中国人一向非此即彼，但东坡无此束缚。“可使食无肉，不可居无竹。”不是不要吃肉，而是先要种上竹子，再吃肉；而且不吃肉有种种坏处，比如“无肉令人瘦”，当然没有竹，坏处更大，“无竹令人俗”；又说“人瘦尚可肥，士俗不可医”，前者是可以改正的毛病，后者是绝症。东坡不认同“苦行”，相反他是一个不可救药的享乐主义者。但享乐归享乐，不违背自己的意愿，不做交易，不出卖灵魂。

丁聪漫画《笋烧肉》

东坡不仅吃肉，而且吃出了名堂，“东坡肉”至今不衰。东坡在黄州有《食猪肉》诗，介绍东坡肉的由来：

黄州好猪肉，价贱如粪土。
富者不肯吃，贫者不解煮。
慢着火，少着水，火候足时它自美。
每日早来打一碗，饱得自家君莫管。

东坡在黄州，没有薪俸，一大家子 20 多口，生计艰难，只好省吃俭用，东坡给朋友写信说：

初到黄，廪入既绝，人口不少，私甚忧之。但痛自节俭，日用不得过百五十。每月朔，便取四千五百钱，断为三十块，挂屋梁上。平旦，用画叉挑取一块，即藏去叉。仍用大竹筒别贮用不尽着，以待宾客。

东坡量入为出，“痛自节俭”。节俭的办法是每月初一日，从存款中取出4500钱，分成30份，挂在屋梁上。以后每天早晨，用画叉取下一份，然后把画叉藏起来，保证每天花费不超过150钱。一天下来，如果有节余，另用大竹筒保存，用来招待宾客。

这是钱的部分，饮食也得节制，东坡有《节饮食说》一文，写出来贴在墙上，强迫自己遵守，并请家人监督，文中说：

东坡居士自今以往，早晚饮食，不过一爵一肉。

有尊客盛馔，则三之，可损不可增。

有招我者，预以此告之。主人不从而过是，乃止。

一曰安分以养福，二曰宽胃以养气，三曰省费以养财……

东坡给自己定规矩，从今以后，每顿饭只吃一杯酒、一个荤菜。即使贵客来访，最多三个荤菜，只能少不能多。如果别人请我吃饭，也要预先告知，不能超过这个标准。假如对方不答应，那我就不去了。

东坡节制饮食，出于无奈，但他想出来很多意义：一是“安分以养福”，大吃大喝，难免浪费，不是培养福分的办法；二是“宽胃以养气”，吃得太多，脑满肠肥，加重消化系统负担，不利于培养浩然之气；三是“省费以养财”，吃得少，当然花费就少，可以节省用度。

在这样艰难的日子里，东坡有一天偶然翻阅《战国策》，看到齐国贤士颜斶的一句话，“晚食以当肉”，不禁欣然而笑。所谓“晚食以当肉”，就是晚一点吃饭，等饿急了再吃饭，这样即使是粗茶淡饭，也像吃肉一样津津有味。东坡赞叹说，像颜斶这样，可说是“巧于居贫”了。可能是清苦的日子太长了，东坡后来居然说出这样的话：“菜羹菽黍，差饥而食，其味与八珍等……美恶在我，何与于物！”食物好坏，完全取决于个人的主观感受，与食物本身无关，我觉得这不是东坡的心里话，他在安慰自己。

除了“东坡肉”，还有“东坡羹”。有人请教东坡羹的做法，东坡专门写了《东坡羹颂》，说白了，只是一道寻常的菜羹，不用鱼肉，把大白菜、大头菜、萝卜、野荠菜放在一起煮，东坡赞叹“有自然之甘”。东坡写诗说：“我昔在田间，寒庖有珍烹，常支折脚鼎，自煮花蔓菁。”蔓菁，是大头菜。虽然厨房简陋，炊具也不成样子，但东坡认为很考究。

我们看东坡以上种种言论，心里有一种复杂的滋味。这个人无疑是一个享乐主义者，他的自我管理充满了孩子气，他用一种近乎可笑的方式与自己周旋。在极端的生活困境中，他慢慢体会到“苦乐由心”，极力避免自己落入消极情绪的旋涡，百般譬喻，巧言宽慰，小心翼翼地安慰自己。他的味蕾特别发达，像孩子一样馋，味觉是他沟通世界的一座桥梁，有一种“我味故我在”的存在感。他乐于倾诉，有时听上去像一个絮絮叨叨的厨娘，不过他有文化，我们很难预料他会将我们引向何处。

东坡许多诗文口水淋漓，“长江绕郭知鱼美，好竹连山觉笋香”“日啖荔枝三百颗，不辞长作岭南人”“蒌蒿满地芦芽短，正是河豚欲上时”，东坡提醒我们生活化一点，吃得好一点，东坡是“小确幸”的坚定实践者。

东坡对茶特别喜爱，非常讲究，有“饮茶三绝”之说，即茶要好，水要好，壶也要好，而“水为茶之母，壶为茶之父”。就壶来说，“铜腥铁涩”，铜壶、铁壶不是上佳选择，最好的是石壶。东坡去世前一年在海南，有《汲江煎茶》诗：

活水还须活火烹，自临钓石取深清。
大瓢贮月归春瓮，小杓分江入夜瓶。
雪乳已翻煎处脚，松风忽作泻时声。
枯肠未易禁三碗，坐听荒城长短更。

活水，是流动的江水。活火，是猛火。东坡说，煮茶要用活水，再用活火烹煮。有一则传说，王安石患痰火之症，医生说用阳羡（江苏宜兴）茶可治愈，但必须用长江三峡“中峡”之水煎服才有效果。恰好那一年东坡服母丧期满，等待返京，王安石写信给东坡，要他出川时带一瓮中峡之水，结果东坡贪看长江风景，忘了取水的事，等他想起时，船已到了下峡，于是急忙取水，回京后交给王安石。王安石不是好糊弄的，他说：“上峡水性太急，下峡水性太缓，唯有中峡之水，缓急相济，水性中和。此水烹阳羡茶，上峡味浓，下峡味淡，中峡处在浓淡之间，刚才我看见茶色迟迟未现，所以知道必为下峡之水。”

此事有很大的真实性，1059年，东坡守母丧期满，出川赴京，走的正是长江水路，并写有《滟滪堆赋》。瞿塘峡口滟滪堆，是长江三峡著名的险滩，东坡称为“天下之至险”，“凡覆舟者，皆归咎于此石”。在东坡眼里，长江水势是这样的：蜀江之水远道而来，行千里没有阻挡，江水因此骄逞，不可一世，忽然碰到瞿塘峡，峡口逼窄，江水遭此变故，“战乎滟滪之下”“尽力以与石斗”“勃乎若万骑之西来，忽孤城之当道”。东坡把水石相搏，想象成一场战争，战争的结果是“城坚而不可取”，江水无可奈何，“矢尽剑折兮，迤逦循城而东去”，于是“滔滔汩汩，相与入峡，安行而不敢怒”。东坡写此赋时 23 岁，想象奇特，英气逼人。此赋也可佐证王安石所说水性缓急，不是杜撰，而是实情。

东坡说“活水还须活火烹”，既然要用活水，自然要到江边汲取，“自临钓石取深清”，东坡所见江水，既深又清。江边汲水，时在夜晚，天上明月，倒映江中。“大瓢贮月归春瓮，小杓分江入夜瓶”，读来让人心旌摇荡。

接下来，东坡写煎茶情形。雪乳是白色泡沫，随着翻转的茶叶飘上来。我请教过懂茶的人，我们现在喝的绿茶，是明朝以后才有的，明朝以前的茶是发酵茶，所以有白色泡沫。接下来斟茶，“松风忽作泻时声”，斟茶时，茶水倾泻到茶碗里，嗖嗖作响，像风吹过松林的声音，东坡这样写，让我们的内心充满阔大的惊喜。

东坡晚年在海南，朝云也不在了，生活非常孤寂，斟茶声如风涛声，不完全是夸张，小屋寂静，任何声音都会显得特别响。茶斟好了，可以喝了，“枯肠未易禁三碗”。东坡用了典故，唐代诗人卢仝说：“一碗喉吻润，二碗破孤闷，三碗搜枯肠，唯有文字五千卷。四碗发轻汗，平生不平事，尽向毛孔散。五碗肌骨清，六碗通仙灵。七碗吃不得也，唯觉两腋习习清风生。”东坡说自己灵感枯竭，只好搜索枯肠，卢仝说喝三碗茶可以文思泉涌，看来也未必。东坡另有诗句说，“且尽卢仝七碗茶”，喝了好多碗茶，还是没有灵感，也没有事做，只能静挨时光，若有若无地听着打更的声音。

东坡年轻时说茶，“从来佳茗似佳人”，可现在佳人不在了，茶味就有些苦，或者如周作人说的“涩”。晚年的东坡，依然有最细致的感受力，他写出了茶的至味，而以明月、大江作为背景，这位孤处天涯海角的老人，依然心雄万夫，给我们许多惊喜。

东坡还会谈茶的保健功能，他说“除烦去腻，不可缺茶，然暗中损人不少”，也就是有副作用，东坡的办法是“每食已，以浓茶漱口，烦腻既出而脾胃不知”，又说“肉在齿间，消缩脱去，不烦挑刺，而齿性便若缘此坚密”，饭后浓茶漱口对牙齿有保护作用，比用牙签好多了。“率皆用中下茶，其上者亦不常有，数日一啜不为害也”，东坡会过日子，即使境遇好的时候，也不想成为土豪。

东坡有特别的心灵密码，我称之为“阴转晴”。不管何种情况，东坡都不会长久情绪低落，他会慢慢修复自己，直至云破日出，晴空万里。

东坡从杭州知密州，第二年修葺城北旧台，请弟弟苏辙起名，苏辙根据《老子》“虽有荣观，燕处超然”之义，取名“超然”。有一次，东坡登超然台，触动思乡之情，填词《望江南·春未老》:

春未老，风细柳斜斜。试上超然台上看，半壕春水一城花。烟雨暗千家。

寒食后，酒醒却咨嗟。休对故人思故国，且将新火试新茶。诗酒趁年华。

时在早春，东坡开宗明义，直说“春未老，风细柳斜斜”。壕，是护城河，东坡在超然台上看见“半壕春水一城花”。已经过了寒食节，寒食与清明相连，东坡远离家乡，想到游子在外不能回乡扫墓，因此叹息。故国，指故乡眉山。寒食禁火，节后举火称“新火”。寒食前采制的火前茶，称“新茶”。东坡要自己“休对故人思故国，且将新火试新茶”，情绪由消沉变为乐观。

在我看来，这首词是东坡“阴转晴”性格基因的一个例证，词的上片说“烟雨暗千家”，“暗”是句眼，到了下片，经过转换，以“诗酒趁年华”结尾，已然是乐观、融和的气氛了。

东坡筑超然台，苏辙不仅起名，还写了《超然台赋》。苏辙说哥哥到密州后，“四方宾客不至”，很是寂寞；又“承大旱之余孽，驱除螟蝗，逐捕盗贼”，行政上烦心事很多，等稍事安憩，“顾居处隐陋，无以自放，乃因其城上之废台而增葺之”，从此每天和同僚登台览山川之胜“而乐之”。苏辙进一步解释起名“超然”的缘由，普天下之人，奔走是非名利之场，在荣辱之海中载浮载沉，乐而忘返，通达之人为他们感到悲哀，悲哀他们不知道还有“超然不累于物”的人生境界。

东坡看了《超然台赋》，情动于中，写了一篇《超然台记》，以“乐”字贯通全文。东坡说：“凡物皆有可观。苟有可观，皆有可乐，非必怪奇伟丽者也。”东坡这样说，也是这样做的，他在密州，吃酒糟、喝薄酒，照样沉醉；粮食不够，水果、蔬菜、草木，皆可充饥，如果有这样的心态，哪里会有不快乐的时候呢。

东坡又说，人人都追求幸福，避开灾祸，原因是“福可喜而祸可悲”，但是人的欲望无穷，而能满足欲望的东西总是有限的，因此大多数人每天都在分辨好坏，为了取舍拿不定主意，如此“则可乐者常少，而可悲者常多”，“求祸而辞福”了。追求灾祸，逃避幸福，难道是人之常情吗？这是被外物蒙蔽的结果，这些人“游于物之内，而不游于物之外”，因此“美恶横生，而忧乐出焉”，这难道不是人生最大的悲哀吗？

接下来，东坡现身说法。我从杭州通判调任密州知州，放弃了在江南水乡坐船的舒适，而承受骑马坐车的辛劳；放弃了雕梁画栋的住宅，而栖身在粗木搭建的棚屋里；远离杭州的湖光山色，而来到桑麻从生的密州。我刚来的时候，连年歉收，处处盗贼，刑事案件数不胜数；厨房里空荡荡的，甚至要挖野菜充饥，此情此景，很多人怀疑我一定不快乐了。可我到密州一年后，身体长胖了，甚至白头发也一天天变黑了。我现在很享受密州淳朴的风俗，这里的官吏百姓也能原谅我的笨拙。我修整菜园，打扫庭院，砍伐安丘、高密的树木，用来修补破败的房屋，作长久安居的打算。有一处园子的北面，依靠城墙建筑的高台已经废旧了，我派人加以整修，使之焕然一新。我和同僚经常一起登台观览，“放意肆志”，好不开心。登台向南望去，马耳山、常山时隐时现，时近时远，难道有隐士住在那里吗？向西望去是穆陵关，隐隐约约像一道城墙，这是姜太公、齐桓公的辉煌功绩留下的遗迹。向北可俯看潍水，让人想起淮阴侯韩信的赫赫战功，又哀叹他不得善终。

东坡总结超然台的好处，“台高而安，深而明，夏凉而冬温”，而他不避寒暑，“雨雪之朝，风月之夕，予未尝不在，客未尝不从”，几乎要在超然台安家了。东坡和朋友们在一起，“撷园蔬，取池鱼，酿秫酒”，“乐哉游乎！”最后，东坡感念弟弟是知音，懂得他“无所往而不乐，盖游于物之外也”的心境。

东坡筑超然台时40岁，他从小受《庄子》影响，苏辙在《亡兄子瞻端明墓志铭》中说：“（东坡）既而读庄子，喟然叹息曰：吾昔有见于中，口未能言，今见庄子，得吾心矣。”《庄子·山木》中说：“物物而不物于物，则胡可得而累邪！”人是一个主体，人驾驭外物，所谓“物物”；而不是万物驾驭人，所谓“物于物”，能做得“物物”，就不会为物所累了。这一层意思，《楞严经》同样说得透彻，“心能转物，即同如来”。

《超然台记》发挥了庄子的思想，按东坡的悟性，他当然知道人的身体只是一种偶然、短暂的存在，就像《庄子·知北游》中说的那样，“人生天地之间，若白驹之过隙，忽然而已”。因此，正确的人生态度应该是“游于物外”“无所往而不乐”，东坡旷达是有哲学基础的。

东坡“无往不乐”，具体而言，他总结出人生16件赏心乐事：

清溪浅水行舟，微雨竹窗夜话。

暑至临溪濯足，雨后登楼看山。

柳荫堤畔闲行，花坞樽前微笑。

隔江山寺闻钟，月下东邻吹箫。

晨兴半炷茗香，午倦一方藤枕。

开瓮勿逢陶谢，接客不着衣冠。

乞得名花盛开，飞来家禽自语。

客至汲泉烹茶，抚琴听者知音。

按现代观念，东坡的赏心乐事都是不花钱的，但需要花时间，需要恬然细致的心情，这就有很高的门槛。

在16件赏心乐事中，“微雨竹窗夜话”“接客不着衣冠”“客至汲泉烹茶”最难，因为其他赏心乐事都可以一个人完成，唯有这三件乐事对他人有所求。

《庄子》讲了一则“匠石运斧”的故事。说楚国有一个人，鼻尖上沾了一点白泥巴，这层泥巴薄得像苍蝇翅膀，于是他请一位名叫石的木匠用斧子把泥巴削去。石木匠挥动斧子，只听见一阵风响，手起斧落，白泥巴被削得干干净净，鼻子却没有一丝一毫的损伤。宋国国君听说了这件事，把石木匠找来，说：“你再削一次给我看看吧。”石木匠说：“我的确有这样的技术，可是那个敢让我削泥巴的人已经去世很久了。”

匠石运斧讲知音难得，伯牙与子期的故事也是。

伯牙善鼓琴，钟子期善听。

伯牙鼓琴，志在高山，钟子期曰：“善哉，峨峨兮若泰山！”

志在流水，钟子期曰：“善哉，洋洋兮若江河！”

伯牙所念，钟子期必得之。

子期死，伯牙谓世再无知音，乃破琴绝弦，终身不复鼓。

实在说起来，匠石运斧难度更大，伯牙、子期至少没有生命危险，那样的信任有点小资，缺乏生死相托的厚重。

东坡好动，喜欢交友，白天在家里坐不住，要么出去访友，要么等待朋友来访，只有到了晚上才能静下心来读书作文。东坡不能没有朋友，不能没有“石木匠”那样的朋友，他一生坎坷，好多人忌恨他，但他的确有许多知音，这是东坡的幸运。

东坡在密州“超然”，后因乌台诗案跌入尘埃，越发伸展出“心能转物”的超人能量。东坡在黄州有一首词《浣溪沙·游蕲水清泉寺》：

山下兰芽短浸溪，松间沙路净无泥，潇潇暮雨子规啼。

谁道人生无再少？门前流水尚能西！休将白发唱黄鸡。

东坡其时47岁。蕲水，在今湖北浠水县，距黄州不远，蕲水城外有清泉寺，下临兰溪。我们都知道“一江春水向东流”，但兰溪之水是向西流的，这种现象引发东坡的人生感悟。词的上片写景，岸边的兰草刚生出嫩芽，浸泡在溪水中；松林间的沙石路，经过泉水洗涤，一尘不染。傍晚的时候，开始下小雨，远处传来杜鹃的啼叫声。词的下片写感悟，我们常说，“人生长恨水长东”“花有重开日，人无再少时”，光阴如流水，昼夜不息，这是自然规律，但东坡说：“谁道人生无再少？门前流水尚能西！”就像眼前的兰溪水一样，水可以西流，人应该也可以逆生长，老当益壮，自强不息，重新焕发青春的光彩。

白居易当年在《醉歌》中说:“谁道使君不解歌，听唱黄鸡与白日。黄鸡催晓丑时鸣，白日催年酉前没。腰间红绶系未稳，镜里朱颜看已失。”黄鸡每天丑时（凌晨1—3时）报晓，意味着新的一天开始；太阳每天酉时（下午5—7时）下山，意味着一天结束，日子就这样一天天飞快地过去了，人生易老，“朱颜已失”，很快就白发满头。东坡反用白居易诗意，“休将白发唱黄鸡！”人生不要这样悲观，只要有不服老的精神，就能够老骥伏枥，志在千里。

东坡在极端的困境中，没有英雄迟暮的伤感，而是充满热情，自励自强。陈廷焯《白雨斋词话》说:“(东坡）愈悲郁，愈豪放，愈忠厚，令我神往。”东坡因乌台诗案，受到严重惊吓，刚到黄州时曾经说:“饮中真味老更浓，醉里狂言醒可怕。”心有余悸，惴惴不安，但东坡有自我疗治的功夫，慢慢平复过来，心灵的天空渐渐放晴，因缘自适，再获新生。

第三章 走出盆地

东坡一生两次走出盆地，第一次是从眉山到开封，成为文坛领袖欧阳修的接班人；第二次是经乌台诗案，由谷底慢慢反弹，最终完成自己，成为不朽的东坡。

宋太祖赵匡胤承五代之乱，由军阀“黄袍加身”成为皇帝。建立大宋王朝以后，赵匡胤绝不允许其他军阀复制他的成功模式，后通过“杯酒释兵权”的高难动作，剥夺了开国功臣的兵权。军阀靠边以后，赵匡胤用文臣治国，他对心腹赵普说：“五代方镇残虐，民受其祸，朕今用文臣分治大藩，纵皆贪浊，亦未及武臣十之一也。”赵匡胤分析问题，既定性又定量，定性是两害相权取其轻，“用文臣分治大藩”肯定比“五代方镇残虐”好得多；官员是一定要“贪浊”的，但文臣即使贪浊，其程度也不会超过武臣的十分之一，危害小、成本低。

“以文立国”成为大宋王朝的国策，相应地，大宋王朝必须建立培养文人的教育体制，再从中选拔优秀分子，充实帝国官场。五代天下大乱，“有力者胜”，从社会风气来说，强身健体，再进一步学习擒拿格斗、排兵布阵，个人生存和发展的机会就大。现在天下一统，武人不吃香了，政府开始有意引导读书的风气，鼓励老百姓放下兵戈，拿起圣贤书，国家也准备了大量官职，作为读书人进身的台阶。

鼓动天下“由武转文”的风尚，大宋王朝做得很成功。大宋第三个皇帝宋真宗赵恒亲自动手，写了一首《劝学诗》，力透纸背，不仅影响当时，即使到现在还是许多人的金科玉律。

富家不用买良田，书中自有千钟粟。
安居不用架高堂，书中自有黄金屋。
出门莫愁无人随，书中车马多如簇。
取妻莫愁无良媒，书中有女颜如玉。
男儿欲遂平生志，五经勤向窗前读。

中华五千年，如果要评选公益广告金句，“书中自有黄金屋，书中自有颜如玉”，理应荣登榜首。这首白话诗，语言通俗易懂，内容直指人心，刚一发表，立刻迷倒天下学子，让人心旌摇荡，不能自已，“男儿欲遂平生志，五经勤向窗前读”成为天下共识。

除宋真宗亲自撰文外，有宋一代名臣作为天下学子的楷模，也频频现身说法，比如王安石《劝学诗》：

读书不破费，读书利万倍。
窗前读古书，灯下寻书义。
贫者因书富，富者因书贵。

现在教育产业化，“读书不破费”很难成立，但“贫者因书富，富者因书贵”还是不能磨灭的金句。延及南宋，理学大师朱熹又有《劝学文》：

勿谓今日不学而有来日，

勿谓今年不学而有来年。

日月逝矣，岁不我延。

呜呼老矣，是谁之愆？

朱熹是教育家，特别从“一寸光阴一寸金，寸金难买寸光阴”的角度，鼓动天下学子，有一种让人马上行动，并时刻监督自己的理学“克己”气质。

东坡小时候在眉山，当然受时代风尚的影响。庆历三年（1043年），东坡虚8岁，开始进小学念书。小学校设在道观里，老师是道士张易简，办学规模相当可观，东坡有同学近百人。东坡刚念小学，就发生了一件事。当时有一位名士石介写了一首《庆历圣德诗》，歌颂皇帝圣德以及朝廷人才济济。有人从京城来，抄了这一篇文章给张道士，东坡恰好在边上，偷听到大人说话。小孩子性情，好奇心重，东坡问张老师，诗里面歌颂的都是些什么人啊？张老师说：“童子何用知之？”东坡不愿意了，他说：“如果是神仙的话，则不敢知；如果也是人的话，为什么我就不能问呢？”张老师听了，心中讶异，告诉东坡说：“诗里写了韩琦、富弼、欧阳修和范仲淹，这四个人是天下的人杰。”东坡听了，脑海里留下深刻印象，很想知道他们为什么是人杰。张老师和东坡都没有想到，后来东坡与韩琦、富弼、欧阳修关系密切，只有范仲淹去世得早，无缘见面，东坡引为憾事。

东坡跟着张老师念书的时候，碰到一位90多岁的朱姓老尼姑。老尼姑和东坡闲聊天，说她年轻时曾经跟着师父，去过蜀主孟昶的后宫。孟昶是五代十国时期后蜀国的末代皇帝，后为北宋所灭。孟昶后宫有一位著名的美人，“花不足以拟其色，蕊差堪状其容”，孟昶非常宠爱她，赐号“花蕊夫人”。花蕊夫人不仅国色天香，而且有文才，后蜀灭亡时，留下一首七言绝句《述国亡诗》:“君王城上竖降旗，妾在深宫那得知？十四万人齐解甲，更无一个是男儿！”骂尽蜀国男人的怯弱。

孟昶怕热，一到酷暑，胸闷难耐，于是在御花园摩河池上，建了一座水晶宫殿，作为避暑之地。老尼姑跟东坡说，她曾经见过蜀主和花蕊夫人在摩河池上纳凉，蜀主当时填过一首词，老尼姑还记得，念了一遍给东坡听。大约40年后，东坡在黄州，有一天忽然想起这首词，但只记得第一句:“冰肌玉骨，自清凉无汗。”东坡一时兴起，自出胸臆，为之补足全词:

冰肌玉骨，自清凉无汗。水殿风来暗香满。绣帘开，一点明月窥人，人未寝，欹枕钗横鬓乱。

起来携素手，庭户无声，时见疏星渡河汉。试问夜如何？夜已三更，金波淡，玉绳低转。但屈指西风几时来，又不道流年暗中偷换。

词上片写美人，“冰肌”形容美人肌肤洁白如冰雪，典出《庄子·逍遥游》“有神人焉，肌肤若冰雪，绰约若处子”。东坡跟随“明月窥人”，美人冰肌玉骨、慵懒妩媚。

下片首句“起来携素手”，写仙侣偕游，庭户无声、月朗星稀，私语温存。河汉，即银河。金波，指月光，月光本无色，但照到皇家，自有一番富贵气象。玉绳，是星名，在北斗星附近。相爱的人在一起，时光如梭，不觉“夜已三更”。词作最后以“但屈指”突转情绪，不知道凉爽的西风何时吹来，但不知不觉间，时光无声流逝，“流年暗中偷换”，好景难常在，让人痛惜。

东坡在黄州，人到中年，光阴寂寞，偏爱回忆往事，于是借帝王艳情，写出光阴易逝、人生易老的深沉感慨，“坡仙”气质历历分明。

东坡跟张老师读书，主要是认字。那时，父亲苏洵不在家，一直在外游历，又到京城应试，一直到祖父去世，父亲为了奔丧才回到家，这一去就是两年多。在此期间，东坡从张老师那儿退学，改由母亲程夫人亲自教读。程夫人出身名门，知书识礼，父亲程文庆在京为官，做过大理寺丞，大理寺相当于现在的最高法院。程家还是眉山富豪，而苏家清寒，程夫人 18 岁嫁给苏洵，婚后激励夫君读书科举，又亲自担任两个儿子的启蒙教师，“三苏”父子后来同时名列唐宋八大家，跟程夫人有莫大的关系。看程夫人的种种事迹，给人一种印象，程夫人相当于眉山苏家之萧何，无论是家庭生计，还是家庭教育，都由程夫人压住阵脚，稳如磐石，而老苏有时荒唐，有时彷徨，有时任性，一直没有担当起家庭顶梁柱的角色。

在儿子的教育问题上，程夫人认为人格教育是教育的根本，在家中不断鼓吹“立乎大志，不辱苏门，也不愧于国家”的立身理念，在教育内容上，非常重视历史典籍的学习。

有一次，程夫人教东坡读《后汉书·范滂传》。范滂所处的时代异常凶险，宦官当政，贪污受贿，结党营私，草菅人命，无所不为，而范滂“少厉清节，举孝廉”，步入仕途后，“按察郡县不法官吏，举劾权豪”，战斗在反腐第一线。奸党豪强自然不会放过他，范滂后来遭诬陷，与当时的名臣李膺、杜密等100多人一起被逮捕，最后死在狱中。范滂临刑前，母亲前来探望，范滂安慰母亲说：“我的弟弟非常孝顺，可以尽到赡养母亲的责任，今天我就要离开了，希望母亲不要悲伤。”范母说：“你今天能够得到李膺、杜密一样的名声，我没有什么要悲伤的。况且名节与长寿，为什么一定要兼顾呢？”程夫人读到这里，不觉“慨然叹息”，她敬重正直、有气节的范滂，更佩服深明大义的范母。少年东坡，内心掀动波澜，对母亲说：“我长大了，要做范滂那样的人，你能允许吗？”程夫人说：“你如果能做范滂那样的人，难道我就不能做范母那样的人吗？”

早年读《范滂传》的经历，对东坡究竟产生了什么影响呢？东坡的一生非常正直，忠于自己，“只做自己”，从来不从现实利害的角度考虑言行进退，直道而行，这让他在朝廷中枢很难立足。虽然很多人认为他是宰相的材料，包括几代皇帝都这样认为，但东坡的底色终究是一个文人，不是西汉陈平说的“理阴阳，顺四时”的政治家格局。我说东坡两次“走出盆地”，不包括政治这方面，终其一生，东坡始终是一个“盆地政治家”。东坡在黄州，的确走出了“人生的三峡”，但他接下来的走向是佛与道。他的性情本是如此，他不会像范滂那样舍生取义。东坡晚年，渐渐在佛、道中找到归宿，他体悟到生命只是一种过程，一种偶然的、因缘聚合的存在，生命不是用来和“坏人”作斗争，从而可以随便牺牲掉的。现实生活对东坡来说，不是唯一坚硬的存在，还有超出现实之外的广大世界，那个世界里有清风明月、大江大河、美人美食。东坡的孩子气，一生都没有退尽，他之所以喜爱地上的长江、天上的月亮，有一个特别隐秘的原因，他羡慕长江和月亮“长寿”，亘古常在，而人生太匆忙，像白驹过隙一样稍纵即逝。

和一般男孩一样，东坡小时候贪玩，又有小两岁的弟弟苏辙形影不离地跟着他，越发成了气候。东坡在《天石砚铭》中回忆说，12 岁那年，在院子里天天和一帮小孩子东挖西挖，有一次得到一块“异石”，敲起来铿然有声，大家非常兴奋，即使现在回忆起来，当时那种欢喜激动的心情依然久久不能平息。看东坡小时候的故事，很为现在的孩子鸣不平，他们天天在家挑灯夜战，攻克奥数难题，戕害之深，难以估量。杜甫有《百忧集行》诗：“忆年十五心尚孩，健如黄犊走复来。庭前八月梨枣熟，一日上树能千回。”也让现在的父母感叹。唐、宋这些大文人、大名士，他们的少年时光原是活泼的、健康的。

程夫人非常重视慈悲和同情心的培养，她最不能容忍虐待小动物，因此严禁孩子们捣毁鸟巢，捕捉鸟类。燕子等鸟雀，本有亲近人的本能，它们的天敌是天上的老鹰、地上的蛇和老鼠，燕子希望人类能保护它们，它们会试探人类的同情心，期待慢慢建立信任，假如今年平安无事，第二年会尝试把鸟巢筑得低一点，跟人靠近一点。如果多年和睦相处，鸟巢会越筑越低，低到孩子们可以就近观察，亲如一家。苏家庭院里有低枝鸟巢，东坡和孩子们时常找些食物来喂养，观察它们的吃相，开心得心花怒放。东坡一生从来不猜忌人，对任何人都充满善意，得益于母亲的教育。乌台诗案，那些把东坡往死里整的人，他们的狠毒、凶残，着实让东坡始料未及。

苏洵出门游历，经年累月，等他终于回家时，东坡已经 13 岁，弟弟 11 岁。老苏虽然有才，但科场不利，这一次外出，依然空手而归。

现在儿子慢慢长大了，老苏渐渐把金榜题名的希望转移到孩子身上来，毕竟自己已经 41 岁了，即使科场再有斩获，也是大器晚成了。因此老苏下了决心，从程夫人手中接过教棒，开始亲自教育两个孩子。

老苏亲自教子，先做了两件事，一是家中的书斋，原名“南轩”，老苏改为“来风轩”，似乎寄托了更大的希望；二是正式为孩子取学名，兄名轼，字子瞻，弟名辙，字子由。老苏有学问，为孩子起名字，大有讲究，他在《名二子说》一文中作了详细解释。

“轼”是车厢前面供人倚凭的横木。老苏说，车轮、车辐条、车顶盖、车厢四周的横木，对车来说都各有职责，唯独车前作扶手的横木，好像没什么用处。虽然这样，如果去掉车前的横木，就不是一辆完整的车了。作车前扶手的“轼”啊，我担心你不会隐藏自己。东坡从小个性张扬、豪放不羁，老苏以“轼”为喻，告诫东坡要内敛，切忌自以为是，锋芒外露。

“辙”是车行走后留在路面的车印。老苏说，天下的车，没有行走后不留下痕迹的，但是说到车的功劳，车印从来不参与其中。虽然这样，假如遇到车翻、马死的灾祸，也没有人会怪罪车印，因此可以说，车印是处在祸福之间了，我知道“辙”是可以免于灾祸的。苏辙性格沉稳、淡泊含蓄，老苏以“辙”为喻，知道他不容易致福，但也难以招祸。

总体来说，老苏对小儿子比较放心，对大儿子则存了一份担忧。俗话说：“知子莫若父。”东坡兄弟的一生，印证了老苏的先见之明。东坡后来遭遇乌台诗案，差点丢了性命，而苏辙的仕途要平顺得多。

老苏的性格像“冰层覆盖下的火山”，表面看起来，沉默寡言，不苟言笑，但内心充满豪侠之气，也喜欢结交豪侠式的人物。老苏教育孩子非常严厉，东坡晚年在海南有《夜梦》诗，回忆跟父亲读书的岁月。

夜梦嬉游童子如，父师检责惊走书。
计功当毕春秋余，今乃始及桓庄初。
怛然悸寤心不舒，起坐有如挂钩鱼。

老苏对课业有定时、定量的要求，按计划应该读完《春秋》的那一天，东坡大约只读了一半，内心非常惶恐，急得像“挂钩鱼”一样。但总体而言，东坡兄弟读书非常用功，“我昔家居断还往，著书不暇窥园葵”，跟小朋友在一起玩的时间少了，很有一点董仲舒“三年不窥园”的劲头。

老苏虽然科场不利，但他有一个长 9 岁的哥哥，名苏涣，24 岁就中了进士。祖父去世后，伯父在家守制，东坡兄弟时常去请教，伯父告诫他们说：“我小时候读书，不用老师操心。等年纪稍微大一点，学做作文，每天都有课程任务，完不成，决不停止。出门在外，规规矩矩走在路中间，回到家里，也决不懒散。非但我一个人是这样，跟我交往的人都是这样。不这样做的话，就要被家乡父老非议。因此，当时虽然读书人不多，但也没听说读书人犯过什么大错。自从我离开家乡，到现在将近 30 年了，现在回到家乡，看到读书的风气很浓，在外面做官的人也很多。你们兄弟两人，才能不如别人，但求不要犯大的过错就行了。”

伯父的教导非常诚恳，东坡兄弟也能虚心接受。苏辙后来在《伯父墓表》中说，“及长，观公行事循循若无所为，动以律令为师，而见义辄发，未尝处人后。政事审可为者，力为之不疑”，赞赏伯父是一个有所作为的正人君子；又说“自诸父没，后生不闻老成之言，无所师法，而流于俗。辙惧子弟之日怠也，故记其所闻以警焉”，感念小时候伯父对自己的教导是“老成之言”，时至今日内心依然充满感激。实在说起来，苏辙持重的个性更像伯父，但东坡天才自放，伯父未必能识其龙虎之象。

就眉山苏家来说，苏涣年少即顺利博取功名，而苏洵“二十七，始发奋”，往后也很艰难，因此在乡人眼里，苏洵没出息，连带苏涣也认为“你们兄弟，才不如人，但求寡过就好”。事实上，东坡那时已经呈现出非同寻常的才华。

少年东坡有作家的特别敏感，他对文字的感觉、他的想法都是与众不同的，我们看两个小例子。

农历除夕，有“守岁”习俗，往往彻夜不眠，等待新年到来。东坡觉得“岁”是守不住的，就像“赴壑之蛇”，蛇已入洞，即使你抓住了蛇的尾巴，也是徒劳。这个比喻非常形象、生动，让人难忘。

东坡兄弟在眉山还跟着刘巨学习过，刘老师开私塾，学生也有近百人。有一次，刘老师写了一首诗《咏鹭鸶》，展示给大家看，诗的最后两句是“渔人忽惊起，雪片逐风斜”。东坡说：“先生的诗的确好，不过我觉得收尾两句没有归宿，不如改成‘渔人忽惊起，雪片落蒹葭’。”刘老师事后对别人说，东坡这孩子，我没办法做他的老师了。雪片“逐风斜”，不知道飘到哪里去了，的确没有归宿，让人心生疑感，也有一点小小的不安；而雪片“落蒹葭”，境界开阔，天地浑成，诗中有画，的确高妙许多。

东坡兄弟在眉山慢慢长大，科举考试也渐行渐近。宋代进士考试，主要考两方面的内容，一是策论，一是诗赋。策论检验对儒家经典的领悟，诗赋检验文学才华，进士中最优者将进入翰林院，翰林学士可能同时兼任知制诰，代皇帝撰写诏书，诏书说起来是官样文章，但好的诏书同样是可诵可读的美文，因此进士必须有文学才能。在评分和录取时，策论“定去留”，诗赋“分高下”，感觉挺科学的。

随着时间的推移，老苏开始教儿子做策论，东坡早年的策论中有过这样的话：“人能碎千金之璧，不能无失声于破釜；能搏猛虎，不能无变色于蜂虿。”意思是，一个人能够在打碎千金之璧时不动声色，但无意中打破一口锅，仍不免失声尖叫；一个人做好准备时，能够与猛虎搏斗，但无意中看到黄蜂、蝎子，仍不免害怕得变了脸色。就看这一句，一斑窥豹，足可见少年东坡的才华，人性观察之精到、文字表达之形象生动，都让人精神为之一振。东坡自己也很珍爱，后来写《黠鼠赋》时，就用了进去。

说到家教，千年以来，大约苏家是首屈一指的。我们不免好奇，苏家何以能培养出东坡兄弟这样的人才？首先，我的感觉是，天才是第一位的，东坡后来说“今生读书悔已迟”，那是从娘胎里带来的。如果说老苏本身水平高，会教孩子，那么同时代的司马光、王安石、欧阳修等人，不能说水平不高，何以他们的孩子在后世都默默无闻呢？欧阳修这些人素养高，大家风范，任何人见了都会动容。欧阳修晚年，还反复修改年轻时写的文章，夫人心疼他，规劝说：“这么大岁数了，还费这个心。难道是小孩子，怕先生骂吗？”欧阳修笑着说：“不怕先生骂，却怕后生笑。”这种认真、严谨的态度，是打小养成的。欧阳修如此风范，但孩子默默无闻，所以天才的产生不是靠“拼爹”。

其次，光有天才也靠不住。东坡读书有独门秘籍，比如“八面受敌”读书法：

少年为学，每一书作数次读。当如入海，百货皆有，人不能兼求之。如欲求古今兴亡治乱，圣贤作用，且只作此意求之，勿生余念。事迹文物之类，又别一次求。他皆仿此。若学成，八面受敌，与涉猎者不可同日语。

都说读书要下笨功夫，但笨功夫不是抽象的，有方法，有策略，有指标。能够经得起“八面受敌”读书法的书必须是经典，而不是那些二、三流只能用作参考的书。战争年代，毛主席读《资治通鉴》，感兴趣的是中国历史上那些以少胜多的经典战例，这是八面中的“一面”。据说毛主席读《资治通鉴》前后17遍，大约随着时间的推移，尤其是中华人民共和国成立以后，兴趣点发生转移，不止是战例了。按我的阅读体验，《资治通鉴》全文300多万字，如果通读的话，不吃不喝按一天读一万字计，也要一年。毛主席那么忙，不可能这样通读17遍，唯一的可能是按照自己当前关心的主题，有重点、有取舍地进行阅读。可见，会读书的人，方法上都有相通之处，只是东坡慷慨地说了出来。

算起来，东坡兄弟在眉山前后有5位老师，开始是张道士，后来是母亲程夫人、父亲苏洵，伯父苏涣也算一个，最后是刘巨，但到刘巨老师的时候，教东坡已经勉为其难了。东坡兄弟在眉山慢慢长大，到至和元年（1054 年），东坡已经 19 岁，苏辙 17 岁。那一年是东坡的幸运之年，第一种幸运是，东坡结婚了，新娘是王弗，16 岁；苏辙也结婚了，新娘是史氏，15 岁；第二种幸运是，东坡兄弟虽然才华横溢、学业猛进，但直到此时，不要说在全国，就是在四川，还是名不见经传的小人物。他们要走向大宋王朝舞台的中央，既需要在科举考试中一露峥嵘，还需要贵人提携。就在东坡兄弟成婚的那一年，礼部侍郎张方平出知益州，相当于朝廷副部级官员兼任成都市市长。张方平到成都后，成为最早发现"三苏"的伯乐。

张方平比苏洵大两岁，河南商丘人，科举顺遂，少年得志，先后考中茂才异等科、贤良方正科，进入仕途后，既有在江苏昆山、安徽滁州、江苏南京、浙江杭州等地出任地方长官的经历，又在朝廷中枢历任翰林学士、知制诰、御史中丞等官职，是一个政治和学术两方面都有建树的人物。张方平当时有天才之名，读书过目不忘，凡书看过一遍，终身无须再读。少时家境贫寒，向别人借"十七史"，据说一个月全部看完，完璧归赵。

宋朝以文立国，为国举贤是各级官员的一项重要责任，尤其是地方行政长官，往往发掘地方平民人才不遗余力。张方平到成都前，已经知道老苏的文名，他在文章中说，"公不礼士，士莫至，公有思见之意，宜来"，不久老苏果然前来求见。人与人是有缘分的，张方平与老苏社会地位悬殊，但两人一见倾心，论古今治乱，评价一时人物之优劣，大有相见恨晚之意。老苏带来一些文章，《权书》《衡论》等，张方平接读之下，大为叹服，认定老苏的文章有《史记》风骨，老苏本人则是“困于荆棘的鸿鹄”。张方平留住老苏在成都，一面紧急向朝廷保荐，拟请老苏担任成都学官。

不久，老苏命东坡兄弟带了平时课业前来拜见，张方平一见东坡，惊为天上麒麟，待以国士之礼。张方平比东坡大30岁，一见倾心，终身亦师亦友，感情胜过至亲骨肉。当时老苏既要为自己谋前程，又要为儿子争前途，考虑自己年近半百，因此儿子的前程是重点。老苏在《上张侍郎第一书》中说得非常沉痛、恳切，“洵今年几五十，以懒钝废于世，誓将绝进取之意。惟此二子，不忍使之复为湮沦弃置之人”。老苏跟张方平商量，打算让东坡兄弟先在成都应乡试。乡试由各地州、府主持，考中的称举人。张方平断然否决，他说东坡兄弟参加乡试是“乘骐骥而驰闾巷，未免大材小用”，不如直接去京城参加朝廷的“六科”考试，即使这样，恐怕还不够这两匹千里马驰骋其足力。

宋时科举，有进士科和制科，进士科考策论和诗赋，考中的人分五个等级录取，一、二等“进士及第”，三等“赐进士出身”，四等、五等“同进士出身”，东坡兄弟后来考中进士的那一年，五等加起来一共录取了八百七十七人。进士虽然难考，毕竟还有数百人的录取规模，至于张方平说的“六科”，想考上简直难于上青天。六科即制科，不是常规的考试，要有皇帝特诏才能举行，每一名考生都要有大臣上奏推荐，皇帝亲自担任主考官。北宋仁宗时期，制科又分为：一、贤良方正·直言极谏科；二、博达坟典·明于教化科；三、才识兼茂·明于体用科；四、详明政理·可使从政科；五、识洞韬略·运筹帷幄科；六、军谋宏远·材任边寄科。习称“六科取士”。就进士科和制科的关系来说，朝廷设进士科以取“常才”，设制科以待“天下非常之士”。一个读书人，能考中进士，已属光宗耀祖，一步登天；而考中制科，则矜贵无以复加，一日而成国之重器。就考试规模来说，制科由皇帝担任主考官，每次考试人数最多不超过5人，所谓凤毛麟角，规格之高，制度之严，选择之精，无以复加。

张方平要东坡兄弟不应乡试，直接应六科，又说六科恐怕还不够东坡兄弟驰骋，在当时听起来好像痴人说梦，但这一切后来都实现了，张方平见识之高，让人叹服。就老苏个人前途来说，张方平推荐老苏担任成都学官，但正式任命需要朝廷的批复，可是批复迟迟没有回音，老苏不免焦躁、充满挫败之感。张方平劝慰老苏，四川是边远之地，不足以很快成名，不如直接到京城谋发展。老苏心有所动，为自己，为儿子，最后决定父子三人一起进京。

与此同时，张方平写信给欧阳修，推荐“三苏”父子。欧阳修与张方平同年，时为翰林学士，天下公认的文坛领袖。欧阳修有一种特别的好，他是北宋最著名的伯乐，一生桃李满天下，唐宋八大家中宋代有五人，“三苏”、王安石、曾巩，都出自他门下，而且都是以布衣之身被他看中、倍加提携而名扬天下的。其余经他竭力推荐，最终功成名就的人还包括张载、程颢、司马光、包拯、韩琦、文彦博等等。《尚书》曾经表彰过一类人：“如果有一位臣子，一心守善而没有其他本领，他的心地宽广休美，能够容人容物。别人有了本事，就好像是他自己的本事一样；别人才能出众，他能做到不仅口中加以称道，而且真正内心喜欢上这个人。这是能容人的人，用他安定我的子孙臣民，则我的子孙臣民是能够得到好处的。”欧阳修就是这样的人，不过他并不是“一心守善而没有其他本领”，他本领大得很，不仅是北宋名臣，文坛领袖，还是大历史学家，参与修订《新唐书》，自撰《新五代史》；又是金石学的开拓者，有专著《集古录》；对农学也很有兴趣，著有《洛阳牡丹记》，详细考察洛阳牡丹的栽培历史、种植技术、品种花期以及赏花习俗等。

张方平给欧阳修写信，不是一件容易的事，因为他们政见不同，结怨很深，平时根本不来往。张方平为了引荐“三苏”，抛弃个人恩怨，主动给欧阳修写信，而欧阳修也绝不是小气的人，他不会因为跟张方平有矛盾，就漠视他推荐的人，这是一等人的风度和襟怀。看宋史，很容易分辨出知识分子的层级，欧阳修、王安石、司马光、东坡，这些人是一等人，大知识分子，他们之间或许政见不同，但不影响私人感情，而是彼此欣赏，彼此珍重。东坡先后跟王安石、司马光闹翻，但乌台诗案时，王安石虽然已经退休，仍然直接上书皇帝，竭力营救。王安石年纪越大越喜欢东坡，曾经提议东坡在江宁府（江苏南京）买几亩田，就此安家，跟他做邻居，东坡在他眼里是几百年才能出一个的大人物，他很乐意跟东坡朝夕相处。可资对比的是，王安石、司马光的后继者，一代不如一代，他们妒火中烧，利害相争，手段残忍，你死我活，为了现实利益，无所不用其极，最后基因突变，出现蔡京这样唯个人利益是从的怪物，至此北宋王朝“以文立国”的气数已尽，离改朝换代也就不远了。北宋一朝，知识分子的人格境界走出一条下行的抛物线，历历分明，拐点频现，仿佛人种退化。北宋一朝之历史，初看犹如《红楼梦》，越往后看，越像《金瓶梅》，终至不忍卒读，洗洗睡吧。

"三苏"受张方平的引荐、激励，又资助车马费，决定东行四千里，到京城开封求发展。当时苏家并不殷实，"一门之中，行者三人，而居者尚十数口。为行者计，则害居者；为居者计，则不能行"，很为难，但老苏想到"夫以负贩之夫，左提妻，右挈子，奋身而往，尚不可御；有明公以为主，夫焉往而不济？"这是说，贩夫走卒尚能扶妻携子，奋然远行，不可阻止，我一门父子有张方平的奖掖，到京城后应该能够成功，又说"今也望数千里之外，茫然如梯天而航海，蓄缩而不进，洵亦羞见朋友"，这是说，京城在数千里之外，犹如天梯高耸入云、大海一望无际，假如我老苏畏缩不前，从今以后也就不能再和赏识、帮助我的那些朋友见面了。

嘉祐元年（1056年）暮春三月，"三苏"父子由眉山进京，是中国文化史上最动人的风景，其时老苏49岁，东坡21岁，苏辙19岁。出发时，"三苏"还是边地小人物，但很快将登上大宋舞台的中央，风动天下，烛照千年。在离别的时刻，我们一定要随着"三苏"的目光回望倚门送别的程夫人，那一年程夫人47岁，"三苏"既是她最心爱的男人，也是她倾注了无数心血的作品，现在他们一起远行，去往她从未到过的京城，去追逐他们的光荣与梦想。她是苏家的萧何，守着老宅的根据地，和两位新婚媳妇维持家计，等待他们的消息。从前老苏一个人出门远行，她等来的都是坏消息，这一次不一样，苏家派出三员大将，尤其是两位小将苏轼、苏辙，英气勃发、锐不可当，但程夫人也做好一切准备，假如他们进展不利，随时可以回家疗伤。

东坡父子往来眉山与开封之间，有两条线路。一是北边的陆路，登终南山，经悬崖峭壁之间的古栈道，经凤翔、大散关到关中，过长安，沿如今的陇海线到开封；一是南边的水路，经长江，出三峡，到江陵登岸，再陆路北上到开封。东坡父子这一次去开封，走的是北边的陆路。老苏在给欧阳修的信中说："自蜀至秦，山行一月，自秦至京师，又沙行数千里。"路上走了两个多月，到开封时已是石榴花开的五月了。

东坡父子初到开封，寄居兴国寺。开封城恰好遭遇大水，蔡河决堤，城内街市不见车马，都是小船游来游去。有一天晚上，东坡到皇宫大内对面的龙津桥上看夜市，开封城犹如江南水乡，东坡写诗说："惟有王城最堪隐，万人如海一身藏。"在冠盖满京华的开封，那时的东坡寂寂无名，有些落寞。又有一次，东坡在街头闲逛，偶尔碰见当今宰相富弼、枢密大臣韩琦的车驾，他赶紧闪避在路边，远远看见两位朝中大佬容貌温和，雍容自适，不禁心生向往。

老苏到京城后有大事要办，他手上有张方平的推荐信，需要尽快拜见欧阳修。老苏只是布衣，心中忐忑，他选了几篇得意的文章，又写了一封自荐信，是为《上欧阳内翰第一书》，先投递给欧阳修，然后再带着张方平的信，上门拜访。在《上欧阳内翰第一书》中，老苏称赞欧阳修有"光明盛大之德"，这是道德方面的评价，至于文章，欧阳修的文章"天下之人莫不知之"，但老苏认为自己"知之特深"，超过天下所有的人。老苏认为孟子的文章、韩愈的文章、欧阳修的文章"断然自为一家之文"，这个评价上下千年，虽有恭维的成分，但也是中肯之论。老苏有一种弱者的自尊心，他特别强调"夫誉人以求其悦己"这样的事，他是不做的。老苏在信中还比较矜持地介绍了自己读书作文的经历，说自己小时候不爱学习，到 25 岁时，"始知读书，从士君子游”，经过 20 多年的努力，虽然现在还处在“草野泥涂之中”，但“知道之心又近而粗成”。

老苏为自己、为儿子写了许多封自荐式书信，收信对象都是位高权重的朝中大佬，这样的信很难写，难免有恭维，但必须中肯；难免要低头，但又不能伤自尊。后来老苏见到欧阳修，欧阳修的感觉是，这个人不大爱说话，但是聊的时间长了，对问题的讨论却能够越来越深入，欧阳修认为老苏是个明理、纯真的笃实君子。对老苏的文章，欧阳修一见倾心，认为即使贾谊的文章也不过如此。其人、其文都认可以后，欧阳修马上行动起来，他选了老苏的一些文章，又写了《荐布衣苏洵状》，向朝廷推荐。在推荐书中，欧阳修说，“眉州布衣苏洵，履行淳固，性识明达”“论议精于物理，而善识变权，文章不为空言，而期于有用”“博于古而宜于今，实有用之言，非特能文之士也”“其人守道安贫，不营仕进，遂弃于圣时”。老苏评价欧阳修的文章，有婉曲多姿，从容不迫，安闲平易，条理畅达，无所间断的特点，从这封推荐书来看，的确如此。欧阳修特别强调，“实有用之言，非特能文之士”，是为老苏求官张本，种种苦心，历历分明。

不仅如此，欧阳修还利用他在文坛的影响力，大力揄扬老苏的文章，老苏在京城因此文名鹊起。欧阳修还把老苏带到京城大佬雅集的一些场合，扩大他的社交圈，又鼓励他向富弼、韩琦等朝中大臣投书，希望得到他们的奖掖。并不是所有人都欣赏老苏，老苏的本事在作文，但他有游侠的个性，嗜读《战国策》《孟子》，喜欢谈古论今，兼及国防与军事，这些领域他没有任何实际的经验，也谈不上掌握多少信息，一旦放言高论，就难免不让人讨厌了。富弼、韩琦读了老苏的文章，虽然嘴上不肯多说什么，但心里不愉快。

经过欧阳修的大力斡旋，宋仁宗征召老苏到朝廷参加考试，准备“试而后用”，但老苏非常不满，认为自己有那么多文章摆在那儿，还要考试，等于侮辱他。老苏抱着读书人的自尊心，心理上难免脆弱。后来在欧阳修的鼓动下，韩琦也很帮忙，再经韩琦大力推荐，老苏绕过考试，直接被朝廷任命为试秘书省校书郎，“试”是试用，老苏又不满，而且认为薪金太薄，不肯就职。数年后，还是在欧阳修、韩琦的努力下，老苏被任命为霸州文安县主簿，后又在欧阳修手下参与修撰礼书《太常因革礼》，这份工作说不上有多好，但老苏喜欢“制礼作乐”的那种神圣感，因此欣然接受，那时老苏已经 53 岁，干了 5 年，58 岁去世。

老苏在京城难说幸运，但东坡兄弟却异军突起。“三苏”到京城后的第二年，朝廷举行进士科考试，欧阳修以礼部侍郎兼翰林院侍读学士的身份担任主考官（知贡举），其余副主考（同权知贡举）包括梅挚、王珪、范镇、韩绛四人，欧阳修又推荐国子监直讲、著名诗人梅尧臣担任自己的助手。

欧阳修对当时的文风非常不满，大宋立国将近百年，但文风没有脱出五代时的流弊，具体表现为辞藻华丽，但内容空洞。欧阳修年轻时阅读韩愈、柳宗元的文章，非常欣赏，认为这样明白通畅、有实际内容的文章才是正途，于是极力提倡，是为“古文运动”。可是，要改变天下文风，谈何容易？既要有创作理论，又要有创作实践。其实在欧阳修之前，柳开、穆修等人就想提倡古文，矫正文风，但理论和实践两方面的力量都很薄弱，因此没能掀起波澜。欧阳修是继往开来、富有创造性的人物，他虽然欣赏韩愈、柳宗元的文章，但并不盲目崇古，而是一分为二，他认同韩愈文章“文从字顺”的优点，但对其中已露端倪的奇险深奥、诡怪生僻的倾向，则加以摒弃。

现在欧阳修主持进士考试，在文学理论、文学实践之外，还拥有行政权力。天下士子十年寒窗，谁都想高中进士，因此研究主考官对文章的偏好就非常重要，主考官的偏好等于是评分标准，有生杀予夺的大权。欧阳修决定借助这次千载难逢的机会，树立新文风，开创新文学，在正式考试前，与诸位副主考共同商定，凡是艰险深奥、字雕句琢，陈词滥调、内容空洞的文章一律不予录取。

考试结束，开始阅卷，梅尧臣看到东坡的文章《刑赏忠厚之至论》，认为有孟子之风，立刻推荐给欧阳修。欧阳修读后惊喜交加，认为此文“脱尽五代、宋初以来的浮靡艰涩之风”，发榜时想判此文为第一，但考生姓名是密封的，欧阳修怀疑此文是自己的门客曾巩所作，为了避嫌，判为第二名。

东坡此文引发一则公案。文中说：“当尧之时，皋陶为士。将杀人，皋陶曰：杀之，三。尧曰：宥之，三。”皋陶是司法官，判处一个人死刑，三次要杀他，而尧三次赦免了他。诸位考官都是饱学之士，但无人知道典出何处，后来曾当面询问东坡，东坡说：“何须出处，想当然耳！”原来并无出处，只是合乎情理的杜撰。我相信曹雪芹《红楼梦》一定在此受过启发，不然宝玉不会说：“除《四书》外，杜撰的太多，偏只是我杜撰不成？”欧阳修是大家，能欣赏东坡无拘无束、天才自放的名士风度，如果换一个主考官，大约要觉得东坡狂妄了。

正式发榜以后，按惯例，新科进士要给各位主考官写信，表达谢意。东坡在给欧阳修的信中说：

窃以天下之事，难于改为。自昔五代之余，文教衰落，风俗靡靡，日以涂地。圣上慨然太息，思有以澄其源，疏其流。明诏天下，晓谕厥旨，于是招来雄俊魁伟、敦厚朴直之士，罢去浮巧轻媚、丛错采绣之文，将以追两汉之余，而渐复三代之故。士大夫不深明天子之心，用意过当，求深者或至于迂，务奇者怪僻而不可读。

这些话，每一句都说到欧阳修心坎里，简直可以当成古文运动的宣言来读。“五代之余，文教衰落”，这对以文立国的大宋王朝来说，是不能容忍的。因此，天子要叹息，要“澄其源，疏其流”，要通过进士考试，“招来雄俊魁伟、敦厚朴直之士”，借助他们的力量改变文风，摒弃“浮巧轻媚、丛错采绣之文”，而天下士子不能正确领会天子的用心，用力太猛，“求深者或至于迂”“务奇者怪僻而不可读”。东坡在家时，学写作文，本来就是从孟子、韩愈入手的，应该说，他虽然年轻，又在远离京城的边地，但他的想法和欧阳修高度吻合，可谓不期而遇的知音。难怪欧阳修读到这封信后，拿给梅尧臣看，非常激动地说：

试轼书，不觉汗出，快哉！快哉！老夫当避路此人，放他出一头地。

东坡在信中还说，“轼也远方之鄙人，家居碌碌，无所称道。及来京师，久不知名，将治行西归，不意执事擢在第二”，这是自谦；又说，“闻之古人，士无贤愚，惟其所遇。盖乐毅去燕，不复一战。而范蠡去越，亦终不能有所为”，这是高度的自谦与感激。东坡说“士无贤愚，惟其所遇”，既是实情，又有历史上乐毅、范蠡的事迹可作说明，东坡对欧阳修的知遇之恩感激涕零。在信的最后，东坡说，“轼愿长在下风，与宾客之末，使其区区之心，长有所发。夫岂惟轼之幸，亦执事将有取一二焉”，这里面既有对前辈的高度尊敬与认同，也有高度的自信，相信欧阳修可以从自己身上“有取一二”。

比较老苏与东坡给欧阳修的信，格调全然不同。东坡自在、自信，非常得体，老苏则忸怩、吞吐，别有滋味。东坡高中进士，苏辙也高中进士，两位“犬子”同时科场折桂，老苏既高兴又遗憾，写诗说："莫道登科易，老夫如登天。莫道登科难，小儿如拾芥。”大仲马说，他最好的作品是小仲马。老苏也是这样，他最好的作品是苏轼、苏辙。

就在东坡兄弟忙于考试的时候，留守眉山的程夫人在四月份突然去世，东坡父子直到六月份才得到消息。噩耗传来，晴天霹雳，三苏匆忙离京，回乡奔丧。数年后，东坡兄弟央求司马光为程夫人写墓志铭，其一生事迹、性情历历可观。程夫人 18 岁嫁给老苏，程家极富而苏家极贫，苏家人一开始不信任她，但程夫人谨守妇德，孝恭勤俭，无丝毫富家女的骄矜之色，很快赢得苏家族人的认同。有人对程夫人说，你父母那么有钱，假如你向父母开口，以父母对子女的爱，一定会资助你，何必每天粗茶淡饭，过这种紧巴巴的苦日子呢？程夫人说，的确是这样，假如我向父母开口，他们一定会资助我，但是万一有人说我的夫君没有能力养活妻子、孩子，我该怎么办呢？为了这个原因，程夫人始终不肯向娘家求救。老苏 27 岁才醒悟过来，要发奋读书。有一天，他对程夫人说，我自己掂量，还能走读书科举的路，但是家里生计怎么办呢？程夫人说，我想鼓励你读书已经很久了，但又怕你认为我逼迫你，假如你有读书的志向，家里的生计你就不用操心了，都交给我好了。程夫人随即卖掉部分嫁妆，苦心经营生计，过了几年，苏家渐渐富裕起来。老苏由此专心读书，终于学有所成。

程夫人终年只有48岁，一共生了六个孩子，长子及两个女儿早夭，长大成人的只有小女儿苏八娘和苏轼、苏辙兄弟。民间流传苏小妹的故事，都是杜撰附会，苏八娘比东坡大一岁，有文才，可惜19岁刚嫁人就去世了。

司马光最后赞叹说："妇人柔顺足以睦其族，智能足以齐其家，斯已贤矣；况如夫人，能开发辅导成就其夫、子，使皆以文学显重于天下，非识虑高绝，能如是乎？古之人称有国有家者，其兴衰无不本于闺门，今于夫人益见古人之可信也。"司马光是大历史学家，顽固的儒家信徒，最讲究君臣上下、男女尊卑，但在程夫人墓志铭中流露出真性情，对"闺门"表达高度的尊敬。

程夫人的一生的确是光辉的一生，她是苏氏父子身后默默无闻的推手，不仅是推手，还提供了优质基因和持续不断的正能量。我有时想，程夫人能不能作为《易经》坤卦的代言人呢？所谓妇德，所谓厚德载物，程夫人难道不是一个切实而浅近的说明吗？

按古代礼制，东坡兄弟要守三年之丧。老苏一则伤心，二则京城求官不利，三则长途奔波，"归来空堂，哭不见人"，就生起病来，感觉自己一下子老了，心境黯淡，杜绝一切交往，只默守家中。

三苏蛰居乡里，但他们既已名动京师，四川盆地就不再是永久居留之地。嘉祐四年（1059 年），守丧期满，三苏决定全家离川。这一次去开封，走的是水路，想必全家搬迁，人口、行李多，那时东坡已有长子苏迈，走北线悬崖绝壁的栈道，安全是个大问题；兼之古人出行机会少，有条件当然要多走一些地方，饱览江山之胜。古代是慢生活，这一次出川，在船上共 60 天，三苏都是健笔，沿江创作了 100 多篇诗赋，后结集为《南行集》。东坡已经 24 岁，跟第一次出川不同，不再是乡下小子，他见过大世面，交往过大人物了。东坡在船上写诗说："船上看山如走马，倏忽过去数百群。"当然是写实，但也别有襟怀。大宋王朝那些巍峨的山峰，不再仰之弥高，而是如走马一样纷纷而过，虽然眼花缭乱，但并非高不可攀。东坡为《南行集》作序，倡明他的文学观念，"夫昔之为文者，非能为之为工，乃不能不为之为工也"，"自少闻家君之论文，以为古之圣人有所不能自已而作者，故轼与弟辙，为文至多，而未尝也有作文之意"，这是天才的创作心得，概括起来就是一句话，"作文不是硬做出来的"，"能为之"是"硬做"，是普通人的境界，"不能不为之"，"有所不能自已而作"是胸中有宝藏，不吐不快，是风行水上，自然成文的天才境界，因此东坡兄弟虽然作文很多，但从来没有"作文之意"。梅尧臣和苏洵是老朋友，他见到东坡兄弟后，写诗给苏洵：

岁月不知老，家有雏凤凰。
百鸟戢羽翼，不敢呈文章。

说东坡兄弟是凤凰，凤凰身上有美丽的花纹，就像天地之间的锦绣文章，古代“纹”与“文”是通假字，因此有“凤凰遍体文章”的说法，凤凰是文学天才，而普通人像百鸟，或许有一星半点美丽的羽毛，但无法与凤凰争艳。

三苏辗转路途，到京城已是来年五月，因有一大家子人口，不方便借居寺院，只好租房子住。东坡兄弟中了进士，已经取得做官资格，不久吏部颁发任命，苏轼授河南福昌县主簿，苏辙授河南渑池县主簿。主簿是掌管文书的佐吏，县主簿从九品。就在此时，三苏得到消息，仁宗皇帝诏求直言，要开制科，东坡兄弟如果就职，一则官小，二则要离家，三则兄弟也要分别，还不如考完制科再说，因此没有赴任。

东坡兄弟要准备制科考试，必须找一个清静的地方读书，找来找去，最后选定了汴河南岸的怀远驿。兄弟俩生活清苦，每日三餐，桌上只有白饭、白萝卜和白盐，戏称“三白饭”。有一次，七八月间，白天酷暑难当，到了晚上，忽然秋风四起，气温骤降，又下起雨来。苏辙有肺病，身子骨弱，起身加衣服。东坡当时正读到韦应物的诗“哪知风雨夜，复此对床眠”，不由得伤感起来。东坡兄弟感情深厚，从小形影不离，一起读书，一起游玩，又由家乡同到京城。东坡知道，眼下虽然还在一起读书，但这样的日子势必不会长久，兄弟俩必将宦游四方、聚少离多。东坡兄弟虑及前途，彼此伤感，想着将来早点退休，还是回到家乡，还是过“风雨对床眠”的读书生活，这是兄弟俩的一个约定，终身不渝。

嘉祐六年（1061 年），东坡兄弟参加制科考试。制科要求高，东坡说其“特于万人之中，求其百全之美”，考试程序也有严格规定：第一步，要有大臣推荐，欧阳修推荐了东坡，龙图阁学士、知谏院杨畋推荐了苏辙；第二步，要选平时所作策论 60 篇，先行投递，经评定等级，最终确定考试资格；第三步，参加秘阁考试，就规定题目写 9 篇论文，每篇不能少于 500 字，必须在一天一夜之间完成；第四步，秘阁考试合格后，仁宗皇帝在崇政殿亲自策问，试题长达 500 余字，对策字数不能少于 3000 字，也必须当天完成。

经过层层筛选，最后只有四个人有资格参加本次制科考试，考试结束，录取了三人。大宋王朝自有制科以来，分五等录取，但一、二等均是虚设，从来没有人得到过，最终东坡得了三等，苏辙得了四等。在东坡以前，只有已故参知政事吴育得过三等，因此东坡是有制科以来获得最高等级的第二人。

仁宗皇帝亲自主持崇政殿策问，曹皇后后来回忆说，那一天仁宗策试贤良后，回到后宫，面有喜色，对曹皇后说："吾今日又为子孙得太平宰相两人。"这两人，就是苏轼、苏辙。仁宗皇帝这句话，后来在乌台诗案最紧要的关头，救了东坡的性命。

至此，东坡兄弟名动京城，置身大宋舞台的正中央，三苏文名传布四方，苏氏文章，遂为天下翘楚。千年之下，我们回顾东坡兄弟的成长经历，固然是他们学有所成，才华不可一世，但同样是众多伯乐们前赴后继的接力赛，张方平大胆的预言，欧阳修不遗余力的推荐，造就了一个奇迹，为朝廷纳贤，也福泽后世，一代又一代中国人才能有机会欣赏到东坡无所不能的天才。

东坡第一次走出盆地，他虽然只有 20 岁出头，但已经是欧阳修选定的文坛盟主接班人、仁宗皇帝心目中的未来宰相。在眉山为母亲守丧期间，东坡有一位朋友将赴京师，东坡作诗壮其行色，生动形象地表达了人生必须走出盆地的信念。东坡喜读《庄子》，诗中主角是一条小溪中的鲤鱼，东坡说：“暴雨涨荒溪，尺水生洪流。中有泼泼鲤，泛然方快游。”下雨了，小溪涨水了，尺水洪流，杯水千波，鲤鱼在其中快乐地游来游去。“安知赤日烁，沸浪生浮沤。石密岸狭束，鳞鬣窘若囚。一失在藻乐，遂有辙鲋忧。誓将泛江湖，雪此煦沫羞。”哪知道不久雨过天晴，骄阳似火，小溪里生出很多泡沫，水位线急速下降，鲤鱼的活动空间严重受限，一会儿碰到岸边的石头，一会儿又被水草缠住，而太阳还是天天照着，小溪里的水越来越少了，鲤鱼慢慢有了“涸辙”之忧，发誓要跳出小溪，进入大江大湖。

东坡这首诗很长，后面又说到“赖尔溪中物，虽困有远谋”，又说想进入大江大河不是那么容易的，“纵知有江湖，绵绵隔山丘”，但不管怎么样，还是要努力进入大江大河，小溪中的鲤鱼如此，人生也是如此，“人生岂异此，穷达皆有由”。那时的东坡，沐浴过京城风雨，不再是“溪中物”，英气勃发，志气如虹。

第四章 中年劫

制科考试后的东坡，朝野瞩目，开始正式踏入仕途。从嘉祐六年（1061 年）到元丰二年（1079 年），将近 20 年时间，东坡大部分时间在地方任职，先后任凤翔签判、杭州通判、密州知州、徐州知州、湖州知州，其间还回到故乡眉山，为父亲守丧三年，在京城任职的时间不长，原因是王安石变法已经开始，而东坡与王安石政见不同，因此不安于朝，屡次请求外放。东坡在此 20 年中经历了许多事，从 26 岁风华正茂的年轻人，变成 44 岁“早生华发”的中年人。44 岁的东坡遭遇乌台诗案，这是他一生中最大的坎，他被朝廷逮捕，投进御史台监狱，经历生死之忧。

乌台诗案要从一位如雷贯耳的大科学家说起。沈括，《梦溪笔谈》的作者，浙江杭州人，比东坡大 6 岁。熙宁六年（1073 年），沈括出任两浙路察访使，相当于钦差大臣，主要考察王安石变法在地方上的实施情况。钦差大臣离京时，按规定要面见皇帝，当时宋神宗在位，特别关照沈括：“苏轼通判杭州，卿其善遇之。”沈括到杭州后，与东坡非常亲热，要求东坡把最近的诗文抄写给他。沈括回到京城以后，做了两个动作，一是极力称赞王安石变法的一些具体措施，如青苗法、助役法，非常成功，没有任何伤害百姓的地方；二是详细批注东坡诗文，最后导向一个结论，东坡对朝廷，当然包括皇帝本人，多有讥刺、怨恨。

沈括这样做，有不可告人的目的。

称颂王安石变法，是为了向当权宰相王安石靠拢，当时神宗皇帝支持王安石，沈括说“新政便民”可谓政治正确，向王安石靠拢，将有极大的晋升空间。北宋自王安石变法开始，政治生态急剧恶化，出现一类官场新物种，谁得势，就赞成谁，依附谁；变法派王安石得势，就紧跟王安石，保守派司马光得势，就紧跟司马光，至于朝廷政策是否有利于国计民生，个人内心对朝廷政策的真实想法，这些都是非常次要的问题，甚至是非常幼稚的问题，热衷利禄，竭力钻营才是他们的真实目的。这一类新物种，沈括是其中之一，蔡京是杰出代表。王安石本人也有察觉，曾经说过“沈括小人，不可亲近”这样的话。

通过对诗文断章取义、故意曲解，引申出东坡讥刺、怨恨朝廷的结论，沈括为什么要这样做？东坡与沈括并无矛盾，历史上也没有过冲突，沈括这样做，完全是出于内心的忌妒。东坡一到京城，不仅万事顺遂，而且光芒四射，沈括看着就不舒服。沈括中进士时已经31岁，与东坡相比，只能说是科场平庸之辈。神宗皇帝面谕时特别关照沈括要“善待东坡”，这件事给沈括以极大的刺激，东坡圣眷如此优厚，是可忍孰不可忍！说起来，乌台诗案中不依不饶要整死东坡的那些人，大多数和沈括有同样的心理。东坡风头太健，说话行事又不太注意别人的感受，无意中得罪许多人。如果能扳倒东坡，那会很过瘾，这种诱惑让沈括无法拒绝。至于如何扳倒东坡，沈括费尽心思，最后想到文字狱是一件法宝。在具体操作上，沈括清晰地意识到，如果只是说东坡反对王安石变法的某些措施，这个最多只能算不同政见，无法置东坡于死地，必须从东坡诗文中找到证据，说东坡反对朝廷，尤其是反对皇帝本人，才能彻底扳倒东坡。

沈括批注东坡诗文上奏朝廷以后，焦急地等待着神宗皇帝的反应。可神宗皇帝一直没有反应，束之高阁，置若罔闻，沈括扑了个空。至于东坡这一方面，朝廷自有和他交好的朋友告诉他消息，东坡的反应是不以为意，他觉得这种断章取义、捕风捉影的伎俩，皇帝根本不会相信，因此也没有作任何反应。相反，他还在给朋友的信上开玩笑说，从今往后，我的诗文不愁没有人进献给皇帝御览了。东坡这样的性格，所谓旷达，就是有点大大咧咧。东坡跟鲁迅不同，鲁迅是“向来不惮以最坏的恶意来揣测中国人”，东坡没有这个脑筋，他从小熟读《孟子》，相信人性本善。

这件事就这样过去了，消失在风里，仿佛没有留下任何痕迹。

熙宁六年（1073年），沈括尝试用文字狱手段打击东坡，应该说没有很强的政治色彩，主要是个人忌妒心发作，但与此同时，朝局风云变幻，改革派与保守派激烈拼杀，争夺的中心是皇帝的意志。

王安石变法始于熙宁二年（1069年），其间王安石“得君行道”，提拔了一大批改革派官员，但到了熙宁七年（1074年），王安石变法的某些具体措施在执行过程中出现严重偏差，老天也不帮忙，长时间严重干旱，饥民流离，宋神宗忧形于色，茶饭不思，对变法产生动摇，想要纠偏。王安石劝慰宋神宗，水灾旱灾，都是正常现象，即使尧帝、商汤在位的时候也不能避免，陛下不要过度忧虑。不久，一个看守城门的小吏郑侠进献《流民图》，内容是流离失所的灾民，扶老携幼，辗转路途的悲惨景象，同时得出结论说："天下大旱，是由于王安石的原因。驱逐王安石，老天必下雨。"后宫两位太后看了《流民图》，也斩钉截铁地说："安石乱天下。"神宗皇帝心中不能没有疑惑，王安石因此罢相。

王安石罢相时，向宋神宗推荐韩绛为宰相、吕惠卿为参知政事，继续推行新法。吕惠卿是福建人，有才干，是王安石一手提拔起来，并且最为倚重的改革派第二号大将。王安石说："惠卿之贤岂特今人，虽前世儒者未易比也。学先王之道而能用者，独惠卿而已。"评价之高，无出其右，但吕惠卿人品有问题，他的目标是取王安石而代之，因此王安石罢相，他在内心深处非常高兴。吕惠卿为了让变法多出成果，不惜扭转具体政策制定的初衷，比如青苗法，是政府发放的一种小额贷款，给农民生产、生活资金，解除民间富商的高利贷盘剥，农民因此可以增加收入，这样政府才有税源。当然政府发放青苗贷款，也有不低的利息收入，很像"穷人的银行家"穆罕默德·尤努斯创办的孟加拉乡村银行。一项政策设计究竟是"利民"还是"害民"，不在于政策设计的初衷，而在于具体的执行过程，拿青苗法来说，原来农民青黄不接的时候只能在民间借高利贷，现在可以向政府贷款，政府贷款是收取利息的，但政府收取的利息比民间高利贷要低得多，因此青苗法侵夺的不是"民利"，而是发放高利贷的巨商大贾的利益，相当于银行向农民开展小额贷款业务，从而把民间地下钱庄挤垮了。青苗法只有在一种情况下才可能强行夺取民利，就是强迫农民贷款。不幸的是，吕惠卿刻意让强制贷款的现象普遍发生，这样他就成了"能臣”，获得了宋神宗的青睐。

王安石罢相，吕惠卿如愿以偿，无所不用其极要搞臭王安石，甚至把王安石的私信上奏朝廷。王安石在江宁，愤恨自己看错了人，时常写“福建子”三字，痛悔吕惠卿搞坏了改革大业。宰相韩绛发现吕惠卿打击王安石的阴谋，向宋神宗建议重新起用王安石，王安石再次复相。回到朝廷的王安石与吕惠卿短兵相接，结果是吕惠卿离开朝廷，出知陈州。吕惠卿让人害怕，往后章惇、曾布、蔡京相继执政，但没人敢把他召回朝廷，吕惠卿一直在地方任职，直到去世。

就在变法派内部四分五裂之际，交阯（今越南北部）认为有机可乘，鼓吹“中国作青苗、助役之法，穷困生民，我今出兵，欲相拯济”，相继攻占了广西一些州县。熙宁九年（1076 年），北宋军队开始反击，交阯只是好战，本无实力，后主动求和，战事停止。就在南部边境战争开始不久，王安石的儿子王雱不幸病逝，终年 33 岁。王雱非常聪明，志高才远，是王安石变法的主要推动者，《宋史》上说“安石更张政事，雱实导之”。王雱最佩服的人是商鞅，“常称商鞅为豪杰之士，言不诛异议者法不行”。当时朝中大臣，如司马光、富弼等，坚决反对王安石变法，王雱说，“枭富弼之头于市，则法行矣”，是个狠角色。王安石晚年丧子，白发人送黑发人，悲伤不已，精神大受打击，再一次请求辞相。熙宁九年（1076 年），王安石再次罢相，退居江宁半山园（今江苏南京），永不复出。

这一次王安石罢相，推荐吴充做接班人。吴充是吴育的弟弟，吴育是我们前面说过的北宋制科名列三等的第一人，第二人是东坡。吴充和王安石是儿女亲家，但吴充的政治立场与王安石大不同，反对变法，而且事事要和王安石相反。当时沈括是掌管全国财政的三司使，他善于投机，现在发现吴充反对变法，就秘密写报告讲王安石变法的种种害民之处，先呈给吴充，再由吴充上奏宋神宗。此事被御史找到把柄，指出沈括前后矛盾，宋神宗很恼火，认定沈括是个反复无常的小人，把他贬到外地去了。沈括这一次冒险又没有成功，反而输得身败名裂。

吴充虽然反对王安石变法，但没有扭转乾坤的力量。当时还有一位宰相王珪，早年依附王安石，对新政有感情，但声望和能力均不足以继承变法事业，吴充与王珪政见不同，因此矛盾重重。对变法派来说，最可怕的对手不是吴充，而是一直退居洛阳的司马光，他是保守派领袖，学识、声望、道德、资历都非常强大，在变法陷入胶着时，朝野各界请司马光出来执政的呼声越来越高。

早在乌台诗案爆发的前两年，东坡知徐州，读到司马光寄来的《独乐园记》，有感而发，写了一首诗《司马君实独乐园》，颂扬司马光的德业、抱负和威望，客观上为司马光复出做了舆论准备。

司马光与王安石在政治上是死对头，熙宁二年（1069年），王安石开始变法，按宋神宗的意思，两人都是能臣，最好和衷共济，一起为朝廷所用，因此在重用王安石的同时，也想重用司马光，但王安石坚决反对，认为不能“为异论者立赤帜也”，赤帜相当于现在的红旗。司马光也不愿意与王安石同朝执政，坚决请求外放，后来到了西京洛阳。熙宁六年（1073年），司马光在洛阳买了20亩地，建了一座园子，起名独乐园。

为什么起这样一个名字呢？司马光退居洛阳，表面上看，是自己的请求，但内心其实非常不满，牢骚满腹，他觉得朝廷用人不当，因此摆出“不合作”的态度，所谓“独乐”，与“众乐”相对，意思是谁也别找我，别烦我，我一个人躲起来过小日子，这是第一层意思；第二层意思，我乐着呢，先让王安石折腾吧，早晚还得请我出山，因此“独乐”并非遗世而独立，而是“有心人别有怀抱”，司马光是非常自信的。

东坡没有到过独乐园，在诗中首先写自己的想象，“青山在屋上，流水在屋下。中有五亩园，花竹秀而野”，接着说司马光想高卧不出，但实际上做不到，因为“洛阳古多士，风俗犹尔雅。先生卧不出，冠盖倾洛社”，洛阳自古名流荟萃，风俗淳美，因此即使你闭门深居，各方名士还是云集而来，其中的意思和“酒香不怕巷子深”是一个道理，这是用侧锋写司马光的道德声望。接下来，东坡直抒胸臆，表达他对司马光的高度认同：“才全德不形，所贵知我寡。”

“才全德不形”出自《庄子》。庄子说，卫国有个人叫哀骀它，十分丑陋，但是有特殊的吸引力，无论男女一旦跟他接触，就会离不开他。鲁哀公和他相处不久，竟然想把国政交付给他，还生怕他不肯接受。所谓“才全”，是把贫富、穷达、毁誉、生死看成自然的变化，从不让这些外在的东西扰乱内心的宁静。所谓“德不形”，指道德内敛，不外露。道德是内在的修养，不是用来炫耀的，但如果一个人真有道德，外部人事也自然会来亲附。《老子》说得更透彻，“知我者希，则我贵矣”，意思是真正了解我的人非常少，而了解我又能效法我的人是多么可贵啊。东坡借老庄的话“才全德不形，所贵知我寡”，对司马光作出了最高的评价。接下来，东坡说：

先生独何事，四海望陶冶。

儿童诵君实，走卒知司马。

司马光是反对派的一面红旗，东坡说，当时朝野不满新法的，无论是士大夫，还是贩夫走卒，匹夫匹妇，甚至包括儿童，都希望司马光复出。反过来说，朝野对新法的不满，已经到了无以复加的地步。

东坡写这首诗时，王安石已经永久退出政坛。当时朝中执政的，是王珪、吴充这些人，东坡这样放言高论，为司马光复出大声疾呼，朝中变法派人士当然非常紧张，非常忌恨，必欲置东坡于死地了。客观上，东坡当时起到了保守派代言人的作用。东坡是大名士、文坛领袖，按现在的说法，是微博大V，是北宋首屈一指的自媒体，他的诗文拥有巨大的影响力。

东坡性格天真，喜欢说，敢说，也会说，但他不是成熟的政治家，不太考虑自己的诗文传播出去会造成什么样的影响。司马光退居洛阳后，“绝口不论事”，他有充分的耐心和自信等待朝局的变化。东坡在诗中还笑话司马光，“抚掌笑先生，年来效喑哑”，他不认同，也学不会司马光的沉默。东坡从来不屑于隐瞒自己的观点，司马光曾经在宋神宗面前公开承认自己“敢言不如苏轼”。

东坡写这首诗时，知徐州，两年后的元丰二年（1079年），东坡改知湖州。东坡绝没有想到，在宰相王珪的暗中操作下，一张黑色的巨网已经从京城向他千里奔袭而来，这一次他注定无法逃脱。

乌台诗案是一次有组织的行动，主谋者吸取了沈括单打独斗、不成体系，没有战略纵深的教训，这一次集体行动，就像大海里的鲨鱼群联合围剿抹香鲸一样。

主谋者有明确的行动目标，要彻底摧毁保守派的潜在势力，阻止他们重返政坛。行动的头号目标是司马光，只有摧毁司马光，才能彻底打垮保守派，但司马光树大根深，躲在洛阳写《资治通鉴》，对朝局一言不发，很难找到攻击点。东坡看起来像是保守派的代言人或宣传部长，平时放言高论，破绽很多，可以从各个角度层层推进，深度剿杀。在剿杀东坡的同时，如果出现攻击司马光的机会，当然绝对不能放过。

主谋者有精密的人事安排，由言官担任冲锋主力。宋朝言官制度与唐朝不同，唐朝言官隶属宰相，目的是诤谏皇帝，就像魏徵约束唐太宗一样。宋朝言官隶属皇帝，“风闻言事”，可以没有根据地怀疑，弄错了也不要紧，目的是约束大臣，防止大臣专权，这样言官体系就获得了和行政体系并列的地位，拥有合法伤害权，不仅超然独立，甚至凌驾于行政体系之上。用言官围剿东坡，祭起文字狱的法宝，火力全开，即使出现偏差，也可以全身而退，这样狙击手们就不会有任何顾虑。

主谋者有细致的过程控制，第一步要逮捕东坡，关到京城御史台监狱；第二步，在御史台动用侦查、拷问手段，坐实东坡反朝廷、反皇帝的罪行，争取杀掉他；第三步，扩大案件波及面，尽量牵扯保守派成员，让他们永世不得翻身。

现在狙击手上场。元丰二年（1079 年）东坡由徐州改知湖州，按惯例，官员调任到职后，必须向朝廷进“谢上表”，感激皇帝的任命，再说说自己肯定会好好干，不负朝廷重托等等，只是应景的官样文章，皇帝日理万机，基本上也没空看。东坡到湖州后，上《湖州谢上表》，其中有这样的话：

凡人必有一得，而臣独无寸长。……知其愚不适时，难以追陪新进；察其老不生事，或能收养小民。

监察御史何正臣首先发难，抓住这几句话，指责东坡“愚弄朝廷，妄自尊大”。这几句话何以如此刺激变法派，又何以能得出这样的结论呢？其密码在于两个非常敏感的关键词，一是“新进”，一是“生事”。王安石为推动变法事业，在很短的时间内提拔了大量官员，东坡统称这些人为“新进”，他曾经在《上神宗皇帝书》中说王安石“招来新进勇锐之人，以图一切速成之效”，结果导致“近来朴拙之人愈少，而巧进之士益多”。神宗皇帝看了东坡的奏折，当天就召见他，问他：“现在政令得失在什么地方？即使是朕的过失也可以指出。”东坡直言不讳地说：“陛下求治太急，听人献言太广，进用人员太快。”神宗皇帝有点吃惊地说：“爱卿这三句话，朕一定仔细思考。”

宋神宗年轻，王安石开始变法的熙宁二年（1069年），宋神宗22岁。同年，变法的一些中心人物，王安石48岁，司马光50岁，吕惠卿37岁，东坡32岁，还有一些年纪更大的前朝元老，富弼、韩琦、文彦博，都超过60岁。宋朝以文立国，对士大夫一向优容，神宗皇帝年轻，给人一种感觉，他手下的大臣比较敢说话，没有太多忌讳。

对变法派来说，“生事”也是敏感词。我们通常认为，王安石要变法，司马光反对变法，这种说法并不准确。司马光其实不反对变法，他反对的只是王安石变法的那种激进方式。司马光有一个基本的想法，他认为北宋国体羸弱，需要慢慢调养，无法支撑大规模的变法。同时，司马光是历史学家，对人事的洞察比王安石深彻。在司马光看来，即使变法的目的再好，但变法最终要靠广大官吏去实施，而各级官吏会借变法之机“动作生事”，从而使变法在执行过程中走向反面。因此，与其说司马光反对王安石变法，不如说司马光是王安石变法的悲观论者。他对人事问题的关注和透彻理解，使他对变法没有信心，而且事实证明，王安石变法在执行过程中确实走向了反面。

保守派人士多多少少和司马光有同样的想法。比如元老大臣富弼对宋神宗说：“臣闻朝廷内外的事渐有变更，这一定是由于小人向陛下进献邪说。大抵小人只喜欢动作生事，以便在其中有所渔利。如果朝廷保持平静，那么凡事都有常法，小人能指望什么呢？希望陛下深入考察这种情况，不要让自己后悔！”宋神宗不能无视富弼讲的这种情况，他神色凝重地说：“今日得爱卿十分正确的议论，可谓金玉之言。”

王安石二次罢相后，变法派内部分裂，后继无人，而变法在执行层面的种种弊端又开始大量呈现出来，宋神宗心灰意冷，对变法产生怀疑，信心动摇。这是变法派最为担心，从而不惜铤而走险，舍命相搏的根本原因。

造成文字狱的手段，不外乎诛心曲解，玩弄概念，转移视线。东坡《湖州谢上表》中讽刺的人明明是“新进”显贵，但何正臣不加分辨，直接给东坡扣上“愚弄朝廷，妄自尊大”的帽子，等于给乌台诗案定调子。何正臣进一步指出，东坡这样的行为不是偶然的，而是一贯如此。天下之大，只要一有水灾旱灾，饥民盗贼，东坡马上喜笑颜开，谴责新法。东坡平时讥刺朝廷的诗文数量多，传播广，现在我把已经编印成册、在社会上销售火爆的东坡诗文集进呈给陛下。这就把东坡的言行从个案上升到一般意义，是对东坡的彻底否定。经历过“文革”的人，对这一套手法都不陌生。

何正臣是著名的神童，年龄与东坡相当。他 8 岁的时候，应童子科，在御前诵九经，仁宗皇帝亲自赋诗《赐神童何正臣还乡歌》赠送给他。何正臣出名早，仁宗皇帝为他赋诗的时候，东坡还在眉山苦读，但他直到 30 岁才中进士，有点后继乏力。

何正臣点燃了乌台诗案的导火索。紧接着，同为监察御史的舒亶，展开第二波攻击。

舒亶上奏弹劾东坡包藏祸心，怨望朝廷，讥刺谩骂，“无复人臣之节”。舒亶详细研究东坡诗文，举出各种例子，以坐实他的指控。比如，陛下施行青苗法，在青黄不接之时给百姓青苗钱，可东坡写诗说：“赢得儿童语音好，一年强半在城中。”意思是老百姓拿到青苗钱以后，一年有半年待在城里吃喝玩乐，最后只让小孩子学会了几句城里的方言，这是对青苗法的恶毒攻击。再比如，陛下兴修水利，造福百姓，可东坡写诗说：“东海若知明主意，应教斥卤变桑田。”意思是假如东海龙王知道皇帝的旨意，大约会让海边的盐碱地变成肥沃的桑田吧，语意讽刺，幸灾乐祸。再比如，陛下把食盐专卖权收归朝廷，东坡写诗说：“岂是闻韶解忘味，尔来三月食无盐。”等等。舒亶总结说：“其他触物即事，应口所言，无一不以讥谤为主。”

东坡如此“无复人臣之节”，应该拿他怎么办呢？舒亶认为应该

“用治世之重典”，把东坡交给御史台严加审问，而自己此刻的心情是“不胜忠愤恳切之至”。

舒亶比东坡小 4 岁，他是治平二年（1065 年）的状元，身材魁梧，博闻强识，性如烈火，做人做事有一股狠劲。他中状元后，在浙江台州临海县做县尉。当地多山，靠近大海，民风剽悍，盗窃、抢劫等刑事案件频发，当时有一个人喝醉了酒，要将婶婶赶出家门，被告到县衙，舒亶命令把这个人抓起来，这个人不服，舒亶一怒之下砍下他的脑袋，然后弃官而去，并且留诗说：“一锋不断奸凶首，千古焉知将相才。”王安石听说这件事以后，觉得舒亶是个奇人，想征用他，但不巧的是，舒亶父亲去世，要守三年之丧。多年以后，御史张商英上奏朝廷，说舒亶其才可用，他才重新回到仕途上来，因此张商英是他的恩人。后来又发生了一件事，张商英写信给他，同时附上自己女婿的文章，希望在科举考试中得到照应。舒亶马上弹劾张商英，张商英因此贬官。保守派与变法派对这件事的评价完全不同，保守派认定舒亶是一个冷酷无情的小人，而变法派认为舒亶正直，不徇私情。综合起来看，舒亶性格倔强，认死理，做事一意孤行，不计后果。在政治倾向上，舒亶是坚定的改革派。

舒亶发动第二波攻击以后，第三波攻击接踵而至。御史中丞李定上奏，全面论述东坡四大罪状：第一，东坡从前放言高论，讥刺朝廷，陛下置之不问，等待他悔过自新，但他变本加厉，现在他的罪恶更加彰显；第二，古人说“教而不从，然后诛之”，陛下等待他悔悟已经很久了，但他还是每天都在发出“狂悖之语”；第三，东坡的文章虽然不合大道，但是老百姓倒是很喜欢，他做官轻慢，不遵循陛下亲自制定的政策法规，按照先王之法，“当首诛”；第四，不知道而犯法，与知法犯法是不同的。东坡也算个读书人，并非不知道“事君有礼”的道理，但是自变法以来，他怨恨陛下没有重用他，因此对一切变法措施都持否定态度，“肆其愤心”，公然抵制。

李定最后总结说，东坡有四大罪状，可是他还在好好地当着官，伤害朝廷体制，扰乱天下风俗，没有比这更严重的了。

李定的奏章，有一个要点，东坡所有的不满、讥刺都指向神宗皇帝本人，东坡处处藐视圣上。宋神宗年轻，果然被激怒了，于是下了一道圣旨：“送御史台根勘闻奏。”要问个明白，这就算正式立案了。御史台接到圣旨后，请求神宗派定审理此案的官员，神宗再下圣旨：“知谏院张璪、御史中丞李定推治以闻。”

所谓乌台，就是御史台。御史台院子里种了许多柏树，柏树上有很多乌鸦，所以御史台又叫乌台，也有暗指御史是乌鸦嘴的意思。

李定从小跟着王安石学习，是正宗王门子弟，进士出身。刚踏入仕途时，李定在安徽、浙江任地方官，后来由孙觉引荐，入为京官。孙觉是黄庭坚的岳父，也是东坡的好朋友。王安石屡次越级提拔李定，引起保守派的强烈不满。李定最为人非议的事情是“不服母丧”，此事说起来有些复杂，李定母亲仇氏，早年生过一个孩子，这个孩子非常有名，就是佛印和尚，和东坡是至交。后来仇氏又被李定的父亲纳为妾，生了李定。再后来，仇氏又嫁给别的男人，等到她去世的时候，李定就没有服丧。李定本人的解释是，他压根儿不知道自己是仇氏所生，因此不敢服丧，但此事被保守派抓住不放，司马光直接骂他“禽兽不如”。对保守派来说，搞臭李定，目标还是指向王安石，坐实王安石用的“新进”都是小人。在某种意义上，李定是受过伤害的人，现在他获得机会，可以借攻击东坡把目标指向司马光，这样的机会，他当然不会放过。李定主动要求亲自去湖州逮捕东坡，神宗没有同意，最后选了太常博士皇甫遵，乘驿马驰往湖州。

几乎在朝廷决定逮捕东坡的同时，大营救也迅速展开。在京城的王诜首先得到消息，立刻派人赶赴河南商丘，告诉苏辙。苏辙忧心如焚，急忙派人赶赴湖州，好让东坡有个准备。

王诜，字晋卿，是位驸马爷，他的妻子是宋英宗的女儿宝安公主，宝安公主是宋神宗的同胞妹妹。在《水浒传》里，王诜被称为“小王都太尉”，高俅是他手下的小跟班，后来偶遇端王赵佶，赵佶就是宋徽宗，高俅因此发迹。王诜擅长山水画，家有宝绘堂，藏历朝历代书法名画，东坡有《宝绘堂记》一文。王诜喜交游，与东坡、黄庭坚、米芾、秦观、李公麟都是亲密的朋友。在乌台诗案中，王诜因为泄露朝廷机密，成为仅次于东坡的二号罪犯。

苏辙派来报信的人比皇甫遵早到了一步，东坡担心祸不可测，内心非常慌乱。皇甫遵赶到湖州官衙，身后跟着两名小校，衣服内有物隆起，感觉藏有利刃。皇甫遵装模作样，故意很长时间不说话，强化恐怖气氛。僵持了一会儿，东坡开口说：“轼自来苦恼朝廷甚多，今日必是赐死。死固不辞，乞归与家人诀别。”皇甫遵这才开口，说：“还不至于赐死。”

当时湖州通判是祖无颇，他要求皇甫遵出示朝廷文书，原来只是免去东坡官职并传唤进京而已，并无其他。皇甫遵一刻不肯耽搁，苏家乱作一团，最后决定由长子苏迈跟随东坡，即刻出发。苏迈当时20

出头，弟弟苏迨10岁，苏过8岁。东坡夫人王闰之带着一大家子号泣相随，祖无颇记录当时情景说："顷刻之间，拉一太守，如驱犬鸡。"

东坡临行前，看一大家子惊慌失措，哀痛欲绝，想缓和一下气氛，就说了一个笑话来安慰他们。东坡说，宋真宗在位时，要在乡野搜寻贤人，有人推荐了杨朴。杨朴不愿意做官，但没有办法，仍在地方官的护送下前往京师。杨朴到京城后，觐见宋真宗，宋真宗说，听说你会做诗？杨朴说，只是虚名，其实臣不会做诗。宋真宗不甘心，又问，你临来京师前，没有朋友给你赠诗吗？杨朴说，没有朋友赠诗，倒是老妻做了一首。宋真宗说，念给朕听听。杨朴就念妻子的诗说：

更休落魄贪酒杯，且莫猖狂爱咏诗。
今日捉将官里去，这回断送老头皮。

宋真宗大笑，不再勉强杨朴，放他回家了。东坡说完这个故事，回头对闰之说，你就不能学杨朴的老妻，做一首诗给我？闰之凄然而笑，心下稍安。东坡在地方上有官声，湖州百姓听到消息，也都哭泣相随，送东坡一程，倒是太守官衙的人，畏难闪避，一时都不见了踪影，只有掌书记陈师锡，不避嫌疑，赶来辞行。其时，另有王遽、王适、王遹三兄弟，平时跟着东坡就学，一直送出郊外，劝慰说："福祸生死，天也，公其如天何！"送走东坡，王氏兄弟回到苏家，帮忙料理家事，大家商量后决定将东坡一家送往河南商丘，投靠苏辙。

千年之后，考察乌台诗案，发现一种现象，人性中既有良善也有邪恶，像东坡这样的大名士，恰好做成一面镜子。凡在此案中，百般陷害东坡的人，固然是利害所迫，但也有超越利害之外的种种人性隐曲。比如在押解东坡去京城的途中，皇甫遵提议每到夜间，必须将人犯送往当地官府羁押，宋神宗不同意。宋神宗认为，只是让东坡罢官，叫他来京城追究诗文含义，不需要这样。的确不需要这样，东坡是文人，不是江洋大盗，但皇甫遵以安全为由，提出这样的提议，其内因还是忌妒，以及由忌妒幻化出来的八面威风。搞倒东坡，甚至搞死东坡，对皇甫遵、李定这些人有绝大的诱惑，以前想和这位大名士交往一下都很难，没想到现在成了我的阶下囚。当初朝廷为选派谁去湖州逮捕东坡，费了一番脑筋，因为没有人肯去，皇甫遵此行是毛遂自荐。

在后来审问东坡的过程中，李定春风得意，气焰嚣张。有一天早朝，众官员在殿门外等候，李定忽然自言自语地说："苏轼真是一个奇才！"众官员无人答话，只是狐疑地看着他，李定等了一会儿，慢悠悠地说："一二十年前所作的诗文，引经据典，随问随答，没有一个字的差错，这样的人不是奇才是什么？"众官员听了这话，更加沉默，崇政殿前的空气像凝固了一样。

李定说这些，究竟是何种心理？为什么注定没人搭腔的话，非要说出来？在我想来，李定只是想卖弄，卖弄什么？卖弄他与东坡的"深度交往"。李定获得了一种机会，在他的主导下，与东坡"奇文共欣赏，疑义相与析"。他内心很兴奋，郁积的时间长了，就如鲠在喉，不吐不快，甚至不再考虑场合。在审判东坡的四个多月里，我相信至少在某些瞬间，党争的初衷已经不再重要，文学欣赏与研讨更有魅力。李定这样的人，并非十恶不赦，他的"不服母丧"，按现代意识也大可再商榷，他也不是司马光所说的“禽兽不如”，他有一定的幽默感，是王安石的学生，懂得欣赏优秀的文学作品，也懂得有限度地欣赏他的敌人。

东坡前往京城的途中，经过太湖，又经过长江，两次想投水自尽。东坡是这样考虑的，他平时诗文唱和非常多，将来审理起来，百般曲解，必然牵涉众多师长同僚、亲朋好友，不如一死了之，少连累他人，但押送他的士卒看守很严，两次自尽都没有成功。后来，东坡又想到，如果自己投水而死，岂不是畏罪自绝于朝廷，这样会不会连累弟弟苏辙？家中还有 20 多口人，将来都要弟弟照顾，因此不能轻易了断。

乌台诗案一旦爆发，犹如脱缰的野马，和神宗的初衷渐行渐远。神宗在此过程中一定有很多意外，没有想到办案官员如此狠毒，也没有想到营救东坡的力量如此强大，牵涉的人事如此众多。

东坡到京城后，被关押在御史台一间单独的牢房里。东坡后来说，这间牢房非常阴暗、潮湿、狭窄，举手投足会碰到墙壁。四壁无窗，只屋顶有一个小小的天窗。整间牢房，像一口深井，东坡不接受刑讯时，只能终日坐井观天。

宋神宗指定知谏院张璪、御史中丞李定负责乌台诗案的审理。

张璪和东坡渊源很深，他和东坡是同年进士，又在凤翔共同为官两年，朝夕相处。张璪从凤翔返回京城时，东坡作《稼说》一文以送之。

这是一篇很有意思的文章，东坡从“田多的富人”与“田少的穷人”种庄稼的心态、做法完全不同说起。富人因为田多，所以采取休耕轮作的方法，这样土地肥力就可以得到保全；也是因为田多，家里余粮充足，因此可以等到庄稼完全成熟之后再收割，因此富人的庄稼不仅产量高、秕子少，即使长时间存放也不会腐烂。穷人就不同了，因为田少，每一寸土地都要充分利用，庄稼种得像鱼鳞一样密集，土地养分被过度利用了；也是因为田少，常常青黄不接，不能完全等到庄稼成熟就收割，因此庄稼的质量也大有问题。

种庄稼只是文章的引子，东坡接着说文章的主题，“古人”的才干并没有必然超过“今人”的地方，只是古人平日里注重自身修养，从不贸然行事，有耐心慢慢等待思想和才华完全成熟，三十岁以后才出来做官，五十岁以后再加官晋爵。在长期屈身之后再伸展，在准备充分以后再发挥，这才是今人不如古人，古人能够超过今人的原因。我从小有志于学问，没想到很年轻就考中进士，你也跟我一样，考中进士很早。现在，虽然我觉得自己还很不够，但众人已经开始胡乱地称颂我了。你马上就要离开此地，千万不要忘记继续学习啊！“博观而约取，厚积而薄发”，我想要告诉你的就是这些。

我每次读《稼说》，都能想见东坡的为人。这个人，全无心机，推诚及人，勉人自勉，极为中肯。在文章的最后，东坡还说：“你回去的时候，路过京城，请打听一下，有一个名叫苏辙、字子由的人，他是我的弟弟，也请你把我说的这些话告诉他。”东坡想对弟弟说的话也就是这些，他真把张琥当兄弟啊！

张琥从凤翔回京后，迅速投靠王安石，后来王安石罢相，再投靠吕惠卿，吕惠卿失势，又投靠王珪。张琥是个伶俐人，清代学者王文诰说：“（王安石、吕惠卿、王珪）数人之性不同，而张琥能探情变节，左右从顺，各得其欢心。”大凡能够委屈自己、左右逢源的人，一定要在其他地方寻找心理补偿，张璪有酷吏气质，他与舒亶联手，屡次兴起大狱，积累了丰富的经验，审理乌台诗案，再与李定联手，可谓驾轻就熟。

王珪是乌台诗案背后的总策划、总指挥，舒亶、李定、张璪等人直接出面充当打手。说起来，王珪与东坡个人之间并无恩怨，即使从党争的角度来说，王珪似乎也没有置东坡于死地的必要。王珪如此穷凶极恶，另有个人心理上的原因。大家不要忘了，东坡考中进士的那一年，欧阳修是主考官，其余副主考包括梅挚、王珪、范镇、韩绛四人，当然还有梅尧臣。按科举惯例，所有主考官都是东坡的恩师。在这些恩师中，梅挚在本次科考后第二年就去世了，其余的人，欧阳修、范镇、梅尧臣都与东坡有很深的交往，甚至可以说情同骨肉。至于韩绛，是韩亿之子，韩亿有八个儿子，在北宋一朝，韩家与吕公著家同为大族，《宋史》上说，起初王安石未知名于朝廷，以韩、吕为巨室，想借以取重，乃深与韩绛、韩维兄弟及吕公著交往，三人想尽办法称扬他，王安石才一展峥嵘。韩家根深叶茂，不太在意东坡这些新科进士。只有王珪，东坡与他交往少，更谈不上曲意投靠，因此客观上，王珪会觉得东坡似乎不大看得起他。

王珪并非等闲之辈，先天聪明，后天勤奋，24 岁高中进士甲科第二名，俗称榜眼，后来长期身居宰辅，又独步翰林院，为朝廷起草诏书将近 16 年。王珪当时以文学知名，宋神宗很欣赏他，清朝《四库全书》上说：“（王珪）其文章博赡瑰丽，自成一家。揖让于二宋之间，毫无愧色。谢及、陆游、杨万里等往往称之，殆非虚美。”在政治上，王珪的真实想法，外人很难看明白，时常在变法派与保守派之间保持中立，时人称其为“三旨（取旨、领旨、得旨）相公”，很有一点明哲保身的功夫。有人给王珪编排了一则笑话，说有一天，王珪与王安石一起上朝，一只虱子从王安石的衣领爬到胡须上去了。这是很有可能的，王安石个人卫生习惯一塌糊涂，经常几个月不洗澡，不换衣服。宋神宗看到了这一幕，没有说话，只是笑了一下，王安石自己并不知道。退朝后，王珪指着虱子告诉王安石，王安石叫侍从捉虱子，王珪说，不能轻易把虱子捉掉，我要说一句话，赞叹虱子的功劳。王安石说，什么话？王珪应声道：“屡游相须，曾经御览。”

王珪幕后发动乌台诗案，主要是与王安石选定的接班人吴充之间有矛盾，吴充事事与王安石不同，看上去像是保守派，王珪要与吴充争地位，因此暂时成为变法派，但是他之所以成为变法派，并不是基于明确的政见，而是形势的需要。舒亶、李定、张璪这些人，资历、声望尚浅，因此借王珪为旗帜，王珪也靠这些小兄弟构成人事上的力量，各取所需，交相为用。

审理案件需要物证，对文字狱来说，物证就是诗文，当然越多越好。早在东坡被捕，闰之领着一家人前往河南商丘投靠苏辙，途经安徽宿州时，御史台已经下令，要求宿州方面派出大批吏卒，拦截苏家船只，搜取诗文。吏卒凶悍，苏家老小饱受惊吓。事后，闰之将残留的东坡诗文悉取烧之。御史台随后又向各州郡发出协查通告，要求搜取东坡遗文，即使片言只语，也要悉数上缴，不得藏匿。

关于乌台诗案的具体审理内容，不仅枯燥，而且无聊。比如东坡有一首写给孙觉的诗，其中有一句“莫对青山谈世事，当须举白便浮君”，说两人有一次在酒宴上约定，不谈政治，谁谈政治就罚酒一杯。“不谈政治”也成为罪状，说来可笑。

又有一个叫李宜之的人，路过安徽宿州灵璧镇，发现东坡有一篇文章，其中说：“古之君之，不必仕，不必不仕。必仕则忘其身，必不仕则忘其君。”李宜之指控说，东坡这是教唆天下人不要有进取之心，借以扰乱朝廷的科举制度，“必不仕则忘其君”，尤为严重，是教唆天下人无尊君之义，亏大忠之节。

从根本上来说，东坡诗文确实有许多地方讥刺变法，但这不是罪，尤其不是死罪，况且到乌台诗案爆发的元丰二年（1079 年），宋神宗变法的心志已经动摇，赞成变法并不等于政治正确。王珪、张璪、李定的既定目标是要坐实东坡讥讽皇帝、攻击朝廷的“不臣之心”，但东坡本质上绝无此意，因此他们想完成的其实是一项不可能完成的任务。王珪们在策略上也有失误，他们想借乌台诗案牵涉尽可能多的人，甚至期望把守旧派一网打尽，这个目标太大，树敌太多，容易激起反弹。事实上，保守派开始营救东坡，一些与事无涉的大臣也感觉不像话，看不下去。

王珪不甘心失败，从幕后直接冲到台前。有一次，王珪觐见宋神宗，突然没来由地说，“苏轼确有不臣之心。”宋神宗吓了一跳，马上问：“卿何以知之？”王珪举出东坡咏桧树的一句诗：“根到九泉无曲处，此心唯有蛰龙知。”解释说：“陛下飞龙在天，但是苏轼认为陛下不了解他，只有潜藏在地下的蛰龙才了解他，这不是不臣之心，是什么？”宋神宗平静地说：“诗人说的话，怎么可以这样解释，他歌咏桧树，跟我有什么关系呢？”大臣章惇正好在边上，急忙为东坡辩解：

“自古称龙的人多了，比如诸葛亮称卧龙，不一定非要君主才能称龙。”王珪无言以对。退朝后，章惇责问王珪：“相公，你这是成心要灭人家族吗？”王珪说：“这是舒亶说的。”章惇愤慨地说：“舒亶的口水，也是你可以吃的吗？”

章惇，字子厚，是坚定的变法派，王安石非常欣赏他。后来司马光主政，尽废新法，章惇据理力争，结果被贬官外放，他是有明确政见和操守的。章惇为东坡仗义执言，东坡很感激他，到黄州后曾写信给他说：“惟子厚平居遗我以药石，及困急，又有以救恤之，真与世俗异矣。”章惇与东坡毕竟有巨大的政见差异，在变法派与守旧派的反复博弈中，最后交恶也是事之必然，把东坡从广东贬往海南的也是章惇。在政见之外，东坡的放言无忌、口无遮拦也深深地伤害过章惇。章惇出生时，父母还没有结婚，是个私生子，当时父母不敢留下他，想把他溺死在水盆里，最后算是命大，被人救下来了。在古代社会，私生子最不名誉，章惇长大后肯定不愿意有人提起这件事，但东坡在赠诗中说：“方丈仙人出渺茫，高情尤爱水云乡。”章惇不能不受刺激，遂与东坡交恶。

乌台诗案的案情审理，虽然枯燥又无聊，但审理的过程却严苛又残忍。东坡在狱中4个多月，受尽凌虐、诟骂、侮辱，通宵不息。东坡那样心高气傲的人，一时只求速死，他将平时常常服用的金丹，埋在牢房地下，以备有一天必死之时，一次服下，足以毙命。

有人必欲杀东坡，有人则必欲救东坡。

东坡下狱，弟弟苏辙急忙上书宋神宗，文章开头说，“臣闻困急而呼天，疾痛而呼父母者，人之至情也”，自己现在的状态是困急、疾痛，只能呼天、呼父母。而父母去世早，很久以来只与哥哥相依为命，因此只能呼天，而不能呼父母。天，当然是指宋神宗。

苏辙接着说，哥哥无论居家还是做官，“无大过恶”，只是禀性“愚直”“好谈古今得失”，有好几次他上奏的观点与陛下不一致，而陛下“圣德广大，不加谴责”，哥哥因此“狂狷”，说话做事欠缺考虑，不知道敬畏，也不知道收敛。他在担任杭州通判、密州知州期间，看到一些事情，经常有感而发，写成诗文，用词也不多加考虑，曾经有同僚（指沈括）把他的诗文呈献给陛下，陛下没有追究。哥哥感念陛下的恩德，“深自悔咎”“不敢复有所为”，但是他的诗文已经传布天下。我哀怜哥哥“愚于自信”，不知道写诗、作文容易，但是其中不恭敬的言辞造成的影响很难消除，虽然想改过自新，但是已经违反了刑律，没法挽回了。

哥哥即将被收押时，托人带话给我，说他“早衰多病”，一旦进入御史台，“必死于牢狱”，虽然死也是他应得的。只是人生有许多遗憾，年轻时怀抱“有为之志”，又幸运地遇见“不世出之主”，过去的所作所为有许多糊涂的地方，只想在晚年时能够报效国家，但是现在碰到这样的灾祸，“虽欲改过自新，洗心以事明主”，也没有机会了。况且在朝廷一向孤立，即使有一些与我从前交好的人，也一定不会为我求情。我哀痛哥哥的心志，“不胜手足之情”，因此“冒死一言”，为哥哥求情。

苏辙又说，从前汉朝的淳于意犯了罪，他的女儿缇萦请求朝廷将自己收为官婢，求得赎回父亲，淳于意因此免遭肉刑。我现在就像蚂蚁一样渺小，当然不能和缇萦相比，但是陛下“聪明仁圣”，比汉文帝不知道强多少倍。我现在想用我的官职为哥哥赎罪，不奢望能够减轻他的罪过，只要哥哥不死在牢狱里就是最大的幸运了。苏辙最后说，“若蒙陛下哀怜，赦其万死，使得出于牢狱，则死而复生”，这样的恩德无论怎样都难以报答，我愿意与我的哥哥，“洗心改过，粉骨报效，唯陛下所使，死而后已”。

苏辙的奏书情动于中。东坡有苏辙，就像杭州有西湖，杭州不能没有西湖，东坡也不能没有苏辙。苏辙上奏最主要的目的是要让皇帝舒服，因此他所说的一些内容并非事实，比如沈括检举东坡诗文讥刺皇帝以后，宋神宗的确置之不问，但说东坡“深自悔咎”“不敢复有所为”，却不是事实，东坡那样的性格，既然皇帝没有追究，他也就没当一回事。苏辙当时最大的担心，是哥哥会死于牢狱，因此特别提出汉朝“缇萦救父”的往事，又说宋神宗“聪明仁圣”，比汉文帝不知道强多少倍，这是一种巧妙的狙击，如果东坡真的死于牢狱，今后历史上会怎么评价宋神宗呢？宋神宗当然会在意历史评价，苏辙这样说，是煞费苦心的。苏辙说东坡在朝廷一向孤立，不会有人出来为他求情，可以说只是惶急之下的一种忧心，事实上朝廷中为东坡说话的人非常多，甚至舍命相搏，这一点恐怕是苏辙没有料到的，甚至也是宋神宗没有料到的。

营救东坡的人可谓前赴后继，首先是一批已经退休的朝中大臣。

以太子少师退休的张方平，还没等东坡被押解到开封，就上书宋神宗，他说，我不知道苏轼究竟犯了什么罪，但是他的为人我很早就了解，苏轼“自谓见知明主，亦慨然有报上之心”。张方平这是在定调子，苏轼绝对不会反皇帝。张方平接着说，苏轼性格有问题，“其性疏率，缺于审重，出位多言”，并且一口咬定，苏轼这一次得罪朝廷，必定是这个原因。接下来，再把宋神宗架上去，“陛下于四海生灵，如天之无不覆冒，如地之无不持载，如四时之无不化育”，如此兼容并包，怎么可能跟苏轼的文人性格计较呢？最后，张方平强调，苏轼现在“以文辞为罪，非大过恶”，我这样冒死进言，即使朝廷“重加谴谪”，我也心甘情愿。

张方平的奏书很能看出北宋一朝的政治生态，在“以文立国”精神的照耀下，士大夫们上书皇帝，真的很敢说，甚至有一点威胁的口吻，这在朱元璋的大明王朝是不可想象的。

乌台诗案爆发时，王安石已经退居江宁 4 年，得知东坡下狱的消息，王安石紧急上书宋神宗：“岂有圣世而杀才士乎？”王安石当时离职罢相，理应蛰伏，以如此激烈的口吻上书皇帝，是冒着极大的政治风险的。

东坡与王安石的关系，说起来很有意思，经历了非常曲折、复杂的过程。早在制科考试时，王安石就不喜欢东坡文章中那种源自《战国策》的纵横家气质，他对韩维、吕公著说，如果我是主考官，就不录取他。

东坡的个性与王安石不同，王安石与司马光倒有极相像的地方。王安石特立独行，常常几个月不洗脸、不换衣服，如此奇葩，遂招致严重的人身攻击。王安石不喜欢苏家父子纵横家的风格，老苏也不喜欢他，在《辨奸论》中，老苏说，“脸脏了就要洗，衣服脏了也要洗，这是人之常情。但王安石不是这样，穿着奴隶、囚犯一样的衣服，吃猪狗才吃的食物，而口谈《诗经》《尚书》，这难道是人之常情吗？”

老苏由此武断地下了一个结论：“凡事之不近人情者，鲜不为大奸慝。”意思是王安石做事不近人情，因此是一个大奸臣。《辨奸论》是不是老苏写的，现在有争议，借个人卫生习惯攻击人，算不得名誉，但可以看出王安石的个性，以及他与苏家父子的不投缘。

在物质生活上，王安石没有任何要求，看书饿了，随手拿东西吃，有一次吃了鱼食，浑然不觉，仍然津津有味。王安石是笃实、严谨的经学家，有点像佛门律宗的和尚，刻苦自励。他21岁中进士，名列第四。首次为官在扬州，是韩琦的部下。在扬州任上，他谢绝一切应酬，发愤读书，写诗说：“男儿少壮不树立，挟此穷老将安归？”他和东坡完全不同，东坡喜欢交游、热闹、游山玩水。王安石是那种精神生活完全压倒物质生活的人，物质生活对他来说，只要能维持肉体生命就行，但他的精神内核异常强悍，犹如金刚石，颠扑不破，他说：“天变不足畏，祖宗不足法，人言不足恤。”这是他推动变法的精神纲领，彻底，决绝，锋芒毕露，义无反顾。他在名作《游褒禅山记》中说：“夫夷以近，则游者众；险以远，则至者少。而世之奇伟瑰怪非常之观，常在于险远，而人之所罕至焉。”他通过霹雳手段推动变法，探索大宋王朝直追汉唐盛世的可能性，也探索自身“得君行道”的生命极限，他就像冒着生命危险攀登珠峰的人一样，梦想看见别人看不到的风景。

在文学上，王安石不如东坡天才自放，他是一个精益求精的人，相信《童蒙诗训》中说的“文字频改，工夫自出”，好文章来自千锤百炼。王安石名诗《泊船瓜洲》：

京口瓜洲一水间，钟山只隔数重山。

春风又绿江南岸，明月何时照我还?

据藏有此诗原稿的人说，第一稿是“春风又到江南岸”，王安石圈去“到”字，注曰“不好”；继而改为“过”，又圈去；再改为“入”“满”等等，前后改了十几遍，最后才定为“春风又绿江南岸”。

司马光的个性与王安石有相像的地方，性不喜奢华，一辈子布衣恶食，对物质享受非常淡薄。小时候长辈给他穿漂亮的衣服，他总是害羞，坚决要换掉。

司马光一生以“至诚”为主，以“不欺”为本。他五六岁时，有一次要给胡桃去皮，想不出办法，姐姐来帮忙，也没有成功，就跑走了，后来家里一位婢女用开水烫胡桃，终于成功去皮。不久，姐姐回来，问他：“咦，是谁帮你的？”司马光说，没有人帮忙，是我自己做到的。父亲知道了这件事，训斥他：“小子怎敢说谎！”司马光从此不敢说谎，长大以后，把这件事记下来，警示自己，不要自欺，也不要欺人。

在儒家人物中，司马光堪称道德典范。孝悌忠信，温良恭俭让，做任何事都遵循法度，一言一行都合乎礼的要求。他曾经说过：“我没有什么超过别人的地方，只是我一生的所作所为，从来没有不可告人的。”有一次，他要卖掉一匹马，这匹马卖相很好，毛色鲜亮，高大有力，但有一个毛病，夏天会害肺病。司马光对管家说：“这匹马夏季会害肺病，一定要告诉买家。”管家笑着说：“哪有像你这样的人呀！现在我们卖马，为什么非要把看不出来的毛病告诉人家呢？”司马光说：“一匹马卖多少钱是小事，对人不讲真话，败坏了做人的名声就是大事了，做人一定要诚信。”

司马光不管地位如何，始终保持贫贱读书人本色。一个跟随他的老仆人，很多年以来，一直喊他“秀才”。有一次，东坡上门拜访，听见仆人这样喊他，心里好笑，就跟仆人说：“你家主人不是秀才，是宰相，现在大家都称他相公。”老仆人大吃一惊，以后见了司马光，都毕恭毕敬地称他相公，并且高兴地说：“幸亏苏大学士教我。”司马光跌足长叹说：“我家这个老仆，活活被子瞻教坏了。”

北宋士大夫有纳妾蓄妓的风尚。有宋一代，不纳妾蓄妓的人只有司马光、王安石、岳飞三人，其中司马光最为难得，他的夫人不会生育，心中抱恨，一直想方设法为他纳妾，但司马光坚决不同意。北宋时，元宵节最隆重，洛阳灯会享誉天下，夫人想和司马光一起去看灯，司马光说：“家里也点了灯，何必出去看呢？”夫人说：“不光看灯，顺便也看看游玩的人。”司马光笑着说：“看人？这就奇怪了，难道我是鬼吗！”司马光坚持不纳妾，没有孩子，后来把侄子司马康过继过来，承接香火。

朱熹评价司马光说：“公忠信、孝友、恭俭、正直出于天性，其好学如饥渴之嗜饮食，于财利纷华如恶恶臭；诚心自然，天下信之。”这是说司马光天性如此，种种美德皆出于自然，普天下的人非常信服他。司马光退居洛阳，每年要去老家陕西扫墓，陕西、洛阳一带的人皆“化其德，师其学，法其俭”，以他为表率。如果有人做了不好的事，其他人会说，你做这样的事，难道就不怕司马君实知道吗？司马光，字君实。

在政治上，东坡是王安石的死敌。王安石变法开始以后，东坡非常激烈地批评变法，王安石必须拒敌于千里之外，曾说东坡是“邪险之人”，坚决反对宋神宗奖掖、提拔东坡，认为东坡绝不能在朝廷中枢任职，只能做一个地方官。现在，事过境迁，东坡身陷牢狱，受尽凌辱，甚至屈打成招，许多亲朋好友噤若寒蝉，王安石作为一个不名誉的、被皇帝和百官厌弃的退休宰相，直接上书皇帝，为东坡鸣不平，这让我想起张学良给蒋介石写的挽联：

政见之争，宛若仇雠
关怀之殷，情同骨肉

元祐元年（1086 年），王安石去世，作为头号政敌的司马光立刻上书朝廷，陈说王安石“文章、节义过人处甚多”，如今不幸逝世，“反复之徒必诋毁百端”，为防止这些来自四面八方的攻击，“朝廷宜加厚礼，以振浮薄之风”。朝廷听从了司马光的建议，追赠王安石太傅称号。当时，东坡任中书舍人，撰写《王安石赠太傅》诰命，情动于中，对王安石作了最高评价，其中说“将有非常之大事，必生希世之异人”，肯定变法是“非常之大事”，王安石是“希世之异人”，又赞誉王安石“名高一时，学贯千载”，具体而言则是“智足以达其道，辩足以行其言；瑰玮之文，足以藻饰万物；卓绝之行，足以风动四方”。对王安石的出相、罢相，东坡也作了说明，“少学孔孟，晚师瞿聃”，“瞿”是释迦牟尼，“聃”是老子，这是说王安石出入儒、道、释三教，学术贯通，圆融无碍，“罔罗六艺之遗文，断以己意；糠秕百家之陈迹，作新斯人”，因此出相、罢相，人生大转折之际，才能有“雍容可观”的“进退之美”。

千载之下，每每追慕大宋先贤的风采，都让人有一种陌生感，这种陌生感不是由于时间久远，而是其一生行迹证之当今社会，实在难得一见。有得君行道的理想，有源远流长的价值观，不苟且，不随波逐流，既有“一个都不放过”的苛严，又有惺惺相惜的宽容与求助，让人恍惚觉得，所谓精英，自有其知行合一，特立独行，“虽千万人，吾往矣”的本来面目。

东坡入狱，牵动四方人心。

王安石选定的接班人，宰相吴充用巧妙的言论援救东坡。有一天，吴充好像跟宋神宗闲聊似的说：“魏武帝曹操，这个人怎么样啊？”宋神宗说：“何足道哉！”意思是曹操不值一提。吴充顺着这个话头，说出他想说的话：“陛下以尧舜为法，薄魏武固宜，然魏武猜忌如此，犹能容祢衡，陛下不能容一苏轼，何也？”意思是，陛下取法远古圣王尧、舜，看不起曹操那是应该的，然而曹操如此猜忌之人，尚且能容下祢衡，陛下比曹操不知高明多少倍，为什么容不下苏轼呢？

祢衡是个年轻的小伙子，自我感觉良好，恃才傲物，谁也看不起，只与比他大 20 岁的孔融结为忘年交。孔融向曹操推荐祢衡，祢衡称病不去，并且对曹操多有狂言。曹操怀恨在心，但祢衡有才气，曹操不想杀他。后来，曹操听说祢衡擅长击鼓，就召他为鼓史，并且大宴宾客，想羞辱祢衡。按规定，鼓史上场演奏，要换上专门的服装。轮到祢衡上场了，他不换衣服径直走到曹操面前，曹操手下呵斥他说：“你不换衣服，如何敢轻率进见！”祢衡听了这话，当众慢慢脱掉身上的衣服，赤身裸体站在那里，又慢慢换上鼓史专门的服装，然后击鼓，节奏悲壮，在场的人无不动容。一首《渔阳》鼓曲演奏完毕，祢衡从容离去，毫无惭愧的表情，曹操大笑说：“本想羞辱他，没想到反让他羞辱了我。”后来，祢衡又多次骂曹操，曹操非常想杀掉他，但又不想背负容不下人的恶名。曹操说：“祢衡竖子，孤杀之犹雀鼠耳。顾此人素有虚名，远近将谓孤不能容之，今送与刘表，视当何如？”祢衡到了刘表那儿，照样很轻慢，但刘表有头脑，不肯杀他，把他送给江夏太守黄祖。祢衡又辱骂黄祖，黄祖没忍住，把他杀了，祢衡终年26岁。黄祖杀了祢衡以后，马上后悔起来，作为补救，特别厚葬祢衡。

当时，援救东坡的人，都在动脑筋想办法，说什么样的话才能让宋神宗不起杀心。苏辙觉得，必须反复强调“本朝未尝杀士大夫”这个事实，假如神宗杀了东坡，那么就是一个开端，“杀士大夫自陛下始”，“而后世子孙因而杀贤士大夫，必援陛下以为例”。苏辙认为神宗“好名而畏议”，用这样的说法或许能够阻止神宗的杀机。苏辙的想法是对的，但吴充找到了另外一种角度，通过与曹操对比，指出杀东坡是最最不恰当的行为。吴充的办法果然奏效，宋神宗听了他的话，马上警醒地说：“我没有其他意思，只是召苏轼来质对，分辨是非曲直，而且很快就要放他出狱了。”

事实上，神宗非常欣赏东坡的才华，从没想过要杀掉东坡，但是神宗有顾虑，当时最想杀东坡的那些人都是言官，而言官代表朝廷清议，神宗要做一代明君，对清议就不能不尊重。神宗迫于压力，同意逮捕东坡，但神宗对冤狱一旦形成就会自然发展的逻辑缺乏精确的估计，宋神宗不是武则天，无法洞悉酷吏的本质以及种种非常规手段。御史台那帮人断章取义，百般曲解东坡诗意，非要造成东坡讽刺皇帝的事实，神宗听得多了，内心也不能完全没有怀疑，这也是东坡迟迟不能出狱的原因。

援救东坡还有更高级别、更加义无反顾的人物。曹太后是仁宗皇后，神宗的祖母。她在政治上是保守派，竭力反对王安石变法，理由是“祖宗法度，不宜轻改”，坚决主张王安石罢相。乌台诗案爆发时，曹太后已经64岁，重病在身。神宗非常重视孝道，晨昏定省，每天都要前来探望。曹太后看神宗情形，心事重重的样子，就问他究竟出了什么事？神宗说，朝廷规划的几件事没有头绪，又有苏轼对朝廷多方讥刺，甚至形于诗词文章。曹太后吃惊地说，莫非就是苏轼、苏辙兄弟，我记得当年仁宗皇帝策试完毕回到宫中，面有喜色，说“朕今日为子孙得太平宰相二人，虽我老矣，已不及用，朕将留遗后人”。神宗听了这一段往事，心中不免伤感。

曹太后又问苏轼现在何处？神宗据实回答，在御史台监狱。曹太后说，以诗词文章被抓进监狱，会不会是受了小人中伤？又说，我现在已经重病在身，不可再有冤狱，伤害天地之间的和气。说着说着，曹太后流下泪来，神宗情不自禁，也伤心落泪。过了一段时间，曹太后病势越发沉重，神宗想大赦天下为祖母求寿，曹太后说：“不须赦天下凶恶，但放了苏轼就够了。”

神宗忧心祖母病情，不能释怀，当年十月十五日颁下诏书：“死罪以下，一律开释。”至此，乌台诗案虽然没有最后定案，但东坡已无性命之忧。东坡自己、营救东坡的各方人士都如释重负，长出一口气。神宗的大赦令，没能挽回天意，十月二十日，曹太后崩逝。东坡伤心欲绝，但他是罪人，“不许服丧”，因此“欲哭则不敢，欲泣则不可”，只好写了两首挽诗，“一声恸哭犹无所，万世酬恩更有时”，感念无尽，唯在心中恸哭而已。

神宗是一位非常有意思的君主，在一方必置东坡于死地，另一方必救东坡出牢狱，势均力敌、难分难解的情况下，他想出一种心理测试的办法，作为圣心独断的最后依据。神宗认为，一个人如果做了亏心事，必然内心愧疚，行为上焦躁不安；相反，一个人如果没有做亏心事，暗夜独处，问心无愧，行为上一定坦坦荡荡。神宗于是派出一位小黄门，深夜潜入关押东坡的牢房，直接带被子睡在东坡身边。东坡呼呼大睡，鼾声如雷，到了天快亮的时候，小黄门摇醒东坡，连声说：恭喜苏学士，恭喜苏学士！东坡翻转身来，不知道发生了什么事，就问怎么了？小黄门说，你不要问怎么了，安心睡觉就好。

小黄门回去报告狱中情形，神宗环顾左右说，“我就知道苏轼胸中无事”。这是乌台诗案中最富戏剧性的镜头，神宗简便，直指人心。《鬼谷子》上说，“夫情变于内者，形见于外”，神宗依据的正是这样的心理逻辑。宋神宗不是暴君，他有幽默感，不像朱元璋那样可怕。

至此，乌台诗案最终定局。虽然李定、舒亶、张璪等人还在作最后的努力，舒亶坚决要求杀掉东坡，甚至要把司马光、张方平等一批人都杀掉，实在已经到了丧心病狂的地步。

乌台诗案最终的处理结果是：苏轼贬黄州团练副使，不得签书公文，相当于保留一个八九品的官职，但是没有资格处理公务。受东坡牵连的人中，有三人处罚较重，首先是苏辙，贬筠州（今江西高安）管理盐酒税务；驸马王诜因预知消息，给苏辙通风报信，平时与东坡交往密切，案件调查时又不及时交出东坡诗文，因此被削去一切官职；在秘书省任职的王巩因与东坡“密与宴游”，被贬到宾州（今广西宾阳）管理盐酒税务。其余牵连受罚的人分两类，一类是收受东坡讥讽文字又不上缴的人，计有张方平、司马光、范镇、曾巩、黄庭坚等22人，各罚铜二三十斤不等，宋朝有规定，官员犯罪可以纳铜赎罪；第二类是收受东坡无讥讽文字的人，朝廷不予追究。

东坡在御史台监狱一共四个多月，现在出狱了，即将由御史台派人押送前往黄州。本年，东坡44岁。

第五章 万物代言人

东坡到黄州以后，有几大变化，对于他的人生来说，有许多新的开始。

东坡现在“慢下来了”。在黄州，东坡虽然还有小小的官员品级，但不得签署公文，事实上无官可做。过去，他一直很忙，现在有大把时间可以挥霍。他又是一个坐不住的人，喜欢交朋会友，游山玩水。尤其是刚到黄州的时候，家人还在河南商丘苏辙那儿，陪伴他的只有儿子苏迈。东坡说自己在黄州“无一人相识者”，只好“时时策杖江上，望云涛渺然”。东坡是罪官，黄州是长江边上的荒城，没有旧相识，即使有人想来看他，内心也有顾虑。东坡是大名士，偶然有朋友来访，东坡非常珍惜这份情谊，人家“留语半日”就要走，东坡一直“送之江上”，其时“微风细雨”，东坡看见客人“叶舟横江而去”，又攀登到江边高处远眺，“仿佛见舟及武昌”，才慢慢回家。

东坡喜欢到处走走，时间既宽裕，一草一木都要留意，故园荒丘、竹篱茅舍，江边顽石、烟云雾霭，都能生发孩子般的好奇心，能进去的都要进去看看，能停留的姑且盘桓半日。

东坡到黄州，时在深冬。转眼到了第二年春天，东坡在定惠院东边的小山上，意外地发现了一株海棠，“特繁茂”。海棠处在“杂花满山”中间，当地人不知道此花的名贵，东坡为此写了《海棠》（诗全称《寓居定惠院之东杂花满山有海棠一株土人不知贵也》）诗：

江城地瘴蕃草木，只有名华苦幽独。
嫣然一笑竹篱间，桃李漫山总粗俗。
也知造物有深意，故遣佳人在空谷。
自然富贵出天姿，不待金盘荐华屋。

东坡说桃李粗俗，而海棠幽独。海棠在竹篱间嫣然一笑，好似佳人在空谷，海棠无须金盘、华屋的外在装饰，自然富贵，天姿英发。

朱唇得酒晕生脸，翠袖卷纱红映肉。
林深雾暗晓光迟，日暖风轻春睡足。
雨中有泪亦凄怆，月下无人更清淑。

东坡把海棠比作佳人，红唇喝了点酒，脸上生出红晕，翠绿的叶子像衣袖一样。东坡多次去看这株海棠花，林深雾暗时、日暖风轻时、雨中时、月下时，姿容万千，楚楚动人。

先生食饱无一事，散步逍遥自扪腹。
不问人家与僧舍，拄杖倚门看修竹。

东坡写自身情形，饱食无事，扪腹徐行，有点孤独，有点无聊，到处走走看看，漫无目标。

忽逢绝艳照衰朽，叹息无言揩病目。

忽然遇到这一株海棠，“绝艳”照亮“衰朽”，如遇知音，而自己目前境遇堪忧，只好无言叹息，又有些目眩，“揩病目”，要看得真切一些。

陋邦何处得此花，无乃好事移西蜀。
寸根千里不易到，衔子飞来定鸿鹄。
天涯流落俱可念，为饮一樽歌此曲。
明朝酒醒还独来，雪落纷纷那忍触。

东坡是四川人，四川多海棠，因此在黄州看到海棠，得遇知音以外，还有“他乡遇故知”的惊喜，所以东坡要问“陋邦何处得此花”。诗人本是耽于想象的，马上有了答案，一定是鸿鹄不远千里衔来了海棠花的种子。此处疑问既消，东坡又生出“同是天涯沦落人”的伤感，伤感无以排遣，只好饮一点酒。饮酒时又有点担心，明天酒醒以后，或许海棠花就要谢了，心情无法解脱，只有惆怅。

海棠花寄托了东坡的故国之思，也是黄州寂寥生活中的一抹亮色。东坡在黄州五年，于此株海棠寄情尤深，“每岁盛开，必携客置酒”，又有《海棠》七言绝句：

东风袅袅泛崇光，香雾空蒙月转廊。
只恐夜深花睡去，故烧高烛照红妆。

东坡把海棠比作佳人，源于一个著名的典故，海棠特指杨贵妃。唐玄宗有一次召见杨贵妃，贵妃宿醉未醒，唐玄宗命高力士扶掖而至。贵妃醉颜残妆，鬓乱钗横，不能行礼。唐玄宗笑着说，哪里是贵妃醉酒呢，“直海棠睡未足耳。”因此，以海棠喻美人，是唐玄宗的发明，再提起海棠，就有一层香艳的气息。

东坡眷顾海棠，从早到晚，白天春风拂面，海棠散发出高贵华美的光泽，晚上薄雾空蒙，海棠暗香浮动。慢慢地，夜深了，月亮转到回廊那边去了，照不见海棠了，仿佛是“处江湖之远”的自己，再也得不到君王的眷顾。

东坡本是痴情的人，“只恐夜深花睡去”，此句痴绝，仿佛美人不告而别，只留下长夜无眠、无人陪伴的自己。东坡任性，知其不可为而为之，因此要点亮红烛，不让海棠睡去。

东坡承受不了决绝的疏离，尤其是将心融入后再遭遗弃。唐朝末年农民起义领袖黄巢《咏菊》诗：“他年我若为青帝，报与桃花一处开。”青帝是百花之神，黄巢说有一天，如果他成了青帝，要让秋天的菊花和春天的桃花一起盛开。东坡不是黄巢，没有那种指天画地的霸气。

东坡在到达黄州的前几个月里，刚刚在乌台诗案中死过一回。虎口脱险、劫后余生，身体和心理都非常虚弱。东坡出狱时写诗说：“平生文字为吾累，此去声名不厌低。”心有余悸，万念俱灰，只想做一个默默无闻的普通人，与刚到京城时的“唯有王城最堪隐，万人如海一身藏”，心境完全不同，那时功名心热，唯恐得不到“天下谁人不识君”的虚名。早在12年前，东坡曾有诗：“人生识字忧患始，姓名粗记可以休。”那时只是用典，西楚霸王项羽说过“读书不须多，能写名字就可以了”，这样的诗句仿佛谶语，现在差不多是真实的想法了。

东坡能够从创伤剧痛中慢慢解脱出来，得益于庄子。庄子给我一种感觉，他本质上是一位老中医，至于哲学家的名头，只是兼职副业而已。东坡的天性，让他和庄子一见如故，他初读《庄子》，喟然叹息说：“吾昔有见于中，口未能言，今见庄子，得吾心矣。”

东坡在黄州写下有名的前、后《赤壁赋》，在后《赤壁赋》中，东坡梦见一位道士，像极了庄子的化身。东坡说：“时夜将半，四顾寂寥，适有孤鹤，横江东来。”鹤是道士标配的坐骑，犹如关羽的赤兔马。仙鹤身形巨大，“翅如车轮”，一声长鸣，从东坡坐的小船头顶飞过。过了一会儿，客人散去，东坡开始睡觉，梦见一道士，穿着羽毛做的衣服，对东坡作揖，然后说：“赤壁之游乐乎？”东坡要问道士姓名，道士不说话，东坡说，“呜呼！我知道了，昨天夜里，飞鸣着经过我船头的，不就是你吗？”道士笑了笑，东坡从梦中醒来。起床开门寻找，道士渺无踪影。

东坡会讲故事，又有一种纯真的儿童心理，对神秘之事非常好奇。我相信，东坡从前读庄子，一定是先被庄子奇崛横生的寓言吸引，到黄州以后，慢慢发生变化，道家哲学层面的理念才逐渐贯通。苏辙在《东坡先生墓志铭》中说：“既而谪居于黄，杜门深居，驰骋翰墨，其文一变，如川之方至，而辙瞠然不能及矣。后读释氏书，深悟实相，参之孔、老，博辩无碍，浩然不见其涯也。”苏辙指出东坡的几种变化，一是“其文一变”，诗词文章进入新境界，如千里驹绝尘而去，苏辙说自己瞠目结舌，再也赶不上了；二是东坡到黄州后，花很多时间读佛教书籍，又参之孔子、老子，真正贯通儒、释、道三教，进入“博辩无碍”的新境界，再也看不到边际了。东坡之心不再是从前之心。

苏辙又说：“（东坡）平生笃于孝友，轻财好施。其于人，见善称之，如恐不及；见不善斥之，如恐不尽；见义勇于敢为，而不顾其害。用此数困于世，然终不以为恨。”东坡透明人的性格没有什么改变，直道而行，虽然多次遭遇困厄，但不以为恨，不长记性。东坡之心还是从前之心。

中国人对东坡的感情是喜爱，而不仅仅是佩服。有学问可以让人佩服，但不一定让人喜爱。我们喜爱东坡有一个隐秘的原因，东坡说出了我们想说，但又说不出来的话，而且说得那么好，所以我们喜欢他。其情形就像一个聋哑人，拼命用手比画，想让别人明白他的意思，这时有一个人过来，把聋哑人想说的话清清楚楚地说出来，而且说得那么有文采，我们就像那个聋哑人一样，内心的感激无以言表。

东坡说：“物固有是理，患不知之，知之患不能达之于口与手。”这是盲人与聋哑人的双重困惑，“患不知之”是看不见，“患不能达之于口与手”是说不出。东坡弥补了这种缺陷，刘熙载《艺概》中说，“东坡词颇似老杜诗，以其无意不可入，无事不可言也。若其豪放之致，则时与太白为近”，豪放当然是我们喜欢的，因为我们很少有豪放的机会。东坡诗文“有必达之隐而无难显之情”“情与事无不可尽者”，而且东坡还有一种好处，“坡诗实不以锻炼为工，其妙处在乎心地空明，自然流出，一似全不着力，而自然沁人心脾，此其独绝也”，东坡很轻松，不像苦吟派那么费劲，如此我们也轻松，没有过分麻烦别人的歉疚。

东坡到黄州后，“幅巾芒屩，与田父野老，相从溪谷之间”。为了一大家子的生计，东坡开荒种田，又“筑室于东坡，自号东坡居士”。苏轼与东坡，不是同一个人，开封没有东坡，到黄州后才有东坡，东坡是苏轼 2.0。

东坡诗文可以做到“天地万物，嬉笑怒骂，无不鼓舞于笔端”。东坡是万物代言人，通过为万物代言的方式，体验“万物一体之仁”的人生境界。王阳明在《大学·问》中说：

大人者，以天地万物为一体者也。……是故见孺子之入井，而必有怵惕恻隐之心焉，是其仁之与孺子而为一体也。孺子犹同类者也，见鸟兽之哀鸣觳觫（húsù 恐惧得发抖），而必有不忍之心，是其仁之与鸟兽而为一体也。鸟兽犹有知觉者也，见草木之摧折而必有悯恤之心焉，是其仁之与草木而为一体也。草木犹有生意者也，见瓦石之毁坏而必有顾惜之心焉，是其仁之与瓦石而为一体也。

天地有大美而不言，东坡代言之。东坡代言万物，他的笔下有瓦砾，有草木，有鸟兽，有婴孩，有大自然和人类的情感。东坡和天下万物连为一体、结成同盟，不分彼此，心心相印。前述东坡写海棠，是为海棠代言，东坡又为梨花代言：

梨花淡白柳深青，柳絮飞时花满城。

惆怅东栏一株雪，人生看得几清明。

春天本是花团锦簇、万紫千红的季节，连柳树都是深深的青色，只有梨花“淡白”。梨花素妆，不妖艳，不轻狂，像“一株雪”，东坡与梨花同为一体，将心注入，咏物也是咏人。梨花是“一株雪”，东坡是“几清明”，清明既是时令，也是澄明的心境。咏梨花时，东坡提到柳絮，又有专门的柳絮词，为柳絮代言：

似花还似非花，也无人惜从教坠。抛家傍路，思量却是，无情有思。萦损柔肠，困酣娇眼，欲开还闭。梦随风万里，寻郎去处，又还被、莺呼起。

不恨此花飞尽，恨西园、落红难缀。晓来雨过，遗踪何在？一池萍碎。春色三分，二分尘土，一分流水。细看来，不是杨花，点点是离人泪。

柳絮就是杨花，东坡说杨花“似花还似非花”，说它“非花”，却有“杨花”之名，与百花同开同落，装点春色；说它“似花”，却体形娇小，色淡无香，很难让人留意，即使坠落尘埃，也无人怜惜。

我第一次读这首杨花词，觉得东坡笔下的杨花像极了夏洛蒂·勃朗特《简·爱》中的主人公简·爱，简·爱对罗切斯特说：

你以为因为我穷，低微、矮小、不美，我就没有灵魂，没有心吗？你想错了！我的灵魂和你一样，我的心也和你完全一样。这是我的心灵在跟你的心灵说话，就好像我们都是赤裸着来到这个世界一样。

东坡把杨花人格化了，它不是“无情”的柔弱小花，而是“有思”的恋爱中的女人。词的末尾说“细看来，不是杨花，点点是离人泪”，看到这儿，我才知道王实甫《西厢记》中的名句“碧云天，黄花地，西风紧，北雁南飞。晓来谁染霜林醉？总是离人泪”，原来是有出处的。

东坡无处不滋养人。他这首词是对好友章质夫咏杨花词《水龙吟·燕忙莺懒芳残》的应和之作，苏门四学士之一的晁补之说：“东坡如王嫱、西施，净洗脚面，与天下妇人斗好，质夫岂可比哉！”

东坡咏花卉草木，婉于深情，多方寄托。在东坡眼里，荷花是“天然地，别是风流标格”，红梅是“偶作小红桃杏色，闲雅，尚余孤瘦雪霜姿”，又将南方中间红、四周白的梅花花瓣比作朝云的脸，“素面常嫌粉涴，洗妆不褪唇红”。东坡咏橘，“菊暗荷枯一夜霜。新苞绿叶照林光。竹篱茅舍出青黄。香雾噀人惊半破，清泉流齿怯初尝。吴姬三日手犹香”，在秋天风景萧索、残破之际，橘子有青黄、香雾、更兼三日留香。

东坡咏物诗多婉约之作，胡寅《酒边词序》说，东坡“一洗绮罗香泽之态……使人登高望远，举首高歌，而逸怀浩气，超然乎尘垢之外”，这是东坡的格调，与天地长存，万古不能磨灭。

除花卉草木外，东坡还为老鼠代言，他在《黠鼠赋》中说，苏子夜间静坐，听到老鼠咬东西的声音，就拍击床板，声音马上停止了，一会儿又响起。苏子命童子拿来蜡烛，在床底下寻找，发现一只空袋子，老鼠咬东西的声音就是从里面传出来的。童子说，啊！老鼠被关在里面，出不来了。童子打开袋子，里面一点声音都没有，再举起蜡烛寻找，发现袋子里有一只死老鼠。童子惊讶地说，刚才明明听到老鼠叫，怎么突然就死了呢？那刚才是什么声音，难道是鬼吗？童子把袋子翻过来，老鼠一落地就迅速逃走了，即使再敏捷的人也措手不及。

据说《黠鼠赋》是东坡 11 岁时的作品，如果普通孩子写作文，再加一句“这只老鼠真狡猾啊！”就可以结束了，也不失为一篇好作文，但东坡进而发出深刻的议论，他说“吾闻有生，莫智于人”，我听说所有生物中，人类是最智慧的，人类能够刺杀蛟龙，猎取神龟、麒麟，“役万物而君之”，役使世界上的万事万物做它们的主宰，最终却被一只老鼠欺骗，陷入它的计谋之中，人类的智慧究竟在哪里呢？

东坡接着说，我坐下来，闭目养神，思考这个问题。好像听见有人对我说，你平时学习，只是记取了一点知识，但没有见到“道”。你心思不专一，所以容易受到外界的干扰，老鼠发出一点声音，就能招引你，让你受它的支配。一个人能够在打破价值千金的璧玉时不动声色，却在无意中打破一口锅时失声尖叫；一个人能够与猛虎搏斗，但是看到毒蜂、蝎子时变了脸色，这都是心志不专一的原因。这些话你以前早就说过，难道现在忘记了吗？

东坡擅长小品文，杯水千波，尺幅万里，让人读后心满意足。表面上看起来，东坡通过一个小故事，讲一个小道理：专一则事成，疏忽则事败。仔细想起来，又觉得不那么简单，其中讲到人性，讲到智慧，讲到兵法，有叙述，有议论，有讥刺，有“役万物而君之”的阳明心学气概。

东坡又为马代言。韩干，唐代著名宫廷画家，工于画马。东坡看了韩干的马，非常喜欢，写了一篇不足150字的《韩干画马赞》。

文章开头介绍马的神情体态，一共四匹马：一匹马在陆地上，昂着头，耸起鬃毛，好像望着远方，“顿足而长鸣”；另一匹马想要涉水，撅起屁股，低头寻找涉水的地方，但好像没有把握，因此在岸边小步徘徊；还有两匹马在水中，前面一匹马回头看，“若以鼻语”，后面那匹马不理它，“欲饮而留行”。

寥寥数语，四匹马风神毕现。有在岸上，有在水中，有静态，有动态，动者有刚烈不羁的风骨，静者有文静缠绵的风致，构图错落有致，形象各臻其妙，让人心生喜爱。

东坡为文绝不止于简单的描写，一定要发为抒情和议论。东坡接下来说，这几匹马不知道是“厩马”还是“野马”？如果说是“厩马”，可前面没有马笼头，后面也没有悬挂马鞭；如果说是“野马”，可它们看上去眼睛棱角分明，双耳耸立，胸脯丰满，尾巴细长，符合良马的标准，看它们的样子，“萧然如贤大夫、贵公子，相与解带脱帽，临水而濯缨”，就像贤能的士大夫、贵公子，相约解开衣带，脱下帽子，在河里洗濯久染风尘的帽缨。东坡咏物一定兼咏人，他接下来说：

遂欲高举远引，友麋鹿而终天年，则不可得矣；
盖优哉游哉，聊以卒岁而无营。

“友麋鹿”，是与麋鹿交朋友，指寄情山水，归隐田园。这些贤能的士大夫、贵公子想要这样做，但恐怕做不到。“营”是经营，“无营”

就是不经营、不追求官场升迁，不以功名利禄、毁誉得失为念，只是“优哉游哉”，终其天年。看到这儿，我们对是“厩马”还是“野马”的疑问也有了答案，这四匹马是野性未泯的厩马，犹如身在官场，想要归隐，但又无法挣脱仕途羁绊的人。

古诗文以“寄托遥深”为贵，东坡《韩干画马赞》是一个典范。东坡在不足150字的篇幅内，勾勒出一个生动明媚的物理世界，又通过议论和抒情呈现出一个包容深远的心理世界，人马相喻，显隐斑驳，让人惊叹无言。

东坡因事因地，发为议论与抒情，指出文章“向上一路”，他的才华已经内化为本能，不要说150字，即使数十字，也能随口吟出，让人兴味无穷。有一次，我看到东坡一首《如梦令》，开心了好久。

元祐七年（1092年），东坡55岁，从安徽阜阳调任江苏扬州。扬州一大特色是洗澡，俗称“水包皮”（人泡在水里），另一大特色是富春包子，俗称“皮包水”（外面是皮，里面是汁）。东坡到了扬州，当然要洗澡，他说：

水垢何曾相受，细看两俱无有。
寄语揩背人，尽日劳君挥肘。
轻手，轻手，居士本来无垢。

东坡不仅洗澡，还搓背，他和搓背的兄弟打招呼说，请阁下手脚轻一点，一是你天天帮人搓澡，手臂肯定累了；二是我身上不脏，没有多少污垢，所以只管轻一点，轻一点就可以了。

东坡的好处是能让自己开心，也让别人开心。看东坡诗文，经常让人无话可说，可心里觉得又充实，又透亮。说到无话可说，东坡也有过这样的时候，能让东坡无话可说，实在不容易。

东坡有杂言诗《王维吴道子画》，这是东坡刚入仕途，任陕西凤翔府签判时的作品，当时26岁。王维、吴道子是唐朝开元、天宝年间的大画家，当然王维还是大诗人，凤翔普门寺、开元寺留有他们佛教题材的壁画，东坡见到了，写诗谈论观感。

东坡首先肯定两人在画坛的崇高地位，“吾观画品中，莫如二子尊”，接着分别加以评价，首先是吴道子：

道子实雄放，浩如海波翻。
当其下手风雨快，笔所未到气已吞。
亭亭双林间，彩晕扶桑暾。
中有至人谈寂灭，悟者悲涕迷者手自扪。
蛮君鬼伯千万万，相排竞进头如鼋。

东坡认为吴道子的画“雄放”，打个比方说，是“浩如海波翻”。东坡想象吴道子作画的情形，意在笔先，下笔时如风如雨，迅猛而至。以下几句描写吴道子画作的内容，佛祖临终说法，周围环境是“亭亭双林（两株娑罗树）间，彩晕（五彩光华）扶桑暾（太阳升起）”，听众的形象千姿百态，有人开悟而悲泣，有人未开悟而以手捶胸。听众非常多，“蛮君鬼伯千万万”，就像无数老鳖急迫地往前挤。这是吴道子的画，接着是王维的画：

摩诘本诗老，佩芷袭芳荪。

今观此壁画，亦若其诗清且敦。

祇园弟子尽鹤骨，心如死灰不复温。

门前两丛竹，雪节贯霜根。

交柯乱叶动无数，一一皆可寻其源。

王维最喜欢《维摩诘经》，因此字摩诘。《旧唐书·王维传》说，王维笃志奉佛，蔬食素衣，妻子去世后不再续娶，一人孤居三十年，在陕西蓝田有辋川别墅，亭馆相望，后上书朝廷请求舍宅为寺。临终时，作书辞亲友，停笔而化。王维的诗列入“妙品上上”，后世称李白为诗仙，杜甫为诗圣，王维为诗佛。王维的画，也是妙品，“至山水平远，云势石色，皆天机所到，非学而能”，王维写诗说，“当代谬词客，前身应画师”，说自己上辈子是个画家。

东坡爱重王维，“佩芷袭芳荪”，称颂王维的人品和画艺，芬芳久远。王维的诗“清且敦”，清新醇美，韵味悠长。祇树是佛祖讲经说法之处，祇园弟子代指佛教徒。鹤骨，形容佛教徒容貌清瘦。王维笃信佛教，内心清静，心如死灰。王维画竹，枝叶交错，“雪节贯霜根”，神姿横溢；“一一皆可寻其源”，指王维作画每一笔都有法度。这是王维的画，最后合论吴道子、王维：

吴生虽妙绝，犹以画工论。

摩诘得之以象外，有如仙翮谢笼樊。

吾观二子皆神俊，又于维也敛衽无间言。

东坡称吴道子的画“妙绝”，人物形神毕现，但只是画工的高超技艺。王维的画“得之以象外”，脱略形迹，好像神鸟跳出了樊笼。翮，是鸟的翅膀。东坡认为绘画不能只求“形似”，还要“神似”，“论画以形似，见与儿童邻”，这是东坡的绘画理论，对后世影响至深。东坡最后说，吴道子与王维“二子皆神俊”，尤其是王维，需要恭敬地整理衣襟，表示完全的同意与赞赏，不要再多说什么。

东坡对王维完全信服，他在《书摩诘〈蓝关烟雨图〉》中说：

味摩诘之诗，诗中有画；观摩诘之画，画中有诗。

我以前一直好奇，为什么东坡会说这样的话，为什么王维“诗中有画，画中有诗”，而不是其他人。王维生活在唐朝，离现在 1000 多年，他的画我们看不到了，东坡在宋代，应该有幸见过。据《宣和画谱》记载，宋朝御府收藏王维画作 126 幅，其中人物画 70 多幅，尤以佛教人物为主，山水画 30 多幅，其余是风俗画。

王维“诗中有画，画中有诗”，主要表现在山水画和山水诗上。王维《鹿柴》诗：

空山不见人，但闻人语响。

返景入深林，复照青苔上。

如果我们知道了王维深厚的佛教背景，尤其是禅宗的体悟，就能够感知他的山水诗有千万人不及之处，人间万象不过是偶然的存在，转瞬即逝，即使人的生命也是如此，正如《金刚经》说:“凡所有相，皆是虚妄。”王维的诗以最平实的语言，写出了寂静的禅悦。再比如，《辛夷坞》诗:

木末芙蓉花，山中发红萼。
涧户寂无人，纷纷开且落。

辛夷坞，是一处风景胜地，地近王维的辋川别墅。这是一个无声而充满生机的世界，“开且落”是生命的诞生与凋零，没有哀伤，只有寂静。王维这样的诗很多，比如“明月松间照，清泉石上流”(《山居秋暝》)，“深林人不知，明月来相照”(《竹里馆》)，“人闲桂花落，夜静春山空”(《鸟鸣涧》)，都不是寻常写景，而是禅意的动静、光影世界。王维的诗，时空藐远，天地宁静，月出月隐，花开花落，“读之身世两忘，万念皆寂”。

我们现在看不到王维的画，但可以想象的是，王维的山水诗与山水画底层链接，一母同胞，不是高超的笔墨技巧，不是谴字造句的准确生动，而是佛法的喜悦。王维一人孤居30年，证悟佛法，发为文字音韵，即是山水诗，发为笔墨颜色，即是山水画，这是王维的心灵密码。

从历代著录来看，王维的山水画有特别的意象，对清冷、孤傲、白茫茫一片的雪景情有独钟。大雪覆盖下的世界，没有生的喜悦，没有死的悲哀，天地万物，没有必然之目的，没有分辨之意识，虚幻无常，瞬息千年，刹那永恒。

王维是大诗人、大画家，“一身兼此二妙”，方能造成“诗中有画，画中有诗”的可能，东坡从王维的创作实践出发，确立了“诗画一律”的美学理论，这是东坡的高卓处，他为王维做了最好的代言，后世再难逾越。

东坡还为韩愈代言，元祐七年（1092 年），东坡 56 岁，应广东潮州知州王涤的请求，为潮州重建韩愈庙撰写碑文。《潮州韩文公庙碑》是我最喜爱的东坡文章之一，东坡以自己的博学、见识、心性为韩愈定格。东坡在文章起首处说：

匹夫而为百世师，一言而为天下法，是皆有以参天地之化，关盛衰之运。

匹夫、匹妇是寻常百姓，一个寻常百姓能成为“百世师”，说的话能够为天下效法，为什么会有这么大的力量呢？原因在于这个人能够“参天地之化，关盛衰之运”。《中庸》说：“可以赞天地之化育，则可以与天地参矣。”这样的人顶天立地，与天地并立而为三，他的文章关系到天下万事万物的兴衰气运。

东坡开门见山，一下子将韩愈超拔到“百世师”“天下法”“参天地之化”“关盛衰之运”的高度，接着引用孟子的话，“我善养吾浩然之气”，东坡认为孟子的浩然之气“寓于寻常之中，而塞乎天地之间”，平平常常、无所不在，但是一旦养成，就有无穷的力量，可以让王公失去显贵，晋国和楚国失去财富，张良和陈平失去才智，孟贲、夏育（古代勇士）失去勇敢，苏秦、张仪失去辩才，在孟子的浩然之气面前，这些看上去非常强大的东西都不值一提。为什么会这样呢？

其必有不依形而立，不恃力而行，不待生而存，不随死而亡者矣！故在天为星辰，在地为河岳，幽则为鬼神，而明则复为人。此理之常，无足怪者。

这是我最喜欢的东坡言论，是的，在这个世界上，一定有“不依形而立，不恃力而行，不待生而存，不随死而亡者”，这就是孟子的浩然之气，在天化为日月星辰，在地化为锦绣河山，幽暗处为鬼神，明亮处则成为人。东坡说，这些都是平常的道理，没有什么可以奇怪的。接下来，东坡定格韩愈在文学史上的地位：

自东汉以来，道丧文弊，异端并起。历唐贞观开元之盛，辅以房（玄龄）、杜（如晦）、姚（崇）、宋（璟）而不能救。独韩文公起布衣，谈笑而麾之，天下靡然从公，复归于正，盖三百年于此矣。文起八代之衰，而道济天下之溺，忠犯人主之怒，而勇夺三军之帅。此岂非参天地、关盛衰，浩然而独存者乎？

东坡说，自东汉以来，道德沦丧，文风也必然败坏，种种怪现象蜂拥而起。经过唐代贞观之治、开元盛世，当时的名相房玄龄、杜如晦、姚崇、宋璟，都不能挽救几百年以来的“道丧文弊”。直到韩愈从布衣崛起，谈笑间亲身实践并领导古文运动，天下群起响应，文章、道德又回归正道，从韩愈那个时候到现在已经过去300年了。接下来，东坡从四个方面概括韩愈的历史功绩，“文起八代之衰”，八代指东汉、魏、晋、宋、齐、梁、陈、隋八个朝代；“道济天下之溺”，指韩愈振兴儒学，把天下人从沉溺佛、老异端的困局中解救出来；“忠犯人主之怒”，唐宪宗元和十四年（819年），宪宗要奉迎佛骨入宫供养三日，韩愈听到消息，写下《谏迎佛骨》一文，猛烈批判佛教，并列举历朝历代佞佛的皇帝“运祚不长”“事佛求福，乃更得祸”的事例，宪宗大怒，要杀韩愈，幸亏其他大臣极力相救，才被贬为潮州刺史；“勇夺三军之帅”，唐穆宗时，藩镇割据，尾大不掉，镇州（今河北正定县）叛乱，自行废立节度使，韩愈奉命前去宣慰，各方人士非常担心他的安危，但韩愈成功说服了作乱将士。

按照现在的思路，东坡在讲韩愈成功学，韩愈为什么如此成功呢？东坡的结论是韩愈上接孟子，养成了浩然之气，因此能够取得各方面的历史功绩。这样的总结，估计现在没人信，当时的人也多有疑问。东坡为此补充了一段“天人之辨”：

盖尝论天人之辨：以谓人无所不至，惟天不容伪。智可以欺王公，不可以欺豚鱼；力可以得天下，不可以得匹夫匹妇之心。故公之精诚，能开衡山之云，而不能回宪宗之惑；能驯鳄鱼之暴，而不能弭皇甫镈、李逢吉之谤；能信于南海之民，庙食百世，而不能使其身一日安于朝廷之上。盖公之所能者天也，其所不能者人也。

人生在世，有些人无所不至，没有底线，但是“天不容伪”，老天容不下这样的人。因此，那些所谓的成功人士，聪明可以欺骗王公，但是无法欺骗猪和鱼；实力可以得到天下，但是得不到匹夫匹妇的心。接下来，东坡分析韩愈的三大人生困境：第一，你的真诚，可以拨开衡山的乌云，却不能消除宪宗佞佛的迷惑。韩愈有《谒衡岳庙遂宿岳寺题门楼》诗，其中说到有一次他路过衡山，正逢秋雨，他诚心祷告，马上云开雨止，作一日畅游，这是“开衡山之云”。第二，你的真诚，能够驯服凶暴的鳄鱼，却不能消除皇甫镈、李逢吉的诽谤。韩愈任潮州刺史时，当地鳄鱼经常危害百姓，韩愈作《祭鳄鱼文》，命令鳄鱼迁走，后来据说鳄鱼果然西迁了六十里，这是“驯鳄鱼之暴”。韩愈贬潮州后，上表谢罪，宪宗看后，心生悔意，想让韩愈官复原职，但遭到宰相皇甫镈的阻挠，没能成功。穆宗时，宰相李逢吉诽谤韩愈，韩愈遭降职，这是“不能弭皇甫镈、李逢吉之谤”。第三，你的真诚，能够得到南海人民的信任，世世代代安享他们的祭祀，但是不能“一日安于朝廷”。东坡写到这儿一定非常感慨，因为他的一生也是无法安于朝廷的，写此文的前一年，东坡刚刚从朝廷外放颍州，本年又改知扬州，下一年还要改知定州，再下一年更要被贬到广东惠州。所以，东坡无限感慨地说，大概韩公能感动天，但不能感动人吧！

东坡为韩愈鸣不平，也是为自己鸣不平。文章接下来的部分，东坡提到韩愈在潮州的文教事业。

始潮人未知学，公命进士赵德为之师，自是潮之士，皆笃于文行，延及齐民，至于今，号称易治。

这几乎是一种宿命，5 年后的绍圣四年（1097 年），已经 62 岁的东坡被贬到海南儋州。儋州比潮州更偏僻荒远，韩愈到潮州时，潮州已经有人考中进士，但海南从来没有过。东坡在海南办学堂，教生民，很快有人举了乡贡。东坡很高兴，写诗说："沧海何曾断地脉，珠崖从此破天荒。"直到今天，儋州依然无限感激东坡，视他为文脉的开拓者，文教的播种人。

文章最后，东坡还有一番自问自答。有人说："韩公离开京城，万里迢迢，贬到潮州，不足一年就离开了。韩公停留的时间这么短，如果他地下有知，应该不会依恋潮州，这个道理是非常明白的啊。"东坡说："不是这样的，韩公的神灵在天下，就像水在大地中间，无处不在。潮州人对韩公非常信任，思念到极点，祭祀时香烟缭绕，悲伤恳切，这就好像挖井得到了地下水，如果说只有潮州才有地下水，这个道理是说不通的。"

《潮州韩文公庙碑》极力宣扬儒家价值观，以孟子的"养吾浩然之气"作为解读韩愈的枢纽，同时融入自己的身世感慨。洪迈《容斋随笔》中说："刘梦得、李习之、皇甫持正、李汉，皆称诵韩公之文，各极其挚。及东坡之碑一出，而后众说尽废。"东坡为文，就有这样一剑封喉的本领。《古文观止》中说："东坡极力推尊文公，丰词瑰调，气焰光采，非东坡不能为此，非韩公不足当此。"所谓巨人写巨人，让人想起法国作家罗曼·罗兰的《贝多芬传》《米开朗基罗传》《托尔斯泰传》。

东坡虽说贯通儒、道、释三教，但从此文及往后不足 10 年的人生行迹来看，东坡是“以儒为本”的，他本质上是一个士大夫，释、道两家只是为他所用，是他的聪明和机锋。中国人一向得意时谈儒家，要建功立业，失意时谈道家、佛家，要修身养性，东坡自身是三教合一的“小宇宙”，用世心切时，可以读《潮州韩文公庙碑》及诸多策论，困顿蹉跎时可以读《赤壁赋》《念奴娇·赤壁怀古》，东坡以小宇宙的巨大体量，同时成为儒、道、释三教的代言人。

元丰五年（1082 年），东坡在黄州，秋冬之际，先后两次游览赤壁，分别写下前、后《赤壁赋》，其时东坡 46 岁。

黄州是东坡的“五七干校”，《赤壁赋》是东坡慢生活的结晶。处庙堂之高的东坡跟王安石变法缠斗不休，处江湖之远的东坡回到“水与月”的世界。

《赤壁赋》记载了东坡平凡无聊的生活，“苏子与客泛舟游于赤壁之下”，“清风徐来，水波不兴”，东坡和朋友喝酒、唱歌，不久月亮出来了，一时风景殊异，“白露横江，水光接天”，东坡从小熟读的《庄子·逍遥游》从心底响起，感觉自己的身体慢慢失重，像一片芦苇叶一样，“纵一苇之所如，凌万顷之茫然”，天地无限广阔，在水与月之间，芦苇叶“浩浩乎如冯虚御风，而不知其所止；飘飘乎如遗世独立，羽化而登仙”，那个喧嚣的人间社会渐行渐远，无声无息，芦苇叶像柳絮一样御风而行，没有目的地，整个宇宙就是它的家。

东坡开心了，于是大声唱歌，像《诗经》中的先民一样，“情动于中而形于言。言之不足，故嗟叹之。嗟叹之不足，故永歌之。永歌之不足，不知手之舞之，足之蹈之也”，有客人会吹洞箫，正好伴奏。洞箫的声音呜呜然，“如怨如慕，如泣如诉，余音袅袅，不绝如缕”。听了洞箫的声音，潜藏深谷的蛟龙开始起舞，孤舟上的寡妇伤心哭泣。东坡有些忧郁，于是开始和自己对话。

一个东坡说，“月明星稀，乌鹊南飞”，这不是曹操的诗吗？想当年，曹操“破荆州，下江陵，顺流而东也，舳舻千里，旌旗蔽空，酾酒临江，横槊赋诗”，是春风得意的大英雄，可现在到哪里去了呢？现在我和你就像江边的渔夫，和水里的鱼虾、山上的麋鹿做朋友，驾着一叶小舟，举杯相互劝酒，“寄蜉蝣于天地，渺沧海之一粟”，像生命短暂的蜉蝣生活在天地之间，又像一粒小米生活在大海里。“哀吾生之须臾，羡长江之无穷”，哀叹生命短暂得像是只有一瞬，特别羡慕长江流过几千里，跨越亿万年，长江真是无穷无尽啊。“挟飞仙以遨游，抱明月而长终”，我多么想有一位神仙挟持着我，带我在广阔天地遨游，我能够怀抱着明月之光而永世长存。“知不可乎骤得，托遗响于悲风”，我知道这一切很难得到，只能将心中的遗憾借助洞箫的声音托付给悲凉的秋风了。

另一个东坡说，你知道“水与月”吗？“逝者如斯，而未尝往也”，所谓逝去，就像眼前的江水，你说它逝去了，可每一天江水依然奔腾不息。“盈虚者如彼，而卒莫消长也”，有盈有虚、时圆时缺，就像天上的月亮，但是月亮本身并没有增加或减少。“盖将自其变者而观之，则天地曾不能以一瞬；自其不变者而观之，则物与我皆无尽也，而又何羡乎！”假如从变化的角度来看，天地之间每分每秒都在变化，假如从不变的角度来看，那么万事万物，包括你和我，都是无穷无尽的，又为什么要羡慕无穷的长江呢？“且夫天地之间，物各有主，苟非吾之所有，虽一毫而莫取”，况且天地之间，每一样东西都有它的主人，如果不是我的，那么一分一毫也不应该巧取豪夺。“惟江上之清风，与山间之明月，耳得之而为声，目遇之而成色，取之无禁，用之不竭，是造物者之无尽藏也，而吾与子之所共适”，只有江上的清风、山间的明月，用耳朵听就有声音，用眼睛看就有色彩，不管我们怎么攫取，都不会有人禁止，不管我们怎样利用，都不会用尽，这是大自然无穷无尽的宝藏，你和我可以永远享用。

赋体有一种好处，可以用“主客问答”的方式展现作者思想、情感的多个侧面。东坡在上文极力铺陈后，再回到平凡的现实。“客喜而笑，洗盏更酌。肴核既尽，杯盘狼藉。相与枕藉乎舟中，不知东方之既白”，东坡和朋友又喝了一通酒，喝多了就睡在船上，一直到天光放亮还没有醒来。

这是前《赤壁赋》，清代古文家方苞说：“所见无绝殊者，而文境邈不可攀，良由身闲地旷，胸无杂物，触处流露，斟酌饱满，不知其所以然而然。岂惟他人不能模仿，即使子瞻更为之，亦不能如此适调而畅遂也。”

方苞从文学的角度评价，诚然如此，从思想和感情的角度来说，东坡已经投入道、佛的怀抱，绝无可疑。道、佛在此时，犹如黄州乡下的赤脚医生，他们将病床安放在宇宙洪荒之间，借助“水与月”的力量，医治乌台诗案后心灵上伤痕累累的东坡。东坡慢慢苏醒过来，从秋到冬，身体好了许多，同年冬天，东坡再游赤壁，显得像年轻人一样生龙活虎。

后《赤壁赋》开头写两个客人来看望东坡，冬天的黄州“霜露既降，木叶尽脱”，又是晚上，有如水的月光，照得“人影在地”。有了月光，东坡和客人兴致很高，开始唱歌，想喝酒。下酒菜倒是现成的，“今者薄暮，举网得鱼，巨口细鳞，状如松江之鲈”，只是没有酒。东坡回家找闰之商量，闰之说，“我有斗酒，藏之久矣，以待子不时之需”，东坡很高兴，“于是携酒与鱼，复游于赤壁之下”。

冬天的赤壁，“江流有声，断岸千尺，山高月小，水落石出”，风景与秋天时截然不同，东坡感叹说：“曾日月之几何，而江山不可复识矣。”才过了多长时间啊，此一处江山都认不出来了。东坡兴致很高，撩起衣襟上岸，“履巉岩，披蒙茸，踞虎豹，登虬龙，攀栖鹘之危巢，俯冯夷之幽宫”，攀登险峻的山岩，拨开纷乱的野草，踏上形如虎豹的怪石，拉住形如虬龙的树枝，攀上只有猛禽才能做巢的悬崖，眺望祭祀水神冯夷的寺庙。东坡有心冒险，两位客人胆怯，不敢随从。

东坡在极高、极险处，大声长啸，“草木震动，山鸣谷应，风起水涌”，慢慢地东坡的心情黯淡下来，“悄然而悲”，慢慢地开始害怕，“肃然而恐”，觉得这个极高、极险处不可久留。于是，东坡下山，弃岸登舟，将小船划到江心，让其随波逐流。

东坡在船上，做了一个梦，一个道士问他，“赤壁之游乐乎？”东坡想问道士的姓名，道士不肯回答，只是神秘地微笑。东坡醒了，想去追他，但再也没有见到他的踪影。

从文学的角度来说，后《赤壁赋》与前《赤壁赋》难以匹敌，但后《赤壁赋》传达出一个重要信息，东坡渐渐从乌台诗案中恢复元气，与此同时他的用世之心也在慢慢恢复。他在夜间攀登危崖，仿佛又回到39岁在密州时的“老夫聊发少年狂”。他梦见道士是一个象征，帮他医治创伤的赤脚医生要走了，东坡终究是一个士大夫，不是道士，也不是和尚。

前、后《赤壁赋》像心电图，东坡数月之间心性的变化，历历分明。如果我们把东坡的心律变化取一个平均数，这个平均数可以在《定风波·莫听穿林打叶声》中找到。这首词与《赤壁赋》写于同一年，词前有小注:“三月七日，沙湖道中遇雨。雨具先去，同行皆狼狈，余独不觉，已而遂晴，故作此。”

莫听穿林打叶声，何妨吟啸且徐行。竹杖芒鞋轻胜马，谁怕？一蓑烟雨任平生。

料峭春风吹酒醒，微冷，山头斜照却相迎。回首向来萧瑟处，归去，也无风雨也无晴。

词作非常平易，东坡在黄州完成其心理建设，当是“也无风雨也无晴”一句，东坡之心最终安住于此。往后 10 年余生，不管东坡的心性还会出现多少变化，只是细水微澜，这位震古烁今的天才终于平静下来了。

乱世佳人李清照

第一章 荷塘争渡

中国古代女性，一向沉没在历史的阴影里。她们大多面目模糊，围绕一个家庭发出萤火之光，而终归倏忽而去。李清照为我们留下一个又一个珍贵的剪影，她浪迹河南、山东、江苏、浙江、安徽、福建，甚至东海的风涛，都清晰分明。尤其难能的是，她一路漂泊的心路历程，千年之后并没有随风而逝。

我了解李清照越多，越觉得她丰富、真实。时常会想起她，想起她的时候，又总觉得芒刺在背，李清照用一生探讨了一个重大的命题：男人与女人。她的一生是一次巨大的冒险，把她推进这个冒险场的因素，有些是她性情中固有的，有些是外部强加给她的。如果说人生如戏，那么李清照入戏很深，诸如情感与救赎、围城与坍塌、万劫不复与百身莫赎等主题，她都一一探讨，渐至花开花落，了了分明。至于李清照是作家、

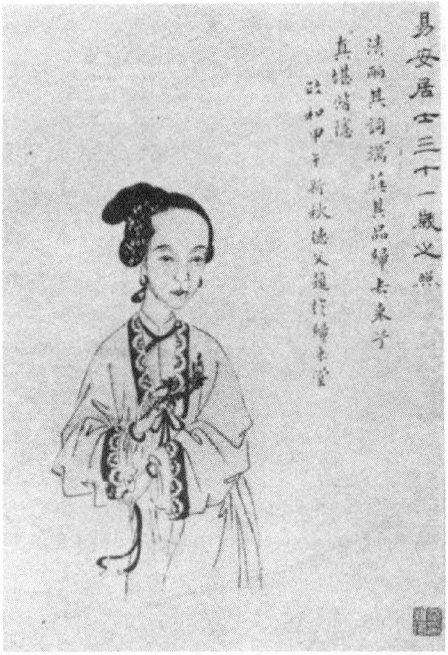

李清照31岁画像

词女或“一代词宗”，对她乱世流离的人生来说，只是一种附丽。

李清照本人和她所处的时代，可以用一个字来形容，就是“瘦”。

从李清照31岁的画像来看，瓜子脸、高额、樱桃小口，弱不禁风，一副怯生生、形销骨立的模样。李清照不仅形象清瘦，而且以三句瘦词，博得文学史上“李三瘦”的美名。

“知否，知否，应是绿肥红瘦。”（《如梦令》）

“新来瘦，非干病酒，不是悲秋。”（《凤凰台上忆吹箫》）

“莫道不消魂，帘卷西风，人比黄花瘦。”（《醉花阴》）

李清照喜欢以“瘦”字入词，比拟花容人貌，“绿肥红瘦”喻海棠，“人比黄花瘦”以菊花自喻，除去种种复杂的情感附丽，可以想见她对自己“怎么吃也不胖”的身材相当自得。不管怎么样，在感知李清照的过程中，我一直想象她的模样，慢慢觉得，她大约长得像张爱玲，如果张爱玲你不熟悉，那大约像梅艳芳，再大胆一点，大约像赵雅芝。李清照31岁画像上有题词：

清丽其词，端庄其品，归去来兮，真堪偕隐。

政和甲午新秋，德父题于归来堂。

德父，是李清照的丈夫赵明诚，比李清照大3岁，山东诸城人。

诸城在北宋属密州，苏东坡38岁时从杭州通判调任密州知州，通判是地方行政的二把手，相当于副市长，知州是一把手，相当于市长。

东坡在密州3年，写下千古名篇《江城子·十年生死两茫茫》《水调歌头·明月几时有》《江城子·密州出猎》等。诸城现属山东潍坊市，是毛泽东夫人江青的老家，离诺贝尔文学奖获得者莫言的家乡高密近在咫尺。

李清照生于1084年，按今天的说法，是一位80后。苏东坡生于1037年，比李清照大约早半个世纪，如果东坡知道，在他身后会发生北宋灭亡、宋室南渡的大战乱，不知会作何种感想。李清照没有东坡幸运，她完整经历了那个杀戮与血腥的年代，颠沛流离，萍踪苦影。

李清照的父亲李格非，山东济南人，是东坡的学生，“以文章受知于苏轼”。《宋史》表彰李格非的才华说：“无难易可否，笔力不少滞。”就是说写什么类型的文章都行，没有什么能难倒他。李格非自己说：“文不可以苟作，诚不著焉，则不能工。”文章不是随便写的，“诚”是根本出发点，要“字字如肺肝出”，才能达到“工”的境界。

李清照11岁时，父亲在河北当官，当地有个不像样的道士，专门替人打卦算命，招摇撞骗，为人又骄纵，出必乘车，四处妖言惑众。有一次，李格非外出公干正好撞见那位道士，他当即命令差役从车中拽出道士，历数其罪，痛加杖责，并驱逐出境。李清照得知父亲的壮举后，非常兴奋，觉得父亲是一个大英雄。事实上，李清照终其一生，都梦想男人能够成为英雄。

李清照的母亲王氏，是王拱辰的孙女，知书达理。王拱辰是状元，和欧阳修是连襟，都是资政殿学士、户部侍郎薛奎的女婿。王拱辰小时候家境贫寒，父亲早逝，母亲和四个孩子相依为命，而王拱辰是家中长子。王拱辰孝顺母亲，读书异常刻苦，很快通过乡试、会试，然后去京城参加殿试，仁宗皇帝非常欣赏他的答卷，定为进士第一，成了状元郎。过了几天，仁宗皇帝召见殿试名列前三的考生，当众宣布名单，另两位考生赶紧磕头谢恩，王拱辰不谢恩，迟疑着说："陛下，我不配当状元，请把状元判给别人。"朝中大臣一时议论纷纷，自有科举以来，从来没有听说过有谁把到手的状元往外推的，真是天下奇闻。仁宗皇帝也纳闷，问他为什么。王拱辰说："陛下，我十年寒窗苦读，做梦都想中状元，可这次殿试的题目不久前我刚好做过，所以中状元是侥幸。如果我默不作声，就不是一个诚实的人。"仁宗皇帝听了，内心惊喜，安慰他说："此前做过考题，说明你勤奋，况且你的文章表达的是自己真实的想法，理应高中状元。再说，你敢说真话，诚信做人，朕一定要选你做状元。"就这样，17 岁的王拱辰成为历史上有名的诚信状元。

李清照不是普通人家的孩子，是真正的大家闺秀。

李格非进入仕途后，一直从事教育工作，先后做过郓州教授（县教育局局长）、太学正（京师大学堂教员），直至礼部员外郎（教育部司长）。李格非不太理会"女子无才便是德"这类迂腐之言，在女儿的教育问题上很开明。李清照 12 岁开始学写诗文，天分高卓，与时俱进。到 18 岁出嫁前，李清照凭借两首《如梦令》，已经成为名动京城的才女。

1

常记溪亭日暮，沉醉不知归路。

兴尽晚回舟，误入藕花深处。

争渡，争渡，惊起一滩鸥鹭。

2

昨夜雨疏风骤，浓睡不消残酒。

试问卷帘人，却道海棠依旧。

知否，知否？应是绿肥红瘦。

写这两首小令时，李清照正处在“致青春”的年龄。《如梦令》只有 33 个字，像是现在流行的短视频，李清照可以随手记录自己的生活场景。

第一首写夏季郊游。在荷花盛开的湖面上，李清照和同伴划船行酒，好不自在。日落西山时，有了几分醉意，荷花茂密，找不到回去的路了。眼见天色向晚，有些心慌，左冲右突，滩头鸥鹭受到惊吓，四处逃散，好不热闹。

第一首纯粹写实，第二首有更丰富的情致。如果联系李清照的一生来看，甚至含有宿命的成分。李清照好酒，昨晚喝多了，睡得沉，早上醒来，酒意还在。因为睡得沉，所以不知道“昨夜雨疏风骤”，早上才听人说起，李清照一时心事苍茫，想起院子里的海棠花，经历一夜风雨后不知道怎么样了。一切还好，“海棠依旧”。

李清照肯定想起杨贵妃了，“昔明皇召贵妃同宴，而妃宿酒未醒，帝曰：海棠睡未足也”。明皇是唐玄宗，对杨贵妃真好，有一种老男人的痴情与宽容。“绿肥红瘦”造词出人意料，“肥”大约是杨贵妃吧，

“瘦”大约是李清照自己吧。美人有肥瘦，恰如海棠有绿叶红花，只是哪里能找到护花、惜花之人呢？

现在有所谓美少女作家，但李清照不属于这个类别。的确，李清照是女性作家，展示一种女性视角，足以与苏东坡为代表的男性视角相抗衡。这一种印象，随着李清照人生与创作的一步步展开，将越发清晰、夺人眼目。

两首《如梦令》，是李清照最早的作品，甫一出手，就在文学史上占有一席之地。如今说到如梦令词牌，千百年以来，以李清照“绿肥红瘦”最令人印象深刻。

两首《如梦令》，还有一个难以忽略的意象，都提到了酒，“沉醉不知归路”“浓睡不消残酒”，李清照好酒，而且经常喝高。李清照是山东姑娘，我相信她是有些酒量的。在李清照现存的58首词作中，提到酒的就有28首，如“东篱把酒黄昏后”“三杯两盏淡酒”等，有一点无酒不欢的意思。

李清照有须眉气，精通金石学，通过熟读历史，进入传统社会男性的精神世界。唐玄宗天宝十四载（755年），安禄山起兵反唐，安史之乱开始，唐王朝内战十年，损失全国人口的三分之二。唐肃宗上元二年（761年），唐朝文学家元结写了一篇《大唐中兴颂》，后由颜真卿书写，刻在浯溪（今湖南祁阳）石崖上。延及北宋，苏东坡的学生张耒，也是李格非的至交好友，写了一篇《浯溪中兴颂》，应和元结。《浯溪中兴颂》当时传播甚广，黄庭坚、潘大临等著名诗人纷纷应和。李清照读了以后，也写了两首应和诗。

五十年功如电扫，华清花柳咸阳草。

五坊供奉斗鸡儿，酒肉堆中不知老。

胡兵忽自天上来，逆胡亦是奸雄才。

勤政楼前走胡马，珠翠踏尽尘土埃。

何为出战辄披靡，传置荔枝多马死，

尧功舜德本如天，安用区区纪文字。

著碑铭德真陋哉，乃令神鬼磨山崖。

子仪光弼不自猜，天心悔祸人心开。

夏商有鉴当深戒，简策汗青今具在。

……

李清照以闺阁女子身份，对重大历史题材感兴趣，一逞长才，不让须眉。这样的基因，对李清照一生影响很大，可以说是“生当作人杰，死亦为鬼雄”金石之音的前奏。南宋大儒朱熹曾经感叹：“如此等语，岂女子所能。”

李清照的性情是多方面的，好玩、好赌，乐此不疲。大宋王朝是士大夫乐园，加之市井生活发达，可供消遣的游戏五花八门，比如蹴鞠、象棋、扔骰子、斗鸡、斗蛐蛐儿等。蹴鞠，类似今天的足球，《水浒传》中的高俅就因为球踢得好，一跃成为宋徽宗身边的红人，后来官至太尉，气焰熏天，方才惹出高衙内（高俅养子）调戏林冲娘子这桩祸事，逼得林冲家破人亡，不得已上了梁山。象棋在宋朝很风靡，宋徽宗、宋钦宗被金兵掳走，去往遥远的东北，仓促之间也没忘了把象棋带上。

李清照晚年写了一篇《打马图经序》，说自己“生性喜博，凡所谓博者，皆耽之，昼夜每忘寝食”。喜欢赌博，达到废寝忘食的程度。李清照对赌博很自负，她说：“夫博者无他，争先术耳，故专者能之。”这是说她不论玩什么赌博游戏，总能赢。李清照在《打马图经序》中列举了20多种闺房雅戏，一一加以点评，有的游戏，太鄙俗；有的游戏，只凭运气，显示不出智慧；有的游戏，会玩的人太少，很难找到对手；至于象棋，李清照觉得不够热闹，只能两个人玩。

李清照最喜欢“打马”。打马，具体怎么个玩法，现在已经失传。后人考证，打马类似于今天的麻将，至少玩法上是相通的。北宋灭亡后，李清照逃难浙江金华，以原来的玩法为基础，升级优化，使之更风雅，为此写了《打马图经》。在序言中，李清照放出豪言，要“使千万世后，知命辞打马，始自易安居士也”。这就难怪《古今女史》尊她为“博家之祖”——赌博玩家的祖师爷。

对李清照的日常生活，现在我们有了印象，一开始是官二代，后来是官太太，平时很忙，出外游玩、看书、写诗作文、喝酒、通宵打麻将。

大约在写两首《如梦令》的前后，李清照恋爱了。

北宋都城开封有一个著名的景点大相国寺，大相国寺与白马寺、少林寺、风穴寺齐名，称“中原四大名寺”，原名建国寺，始建于北齐天保年间，唐睿宗时因纪念其由相王登临帝位，赐名大相国寺。北宋时期，大相国寺受皇家尊崇，多次扩建，占地500余亩，辖数十座寺庙，和尚1000多人。

大相国寺除了游玩、拜佛以外，还兼有“城市客厅”的功能，每月举办大型庙会，周边店家林立，尤其是文物集市，奇货可居，极一时之盛，《水浒传》中鲁智深倒拔垂杨柳就发生在这里。

这样一个喧哗热闹的场所，自然人头攒动。李清照和赵明诚也在这里初次相遇，随行的还有李清照的弟弟李迒。李迒老实木讷，在后来风雨飘摇的日子里，他没能很好地保护自己的姐姐。

赵明诚出身官宦世家。两人恋爱时，赵明诚的父亲赵挺之任吏部侍郎（组织部副部长），宋徽宗时，赵挺之出任宰相，他和北宋奸相蔡京是政敌，两个人斗得很厉害。赵明诚在家排行老三，上有两个哥哥赵存诚、赵思诚，赵存诚后来官至广东安抚使（广州市长兼省军区司令），赵思诚官至中书舍人（中央办公厅副主任）。

赵明诚是北宋著名的金石学家。金石学大约相当于现在的考古学，主要通过研究青铜器（金）、碑刻（石）上的文字来考校史实。当然，除了具有研究价值以外，金石本身是文物，按现在的说法是古董。赵明诚有这样的兴趣爱好，是需要物质条件支撑的，赵家是有名的收藏世家，黄庭坚曾经说，他亲眼看见赵挺之官舍藏有大量古代书籍和碑帖。家风熏染所致，赵明诚打小痴迷金石学，他经常带着宣纸和笔墨，四处寻访碑刻古迹，制作拓本，然后带回家整理研究上面的古文字。

不过，这些都是后话，赵明诚刚坠入情网时，还是一名太学生。按北宋学制，国子监是最高学府，太学从属于国子监，以招收官员子弟为主，平民子弟进入太学的凤毛麟角。王安石变法时，进行教育改革，把太学生按程度分为三个级别：外舍、内舍、上舍。逐级考试，顺序升迁，一直到上舍毕业，考试合格，由政府分配官职。

太学生赵明诚见过李清照后，回家做了一个梦。等他醒来，梦境依稀，于是找父亲赵挺之解梦。赵明诚说，梦中见到一张纸，上面写了一些奇怪的字，有“言与司合”，有“安上已脱”，有“芝芙草拔”，他百思不得其解，请父亲开示。赵挺之不慌不忙，一一解读，“言与司合”是个“词”字，“安上已脱”是个“女”字，“芝芙草拔”是“之夫”二字，合在一起是“词女之夫”。赵挺之转念一想，儿子可能看上哪家姑娘了，而且是个会填词的才女，故意用这种小把戏给我透露消息。

这是两人见面后，赵明诚这边的情况，李清照这边的情况可以从一首词《点绛唇·蹴罢秋千》中看出端倪。

蹴罢秋千，起来慵整纤纤手。露浓花瘦，薄汗轻衣透。

见客人来，袜刬金钗溜。和羞走，倚门回首，却把青梅嗅。

秋千，现在移植到儿童乐园里去了，很少是成人情感的道具。大宋王朝时，秋千还是小姐后花园的标配，比如苏东坡有词《蝶恋花·春景》：

花褪残红青杏小。燕子飞时，绿水人家绕。枝上柳绵吹又少，天涯何处无芳草！

墙里秋千墙外道。墙外行人，墙里佳人笑。笑渐不闻声渐悄，多情却被无情恼。

东坡借助一个特别的场景，“只闻其声不见其人”，写出一种被吸引，但终不可见、终不可得的惆怅心绪。李清照《点绛唇·蹴罢秋千》，风格明快，展示一个恋爱中的女人的欢愉。诗词虽说重在抒情，但也要有学问的底子，“纤纤手”出自《古诗十九首》“娥娥红粉妆，纤纤出素手”；李白“云想衣裳花想容，春风拂槛露华浓”，用牡丹的美艳比拟杨贵妃，李清照从中化出“露浓花瘦”一句，出语奇警。“和羞走，倚门回首，却把青梅嗅”，有人开玩笑说，到朝鲜以后才想起来，原来女人是会害羞的，看来不仅是现代朝鲜，中国古代的女子也会。

我一直不能忘记，外国人喜欢从中国诗词中寻找品牌命名的灵感，比如化妆品品牌“露华浓”，比如可口可乐公司的快餐店“东方既白”，出自苏东坡《前赤壁赋》的最后一句：“客喜而笑，洗盏更酌。肴核既尽，杯盘狼藉。相与枕藉乎舟中，不知东方之既白。”

赵明诚与李清照不是媒妁之言，而是自由恋爱。“词女之夫”的故事出自元代伊士珍《琅嬛记》，杜撰的成分很大，但可以看出赵明诚对李清照非常满意。李清照有学问、有才情，赵明诚可以展望一种知性生活，甚至是灵性生活。

一代又一代中国人，对赵明诚与李清照的恋爱与婚姻都是满意的，仿佛是婚姻生活的中国梦。有人认为，赵明诚与李清照的恋爱经历是《红楼梦》中宝黛爱情的原型。不过现实是现实，小说是小说。

宝玉、黛玉的“木石前盟”是一个离奇的报恩故事。在西方灵河岸上三生石畔，林黛玉的前身是绛珠仙草，贾宝玉的前身是赤瑕宫神瑛侍者，神瑛侍者每天以甘露灌溉，绛珠仙草才能迁延岁月，茁壮成长。后来神瑛侍者凡心偶炽，想到人世间走一趟，绛珠仙草觉得灌溉之情未偿，倒可趁此机会了结，于是发心说：“他是甘露之惠，我并无此水可还。他既下世为人，我也去下世为人，但把我一生所有的眼泪还他，也偿还得过他了。”

在《红楼梦》之前，中国人熟悉的报恩桥段主要是基于物质，而不是基于情感的。比如“汉初三杰”韩信的故事，韩信卑微的时候，没有能力养活自己，在城墙下钓鱼，有几位大娘在河边漂洗丝絮，其中一位大娘看韩信饿了，拿出饭给韩信吃，一直持续了十几天。韩信很感动，对大娘说：“将来我富贵了，一定重重地报答老人家。”绛珠仙草报答神瑛侍者用的是“一生的眼泪”，这是中国人到晚清情感高度成熟以后，唯心战胜唯物的产物。中国人的心变得柔软了。

我们以后会看到，李清照与赵明诚的爱情与婚姻，与报恩无关，而是一个男性世界在女性心目中不断坍塌的样本，李清照是作家，细腻地记下了这个过程。

瘦金体是时代精神的象征

宋朝是“瘦时代”，宋徽宗横空出世的瘦金体是时代精神的象征。同样，理学之所以在北宋产生，也得益于“瘦”的时代氛围。理学大师程颐比苏东坡大 4 岁，同朝为官，同为宋哲宗帝师，但两人关系很差，搞不到一块儿去，究其原因，主要是性情完全不一样，一胖一瘦，一有趣一无趣，一活泼一严肃。当时有人向程颐请教一个问题："如果一个女人失去了丈夫，孤儿寡母，贫苦无依，能不能再嫁人？"程颐赶紧跳起来说："万万不能，有些妇人怕冻死、饿死，才用饥寒交迫作为借口，改嫁他人。要知道，饿死事小，失节事大！"我们今天听这种话，万难理解。"怕冻死、饿死"是人之常情，应该没有人不怕。程大师自己没有成为寡妇的可能，立于不败之地，所以不怕伤害寡妇。

理学大师坚持这样极端、不通人情的主张，固然有其性格上拘谨、严肃的一面，究其根本还在于儒家学说按逻辑推演下去，必然进入死胡同。比如儒家的核心价值观"忠君"，推演到极致，就会发生种种怪事。因为要忠君，所以政治上就要"忠臣不侍二主"，婚姻上就要"烈女不嫁二夫"。因为要忠君，那么"忠"本身就是神圣的，连带"忠"的对象也是神圣的，如果皇帝碰巧没有儿子，礼仪上就会发生莫名其妙的问题。比如宋仁宗没有儿子，收养他堂兄的儿子（后为宋英宗）作为自己的儿子，虽然都姓赵，但宋仁宗是"大宗"，堂兄那边是"小宗"，收养堂兄的儿子当成自己的儿子，是"小宗"入继"大宗"，于是发生一个问题，堂兄的儿子即位，成为宋英宗，宋英宗应该喊他亲爹"爸爸"呢还是"伯伯"呢？

为了这件无聊的大事，北宋所有朝中大臣、帝国精英都卷了进去。宰相韩琦、副宰相欧阳修，主张叫"爸爸"，司马光主张叫"伯伯"，因为按儒家礼法，宋英宗既然"小宗"入继"大宗"，他就不再是他亲爹的儿子了，而是宋仁宗的儿子，既然是宋仁宗的儿子，当然要叫宋仁宗的堂兄为“伯伯”了。按儒家礼法推导下去，就是这么个理，就必然会得出这样的结论，但我们回头一看，马上知道这个结论是错误的，“爸爸”就是“爸爸”，不可能变成“伯伯”。类似这样的事情，叫“大礼仪事件”，北宋出现过一次，后来明朝嘉靖年间又出现过一次，帝国精英们倾巢而出，全情投入，舍命相搏，在朝野掀起轩然大波。

当然，在理学早期，禁锢没有那么深，范仲淹的母亲就改嫁过，那时的社会还比较宽容。不过，李清照不是林黛玉，赵明诚也不是贾宝玉，只有在写《点绛唇·蹴罢秋千》的那个极其短暂的时间窗口，曾经无限逼近过。

宋徽宗建中靖国元年（1101 年），18 岁的李清照和 21 岁的赵明诚结婚了。一个是名动文坛的才女，一个是前程无限的太学生。就在这一年，还有两件事值得一说，一是苏东坡病逝于江苏常州，一代文坛巨星陨落，终年 65 岁；一是书画天才宋徽宗去年即位，今年正式改年号为“建中靖国”，宋徽宗在位 26 年，命运叵测，最后成了阶下囚、亡国奴，北宋王朝灰飞烟灭。

李清照的新婚生活无疑是愉快的，赵明诚对她疼爱有加，而且他们的生活充满了文艺色彩。那时，赵明诚还在太学读书，每逢初一、十五才能告假回家。夫妻难得团聚，最快乐的事莫过于到大相国寺淘文物。小夫妻虽是官宦人家，衣食无忧，但赵明诚还是学生，没有俸禄，购买文物是高消费，难免手头紧张。

有一次，夫妻俩看到一幅南唐徐熙的《牡丹图》，要价 20 万钱。

按铜钱重量计算，1 万钱的重量是 50 公斤，20 万钱的重量是 1 吨，无疑是一笔巨款。宋朝发明了中国最早的纸币（交子），如无纸币作为支付手段，大约文物交易就很难进行了。这样一笔巨款，超出了夫妻俩的购买力，可是真的非常喜欢，无奈之下只好留在家中借观两日，最后还是还了回去，夫妻俩为此惆怅了好些天。

第二章 合法的入侵者

李清照对政治不感兴趣，政治是男人的事，但李清照既然生在官宦之家，就难免不受政治的波及，况且朝廷正是多事之秋。

北宋后期政治生活的一大主线是王安石变法，从朝中大臣到地方政要，没有人能够置身事外。王安石变法的麻烦之处在于，朝廷先后几任最高领导人（皇帝或太后）的想法不一样，开始赞成变法，后来又反对变法，再后来又赞成变法，一直到北宋灭亡，朝廷中枢两条路线的斗争一直如火如荼。变法派领袖是王安石，保守派领袖是司马光，所有人都要站队，从理念之争一直闹到人事之争，天下沸沸扬扬，党争此起彼伏。

李清照新婚第二年，父亲李格非受党争牵扯，被归为反对变法的保守派，先是贬官，接着流放广西。帝国边疆的广东、广西，还有海南，当时被认为是蛮荒之地，流放到这些地方，是仅比死刑次一等的惩罚。

娘家骤然遭遇变故，李清照要救父亲，唯一的办法是向位高权重的公公赵挺之求助。她写了一首诗，言辞恳切，其中说到“何况人间父子情”这样伤痛的话，当时“识者多哀之”。赵挺之当时的处境也很微妙，他利用奸相蔡京向上攀登，开辟出上升通道，不愿和已经失势的保守派有瓜葛，对儿媳的求援，没有积极响应。李清照后来写诗说

"炙手可热心可寒"，内心非常失望，也不能没有怨恨。

这是李清照第一次卷入政治旋涡，父亲成了罪臣，而旋涡一旦形成，就有强大的卷入能量。一年后，朝廷加大对保守派的惩治力度，这一次延及保守派家族，朝廷明令，禁止保守派罪臣家族继续留在京城。李清照被迫离京，返回山东济南老家，这是她新婚不久，和丈夫的第一次离别。

燕尔新婚，被迫分离，自然情意缠绵，如胶似漆。时令是秋天，本就容易伤感，临行之际，李清照在锦帕上题了一首《一剪梅》，道不尽的离别之苦。

红藕香残玉簟秋。轻解罗裳，独上兰舟。云中谁寄锦书来？雁字回时，月满西楼。

花自飘零水自流。一种相思，两处闲愁。此情无计可消除，才下眉头，却上心头。

以锦帕书情词，送别心爱的人，人未走远便开始想念，很容易让人想起南朝江淹《别赋》里说的"黯然销魂者唯别而已矣！"。李清照最好的词不用解析，不用典，没有生僻字，明白如话，一尘不染。

李清照和赵明诚后来聚少离多，因此多相思之词，比如某一年重阳节，李清照寄了一首《醉花阴》给赵明诚：

薄雾浓云愁永昼，瑞脑销金兽。佳节又重阳，玉枕纱橱，半夜凉初透。

东篱把酒黄昏后，有暗香盈袖。莫道不消魂，帘卷西风，人比黄花瘦。

李清照的一生有一个绝大的困境，她没有孩子，没有相夫教子的机会。古代女子，不能参加科举，也没有工作的机会，又生在官宦人家，生计无忧，因此有大把空闲的时间，加之丈夫宦游四方，相思就成为最重要的寄托。

《醉花阴》是李清照婚后独居生活的素描。白天很漫长，加之天色阴沉，更添愁闷，只好独自面对香炉里瑞脑香的袅袅青烟出神，百无聊赖。重阳节已是秋季，尤其到了深夜，凉意四面侵袭，玉枕、纱橱没有一丝暖意。时间再回溯到白天，把酒赏菊本是重阳节传统节目，菊花暗香，沾惹衣袖，无限寂寥。“有暗香盈袖”，化用《古诗十九首》“馨香盈怀袖，路远莫致之”。暗香通常指梅花，北宋林逋“疏影横斜水清浅，暗香浮动月黄昏”，王安石“墙角数枝梅，凌寒独自开。遥知不是雪，为有暗香来”，李清照借用来指菊花。“莫道不消魂”，写晚来风急，掀动帘子，不是良人归来，只是“人比黄花瘦”的作者在秋夜晚风里茕茕独立。

“莫道不消魂，帘卷西风，人比黄花瘦”，进一步奠定了李清照文学大师的地位，那时她只有 20 岁。清朝谭莹在《古今词辩》中说：

绿肥红瘦语嫣然，人比黄花更可怜。

若并诗中论位置，易安居士李青莲。

在后人心目中，李清照已经是女版李白，隔代双峰并峙。赵明诚在外地，收到这首词后，先是叹赏不已，继而有一种争强好胜的心理，于是闭门谢客，废寝忘食三个昼夜，写出数十首作品，和妻子的《醉花阴》混在一起，请好友陆德夫品评。陆德夫读之再三，最后说，“只三句绝佳”。赵明诚急忙问是哪三句？陆德夫说：“莫道不消魂，帘卷西风，人比黄花瘦。”又说，这一定是尊夫人的手笔，你不可能有这个才力。

李清照相思成瘦，虽青春鼎盛，但已日渐凋零，她只肯说自己“人比黄花瘦”，再不肯多说什么，哀而不伤，怨而不怒。李清照和中国古代其他才女相比，有一个鲜明的性格特色，她非常矜持。

元代江南才子赵孟頫，是继苏东坡之后诗文书画无所不能的全才，他的楷书，与欧阳询、颜真卿、柳公权并列四大家，称“赵体”。他的妻子管道昇，善画竹，兼工诗词，是中国历史上有名的才女。赵孟頫50岁时，官运亨通，想纳妾，此事不便明说，于是写信给妻子，先吹吹风：

我为学士，你做夫人，岂不闻王学士有桃叶、桃根，苏学士有朝云、暮云。我便多娶几个吴姬、越女无过分，你年纪已四旬，只管占住玉堂春。

赵孟頫搬出古人做榜样，古代才子都有小妾，比如王献之有桃叶、桃根，苏东坡有朝云、暮云。因此，我有纳妾的想法并不过分，就是多纳几个也在情理之中，何况你已经人到中年，只管占住正房元配的名分就行了。

管道昇看了以后，不高兴，心理压力很大。她是才女，不会采用“一吵、二闹、三上吊”这种市井婆姨的做法，她回敬丈夫一首《我侬词》：

你侬我侬，忒煞多情，情多处，热如火。

把一块泥，捏一个你，塑一个我，

将咱两个一起打破，用水调和，

再捏一个你，塑一个我，我泥中有你，你泥中有我。

与你生同一个衾，死同一个椁。

《我侬词》设喻婉转，热情似火，又绵里藏针，最后是赤裸裸的威胁：只要活着就跟你睡一个被窝，死了也要进同一口棺材。赵孟頫看了，感觉惹不起，只好打消了纳妾的念头。

这样的词，李清照写不出来，也不会写。任何时候，不管情感多么强烈，李清照的表达方式都是节制的、含蓄的。她从来都是独立的个体，不是任何人，包括丈夫的附庸。

赵孟頫找纳妾的理由，提到了王献之、苏东坡，说他们都有小妾。王献之远在东晋，姑且不论，苏东坡纳妾，与北宋一朝的立国精神及官妓制度有关。

唐朝自安史之乱后，藩镇割据，地方重，中央轻。唐灭后，进入五代十国，本质上仍是藩镇割据政治生态的延续。欧阳修在《新五代史》中说，“于此之时，天下大乱，中国之祸，篡弑相寻”，又说五代

“五十三年之间，易五姓十三君，而亡国被弑者八，长者不过十余岁，甚者三四岁而亡”。也就是说，五代一共只有53年，换了5个姓的人做皇帝，城头变幻大王旗。宋太祖赵匡胤“黄袍加身”，偶然取得政权，不能不思考如何长治久安。

如何长治久安呢？一是“杯酒释兵权”，那些拥兵自重，有潜在造反可能的武将们被解除了兵权；二是确立“以文立国”的基本国策，实行文人统治。北宋把科举作为人才选拔的通道，无论寒门士子，还是农桑之家，学而优则仕。仅宋仁宗在位的41年，通过进士科步入仕途的就有4500多人。

宋朝是士大夫的乐园，不仅有官做，还有类似官妓制度这样的特别福利。宋代官妓，遍布国家教坊、军队系统及地方官署，平时教练并演出歌舞，官府有节庆活动，官妓会到场演出。其余如新官到任、接待过境官员以及官员宴游，也往往召官妓陪宴，轻歌曼舞以助兴。这些都是国家允许，甚至鼓励的。

有一次，富弼、司马光、范镇同到洛阳，洛阳太守文彦博拿出四只玉杯劝酒。座中一位官妓不小心打碎了一只，文彦博要治她的罪，司马光从中说情，最后文彦博笑而释之。司马光是严肃、拘谨的儒家人士，酒宴之间同样不能免俗。

又有一次，苏东坡经过镇江，镇江太守高会宴请。酒喝得差不多了，改喝茶，座中官妓唱黄庭坚《好事近》助兴，“歌罢酒阑时，潇洒座中风色。主礼到君须尽，奈宾朋南北。暂时分散总寻常，难堪久离拆。不似建溪春草，解留连佳客”。听到这里，东坡佯装正色说：“原来是留我吃草啊。”诸位官妓站在东坡身后，笑得前仰后合，结果把东坡坐的胡床弄倒，东坡跌落在地，宾主欢笑而散。

北宋政坛风气如此，不过也有约束，歌伎可以陪唱、陪吃、陪喝，但不能陪床，违者官员、官妓都要受处罚。事实上，这项规定很难执行，但规定确实有，往往成为政治攻击的武器。在宋代，最有名的案例是台州营妓严蕊案。

严蕊原名周幼芳，出身低微，自幼习诗书礼乐，琴棋书画无所不通，艺名、艳名冠绝一时，不远千里慕名来访的人很多。南宋淳熙九年（1182年），理学大师朱熹出任浙东常平使，巡行台州。台州知府唐仲友与朱熹有矛盾，朱熹想搞掉他，于是连上六疏加以弹劾，弹劾内容中有一条讲到唐仲友与严蕊有伤风化，而且马上下令逮捕严蕊，施以鞭笞，逼其招供，“两月之间，一再杖，几死”。严蕊虽是弱女子，但宁死不肯招供，并且说：“我只是一名贱妓，即使与太守有私情，料想也罪不至死。但是非真伪，岂可妄言以污士大夫，虽死不可诬也。”

朱熹是理学大师，此案很快演变为公共事件，朝野议论纷纷，最后惊动了宋孝宗。宋孝宗一眼就看清了事情的本质，认为是“秀才争闲气”，将朱熹调离，转由岳飞后人岳霖处理此案，最后严蕊被判从良，许多人眼巴巴地问她下一步有何打算，严蕊填了一首《卜算子》，作为公开答复：

不是爱风尘，似被前缘误。花落花开自有时，总赖东君主。
去也终须去，住也如何住！若得山花插满头，莫问奴归处。

后人倾慕严蕊的才华、志气、美貌与深情，给予无限的同情，而朱熹成为一个不光彩的角色，先是有人说朱熹是吃不到葡萄，心里犯酸，不然不至于以一代理学大师的身份对一弱女子施以酷刑。后来又有人说，朱熹毫无趣味，不解风情，人家风华绝代的严姑娘宁可死，也瞧不上。

北宋词学大兴，当与官妓制度有关。歌伎要唱新曲，就要由词人填词，弄得士大夫们不会填词，都不好意思出来吃饭。

没有任何证据证明，赵明诚在欢场上有特别的作为，也没有史料明确说到他如何纳妾，总的感觉是，赵明诚最深切的爱好是金石学，为此投入了无限的热情。赵明诚擅长跟物打交道，与人尤其是与女人周旋，不是他的强项。不过，官场迎来送往，官妓殷勤相伴，进而收纳中意的一二人为妾，时代风尚如此，朝中大佬欧阳修诸公都不能免俗，赵明诚想必也不是圣人。

对李清照来说，官妓是一群合法的入侵者，用一种她无法控制的方式，将她置于危险的境地。在北宋灭亡前，官妓成为李清照不安全感最主要的来源，尤其在她不会生育的情况下。

李清照在《减字木兰花·卖花担上》一词中，最早表露出这种不安全感，不过极为含蓄，而且当时新婚不久，夫妻恩爱、感情甜蜜是主基调。

卖花担上，买得一枝春欲放。泪染轻匀，犹带彤霞晓露痕。
怕郎猜道，奴面不如花面好。云鬓斜簪，徒要教郎比并看。

春天到了，李清照喜欢买花。南宋陆游诗句“小楼一夜听春雨，深巷明朝卖杏花”，是朴实的生活场景。李清照说“奴面不如花面好”，她对自己的容貌不够自信。现在李清照手拈鲜花，边上是会心微笑的丈夫，她忽然有一种不安，自己的容颜怎能与鲜花相比呢？这种一瞬间的紧张，让人想起五代时一位无名氏写的《菩萨蛮》：

牡丹含露真珠颗，美人折向庭前过。含笑问檀郎，花强妾貌强？
檀郎故相恼，须道花枝好。一向发娇嗔，碎挼花打人。

《菩萨蛮》中的美人比李清照自信得多，檀郎“故相恼”，美人“发娇嗔”，俊男靓女打情卖俏，要有自信作为底色。

自从父亲被列为保守派，朝廷不许保守派子弟留居京城，李清照只好回到济南老家以后，这对新婚小夫妻一直两地分居。可喜的是，等到宋徽宗崇宁五年（1106 年），朝廷大赦天下，除去对保守派官员及家族的一切禁令。离别 3 年之后，李清照重返开封，与丈夫团聚，然而厄运很快再一次降临，这一次遭难的是赵明诚家。

与奸相蔡京交手几个回合以后，赵挺之最终败下阵来。宋徽宗大观元年（1107 年），蔡京复相，赵挺之罢相，罢相后只过了 5 天便溘然长逝。然而，蔡京不肯罢休，赵挺之尸骨未寒，赵氏在京亲族子弟均遭逮捕入狱，后因朝中几派政治势力角逐，赵氏一家获释，但朝廷赠予赵挺之的荣衔被追夺，三个儿子削职为民。赵氏一家，在赵明诚母亲郭氏的带领下，返回山东老家，蛰伏青州乡间，一住就是 10 多年。李清照作为赵家媳妇，当然随同离京。

青州，在《尚书 · 禹贡》中为古九州之一。因地处东海和泰山之间，又位于东方，“东方属木，木色为青”，故名青州。现在的青州，属山东潍坊市。

赵家遭难，被逐出京城，但对李清照来说，却因祸得福，终其一生，“青州十年乡居”，是最和美、最惬意的时光。对赵明诚来说，罢官丢职，赋闲在家，难免会失落，但对李清照来说，却获得了与丈夫长相守的机会。李清照一心协助丈夫研究金石学，做好了终老此乡的打算。

李清照给青州住宅取名“归来堂”，取陶渊明“归去来兮”之意。归来堂很有一些规模，赵明诚踏入仕途，有了经济来源以后，越发伸展“穷遐方绝域，尽天下古文奇字之志”，但凡遇到亡诗、逸史等古书典籍，都尽心抄写，不能自已。至于古今书画、上古铜器，更不惜典当衣物悉心搜罗。李清照与丈夫心意相通，节衣缩食，不用首饰，不用好家具，凡是古籍，只要字迹不缺，版本不假，必定购进，储做副本。在众多古籍中，以家传《周易》《左传》最为精妙，日常摆放在几案上、枕席间，随时赏玩。

经过一段时间，图书文物越积越多，为了妥善保管，又在归来堂建起书库，用类似现代图书馆编目的方式，把书籍分成甲、乙、丙、丁四个大橱，需要研读时，拿钥匙打开书橱，并在专门的册簿上登记。

归来堂留下很多美好的回忆，比如“烹茶斗诗”的场景。晚年，李清照回忆说，我天生博闻强识，每天吃完饭，夫妻俩在归来堂烹茶对饮。乡间无以为乐，就指着堆积如山的图书，随便讲一件典故，让对方猜记载在哪一本书、哪一卷、哪一页、哪一行，以能否猜中决定胜负，猜中了就先饮茶。有一次，李清照赢了，举杯大笑，不料失手将茶洒在怀中，反而一口都没有喝到。此情此景，让李清照生出一种愿望，“甘心老是乡矣！”《古今女史》说：“自古夫妇擅朋友之胜，从来未有如李易安与赵德甫者，才子佳人，千古绝唱。”

归来堂种种雅事，让人难忘。夫妻感情，也是浓情蜜意，有一种D.H. 劳伦斯《查泰莱夫人的情人》式的激情与香艳。青州时期，李清照有一首《丑奴儿》:

晚来一阵风兼雨，洗尽炎光。理罢笙簧，却对菱花淡淡妆。

绛绡缕薄冰肌莹，雪腻酥香。笑语檀郎，今夜纱橱枕簟凉。

时令在夏天，下了阵雨，洗尽炎热的暑气。李清照弹琴，淡淡晚妆。那一段时间，她没有“奴面不如花面好”的胆怯，对自己很满意，有一点自恋，称道是“薄冰肌莹，雪腻酥香”。夜已深，赵明诚还在把玩他的金石碑帖，李清照笑着说，今夜的竹席可是凉的很呢。檀郎，原指晋代著名美男子潘安，唐宋时演化为对男人的爱称，大约相当于宋美龄口中的“达令”。

这首词言辞露骨、直白无隐，被后世认为“不类易安手笔”，是托伪之作。道学家终究太严肃、太无趣，他们对人性认知的阈值太低，在他们的想象里，写这样的词，若是风尘歌伎倒也罢了，一个文采出众、端庄淑丽的大家闺秀如此艳笔，难免有伤风化。

在道学家努力平衡的男女世界中，妻子不能淫逸，与男人打情骂俏的权力已经让渡给风尘歌伎。道学家根本不懂女人，只有女人才懂女人，比如张爱玲说：“正经女人虽然痛恨荡妇，其实若有机会扮个妖艳的角色，没有一个不跃跃欲试的。”非道学家的男人偶尔也能懂女人，比如北宋王灼《碧鸡漫志》这样评价李清照：“作长短句能曲折尽人意，轻巧尖新，姿态百出，闾巷荒淫之语，肆意落笔，自古缙绅之家能文妇女，未见如此无顾籍也。”

能够完整地理解李清照，既不拘限了她，也不埋汰了她，即使到今天，依然是一个巨大的挑战。

李清照从24岁随婆婆一家归居青州，一直到38岁，有13年之久。其间赵明诚潜心整理《金石录》，李清照参与其间，付出了无数心血。《金石录》成为继欧阳修《集古录》之后的金石学名著。

赵家三兄弟以赵明诚淹留青州的时间最长，归居青州的第五年，朝廷政局松动，明诚的两位哥哥存诚、思诚复出为官，但不知何故，明诚还要淹留青州近10年之久，直到宋徽宗宣和三年（1121年）才出为莱州太守。赵明诚虽有金石学研究作为依傍，但仕途蹉跎，内心彷徨，随着时间的推移，甚至有困兽犹斗的挣扎之感。反映到李清照这边，觉得丈夫不像过去那样平易和蔼了。有时，李清照会不小心把古籍弄脏或弄坏，丈夫严厉地指责她，要她细心修缮，弥补过失。李清照觉得丈夫对金石文物太过痴爱，常常弄得夫妻之间不愉快。

赵明诚在青州总计有14年之久，其间夫妻朝夕相处，赵明诚偶尔外出，去泰山等地访求碑文，李清照依恋他，即使短暂分别，也苦恼不已。有一首《木兰花令》道出其中惆怅：

沉水香消人悄悄。楼上朝来寒料峭。春生南浦水微波，雪满东山风未扫。

金樽莫诉连壶倒。卷起重帘留晚照。为君欲去更凭栏，人意不如山色好。

沉水是沉香，燃香与金樽是李清照词中反复出现的意象。“更凭栏”“人悄悄”“留晚照”，一种孤独感弥漫在料峭春寒里，孤独的时间长了，对丈夫不能没有埋怨，所以憋不住要说出“人意不如山色好”这样伤感的话。

赵明诚复出为莱州太守，已经41岁。莱州现在是山东烟台的县级市，按当今高速公路里程计算，从青州经潍坊再到莱州，大约170公里。赵明诚仕途复出，但不知何种原因，不肯偕妻子同往。李清照作《凤凰台上忆吹箫》送别丈夫：

香冷金猊，被翻红浪，起来慵自梳头。任宝奁尘满，日上帘钩。生怕离怀别苦，多少事、欲说还休。新来瘦，非干病酒，不是悲秋。

休休！这回去也，千万遍阳关，也则难留。念武陵人远，烟锁秦楼。唯有楼前流水，应念我、终日凝眸。凝眸处，从今又添，一段新愁。

赵明诚去莱州以后，赵家其他人也相继离开青州返回开封，整个归来堂为之一空。38岁的李清照百无聊赖，生活没了主心骨，无情也无绪。晚上独自喝一点酒，清晨“日上帘钩”才起床，被子也不叠，首饰盒上布满灰尘，将就着梳个头。有很多话想说，又不知道从何说起，也不知道对谁说。感觉自己最近瘦了许多，瘦的原因不是“病酒”，也不是“悲秋”，而是有一个巨大的隐忧，不知何时何地再能与丈夫相见。

词的下片用了三则典故。

王维《潍城曲》：“渭城朝雨浥轻尘，客舍青青柳色新。劝君更尽一杯酒，西出阳关无故人。”后来谱入乐府，成为经典送别曲目，称《阳关曲》或《阳关三叠》。李清照说，罢了，罢了！丈夫这一次执意要走，把“终老是乡”的诺言抛之脑后，我就是唱千万遍《阳关曲》，也留不住他。

“武陵人远”，说东汉时期刘晨、阮肇到浙江天台山采药，偶遇两位天生丽质的仙女，乐而忘返。李清照借此提醒丈夫：不要行之过远，不可有遇仙之事。

“烟锁秦楼”，说萧史善吹洞箫，春秋五霸之一的秦穆公把女儿弄玉许配给他，弄玉出嫁后也喜欢上吹箫，能惟妙惟肖地模仿凤凰的声音。夫妻两人共居秦楼10年，后乘龙驾凤，比翼双飞，成仙而去。李清照感叹自己比不上弄玉，如今是一个人锁在秦楼。楼前有流水，终日凝眸，如果哪一天我不在了，想必流水也会思念我。

李清照的词呈现出从未有过的不安、凄苦与无奈。熬过炎热的夏季，李清照心神不宁，无法自已，最后鼓足勇气，远赴莱州寻夫。计算路程，八月初出发，中秋节应该能与丈夫团聚。

马车吱吱哑哑地走在驿道上，有一天晚上住在昌乐驿站，李清照填了一首《蝶恋花·晚止昌乐馆寄姊妹》：

泪湿罗衣脂粉满。四叠阳关，唱到千千遍。人道山长水又断。萧萧微雨闻孤馆。

惜别伤离方寸乱。忘了临行，酒盏深和浅。好把音书凭过雁。东莱不似蓬莱远。

感觉李清照的情绪有些失控，旅途寂寞，不免垂泪。丈夫在莱州不知道怎么样了？为什么不派人来接我？我这样找上门去，他是高兴还是不高兴呢？临出发时，李清照方寸大乱，没和青州的姊妹好好话别。好在还能大雁传书，好在莱州并不像海中虚无缥缈的蓬莱仙山那样遥远，丈夫不会有遇仙之事吧？

李清照于八月十日抵达莱州官舍，独坐一室，平生所见，皆不在眼前，一桌一椅都非常陌生，最难以忍受的是，丈夫也形同陌路。李清照百无聊赖，看到案几上有一本《礼韵》，信手打开，内心约定，就以书翻开的地方为韵作诗，结果得到一个“子”字，因以为韵，作感怀诗：

寒窗败几无书史，公路可怜合至此。
青州从事孔方兄，终日纷纷喜生事。
作诗谢绝聊闭门，燕寝凝香有佳思。
静中我乃得至交，乌有先生子虚子。

诗中透露了夫妻相见后的情形。官舍寒气逼人，家具破旧，没有昔日环绕身边、随处可见的书籍文物。“公路可怜合至此”，三国时袁术，字公路，袁术是袁绍的弟弟，早年跟随袁绍、曹操讨伐董卓，后与袁绍反目成仇，兵戈相见，失败后率残部逃奔九江。建安二年（197年），袁术称帝，不久先后兵败吕布、曹操。建安四年（199年），袁术穷途末路，军中仅剩麦屑三十斛，正值六月盛暑，袁术想喝蜂蜜，但是无法得到，叹息良久后，大喊一声“袁术至于此乎！”呕血斗余而死。李清照用这样悲情的典故，愤激溢于言表，她感觉自己走投无路。

赵明诚“终日纷纷喜生事”，每天都要应酬，很晚或很少回家，说是公务繁忙。李清照从青州来得匆忙，图书文物一样也没带在身边，官舍里每天粗茶淡饭，让她难以下咽。丈夫的冷漠、轻慢，让她伤心、绝望。李清照在莱州举目无亲，亦无熟人，只能终日在家中作诗自娱。“静中我乃得至交，乌有先生子虚子。”子虚、乌有，出自司马相如《子虚赋》，是两个虚构的人物。李清照至此，心如死灰，只好自嘲。

就在同一年，李清照还填了两首词，记录她在莱州的生活，一是《念奴娇·萧条庭院》：

萧条庭院，又斜风细雨，重门须闭。宠柳娇花寒食近，种种恼人天气。险韵诗成，扶头酒醒，别是闲滋味。征鸿过尽，万千心事难寄。

楼上几日春寒，帘垂四面，玉阑干慵倚。被冷香消新梦觉，不许愁人不起。清露晨流，新桐初引，多少游春意。日高烟敛，更看今日晴未。

一是《点绛唇·寂寞深闺》：

寂寞深闺，柔肠一寸愁千缕。惜春春去，几点催花雨。

倚遍阑干，只是无情绪。人何处，连天芳草，望断归来路。

“萧条庭院”“寂寞深闺”中有无边无际的孤独，环境不友好，“种种恼人天气”，做什么事都提不起兴趣，“倚遍阑干，只是无情绪”，有“万千心事”无人可说，不明白丈夫为什么总是不回家，“连天芳草，望断归来路”。

种种迹象表明，李清照的婚姻生活正在遭遇巨大的中年危机。李清照容貌平常，如今人到中年，膝下无儿无女，丈夫重入官场，等来仕途第二春，按宋朝官妓制度，也等于进了欢场。

赵明诚是否真有蓄养歌伎，甚至收为侍妾之事，并无明确的史料可以证实。倒是李清照晚年在《金石录后序》中透露出若干信息，她记载丈夫急病亡故时的场景说：“八月十八日，遂不起，取笔作诗，绝笔而终，殊无分香卖履之意。”

“分香卖履”有特别的含义。东汉末年，曹操临终时留下遗嘱：“余香可分与诸夫人。诸舍中无为，学作履组卖也。”意思是，将家中财物分给诸位夫人、侍妾，闺房中无事可做的人，可以学着做些鞋子，自食其力，后世以此表示一个男人临死不忘妥善安排妻妾今后的生活。

赵明诚去世，事出有因，非常突然，没有能够妥善交代后事，没能像曹操那样把家中的夫人、侍妾安排妥当，这正好隐约说出赵明诚生前是蓄有侍妾的，很可能还不止一个。

在李清照所处的时代，赵明诚并无过当之处。按封建礼法，李清照不能生育，在道理上甚至要主动为丈夫张罗纳妾，以使赵家有后。

当然，李清照没有生育，到底是谁有问题，这个不得而知，但赵明诚既有侍妾，而最终仍没有子嗣，看来他的身体健康值得怀疑。

李清照的闺怨，某种意义上是自找的。她是作家，心思细腻，对感情比一般女性要求更多，也更加敏感。她又是学者，学养深厚，熟悉史事，有更多的自我意识。我们不能说李清照是女权主义者，但她的确有在夫妻间追求平等的意识。她把所有的感情献给丈夫，也要求丈夫把所有的感情回馈给她，她看上去像一个“妒妇”，想垄断丈夫的感情，她梦想自己是丈夫唯一的女人。

那些围着衙门团团转的官妓，像花蝴蝶一样，姿容艳丽、多才多艺，而且除旧布新，永远年轻，成为李清照情感世界中“合法的入侵者”，她既无招架之功，也无还手之力。她所有的武器只是会填词，只是丈夫金石学研究的助手，但这一切都抵不过她日渐衰老，又不能生育的罪愆。

第三章 围城与坍塌

李清照从38岁到42岁一直在莱州，后赵明诚转任淄州太守，淄州在今天的山东淄博，李清照随同迁移。在此期间，李清照帮助丈夫整理《金石录》，用力甚勤，多方襄助。

在莱州、淄州的四五年时间里，虽然夫妻感情归于平淡，但也有甜蜜的时候。有一次，赵明诚在淄州乡下一个邢姓人家里，偶然购得白居易手书《楞严经》100页，凡397行，是难得一见的书法珍品。赵明诚当天骑快马赶回淄州，回到家时，已经是晚上10点多。夫妻俩异常兴奋，为表庆贺，特意喝了几杯，又煮了小团龙茶，展玩不尽，燃尽了两支蜡烛，仍舍不得放下。

1127年，李清照44岁，到淄州的第二年。这一年有两个年号，一是宋钦宗靖康二年，一是宋高宗建炎元年。历史到了前途不明的转折点，一切天翻地覆，时代的巨轮像怪兽一样从遥远的北方滚滚而来，北宋灭亡了，李清照和赵明诚，以及无数的中国人，被迫走进颠沛流离、万劫不复的"大时代"。

北宋靠文人治国，文人擅长纸上作业，搞谋略和宣传有一套，真刀真枪地保家卫国就捉襟见肘了。因此，北宋立国以来，在血雨腥风的国际政局中一直苦哈哈的，所谓"积贫"又"积弱"。对北宋的主要威胁来自北方，一直受辽国挤压，评书《杨家将》虽不是信史，但历史框架是真实的。后来又冒出一个西夏国，原来是北宋的一部分，闹独立，而终于成功，北宋无能为力，反而每年贿赂西夏，用钱物换和平。

北宋虽然屈辱，但在建国将近50年的时候，宋真宗景德元年（1004年），辽国的萧太后与辽圣宗亲率大军深入宋境，宋真宗心里害怕，一心想迁都南逃，后在宰相寇准的坚请下，被逼无奈御驾亲征。寇准认为，敌方来的是皇帝，宋真宗如果不能亲临前线，摆出倾国之战的拼命架势，首先在气势上，北宋就输了。宋真宗没有办法，亲至澶州（今河南濮阳）督战，结果宋军大胜。辽国孤军深入，打了败仗以后，害怕腹背受敌，于是同意谈判。只有胜利了才能争取和平，这是历史铁律。第二年，和平条约达成，北宋每年送给辽国白银10万两、绢20万匹，辽国则保证不再南下侵略，史称“澶渊之盟”。历史证明，这是一个真诚的条约，北宋和辽之间维系了100多年的和平，要是放在今天，宋真宗、辽圣宗可以得诺贝尔和平奖。

北宋每年要向辽、西夏送上白花花的银子，北宋政府的说法是“赏赐”，不管怎么说，花钱免灾，总归保持着一种不稳定的和平态势。和平了100多年，是一个漫长的岁月，时间不会停滞，形势难免变化。在此期间，女真在东北崛起。宋徽宗政和五年（1115年），女真人的领袖完颜阿骨打，在统一女真诸部落后，于会宁府（今黑龙江哈尔滨市阿城区）建都立国，国号大金。金国野蛮生长，代表一种势不可当的新生力量，又经过10年沉潜内修，1125年（金天会三年、北宋宣和七年、辽天祚保大五年），金国发动对辽、北宋的灭国大战，要对国际政局进行格式化新定义。

辽与金是近邻，女真人原是辽的附庸，但辽帝国腐败越来越严重，对女真人实行残酷统治，女真人开始反抗。形势的发展一日千里，金在短短数年时间内，先后攻占辽帝国五座京城：上京临潢府（今内蒙古巴林左旗）、中京大定府（今内蒙古宁城）、东京辽阳府（今辽宁省辽阳市）、南京析津府（今北京市西南）、西京大同府（今山西省大同市），其中上京是首都，其余为陪都。辽帝国大势已去，1125年8月，辽国末代皇帝耶律延禧（天祚帝）在逃亡途中被金军俘虏，辽帝国灭亡。

北宋当时的皇帝是宋徽宗。宋徽宗是艺术家，不是战略家，不太明白唇亡齿寒的道理。《资治通鉴》第一年（前403年）就说到唇亡齿寒，估计宋徽宗没什么兴趣，他感兴趣的是“千峰翠色”“雨过天晴”那样的绝世好瓷，玲珑剔透、千姿百态的太湖石，还有以芙蓉锦鸡为题材的工笔花鸟。

金对辽“近攻”，对北宋“远交”，远交近攻是经典战略，早在秦统一中国时就发挥出巨大的效率。远交近攻的基本原理非常简单，在蚕食邻国的同时，和远方的国家亲善，尤其要防止敌对国家建立外交、军事同盟，从而达到“各个击破”的战略效果。

宋徽宗宣和四年（1122年），金帝国与北宋订立“海上之盟”，双方约定联合攻辽。约定灭亡辽国后，北宋将原来每年送给辽的“岁币”转送给金帝国，作为回报，金帝国答应将燕云十六州归还北宋。3年后，辽国果然灭亡。

幽云十六州是位于今天北京、天津以及山西、河北北部的十六个州，五代时期，后晋皇帝石敬瑭将燕云地区割让给辽帝国，这样地处中原的国家就失去了北面的屏障，中原农业区赤裸裸地暴露在北方少数民族的铁蹄之下。北宋建国后，收复幽云十六州成为国家安全战略的重心。北宋第二任皇帝赵光义（赵匡胤的弟弟）为此付出了巨大的努力，多次御驾亲征，在今天的北京西直门外与辽军激战，结果北宋大败，赵光义本人中箭，只好逃之夭夭。从此，幽云十六州一直是北宋的心腹大患。宋徽宗与金帝国签订“海上之盟”，金帝国答应将燕云十六州归还北宋，无疑是一种致命的诱惑。北宋还有些意淫地在燕云十六州预先设置了新的行政区划。

北宋与金帝国联合灭辽，说得好好的，没想到北宋内部出了问题，南方的浙江爆发方腊起义，北宋政府通过花石纲、生辰纲盘剥老百姓太过分了。这笔账通常算在蔡京头上，蔡京怂恿宋徽宗发展他的艺术爱好，不惜无限制地动员全国资源，首都开封进行大规模的文化建设，包括兴建新的皇宫，以及名为“艮岳”的御花园，艮岳的规划思路是要集天下园林之胜于一体。为了支撑宏大的首都建设计划，全国支援中央，小到一草一木，大到奇石假山，全部向京城搬迁，致使全国物流行业取得空前发展。在宋徽宗的想象里，这些雅事不至于太过扰民。宋徽宗是长在深宫的文艺青年，对民间社会缺乏精密的现实感，他不可能想到，地方官吏会以此为借口扩展合法伤害权，如果地方官吏想敲诈某位富户，只要认定他家院子里有一块奇石、一株异树，就能毁墙拆屋，让人家倾家荡产。

南方出现方腊起义，这是北宋的内急。宋徽宗信任童贯，叫他率军赴南方平叛，结果折腾了一年多，终于将起义镇压下去了。北宋没有力量内、外两线作战，结果耽误了与金帝国联合军事行动的时间，金帝国反复催促，童贯好不容易腾出手来，率领 30 万大军北伐燕京，结果大败而归。

童贯是个太监，但看上去像真正的男子汉，身材魁梧，有胡须，皮肤与骨骼坚硬如铁。童贯绝顶聪明，宋徽宗对他绝对信任。童贯以太监身份，掌控北宋兵权 20 多年。

童贯攻打燕京，一败涂地。在此紧要关头，他当然不会傻乎乎地向宋徽宗报告实情，他灵机一动，想出一个办法，请金帝国帮忙攻打燕京，条件是再增加 100 万贯“燕京代租钱”。也就是说，燕京我打不下来，你帮我打下来，我每年付你租金，这是童贯和金帝国的秘密协定。金帝国正处在上升阶段，有强大的军事执行力，很快攻克燕京，然后大肆掠夺，留下一座空城“租”给童贯。对北宋来说，不管怎么样，毕竟收复了燕京。全国上下喜气洋洋，宋徽宗也觉得扬眉吐气。宣和七年（1125 年），宋徽宗遵循宋神宗“能收复全燕之地者赏以封地、给以王爵”的遗训，下诏封童贯为广阳郡王。童贯封王，成了民族英雄。

童贯这样收复燕京，留下巨大的后遗症。金帝国逐渐看清了北宋的底牌，北宋军事孱弱，高层腐败，好大喜功，不堪一击。金帝国高层慢慢达成共识，借着攻灭辽国的威势，一鼓作气攻灭北宋，应该如秋风卷席。因此，清代王夫之说：“靖康之祸，自童贯始。”

当北宋柔软的腹部向金帝国敞开以后，利刃随之而来。1125 年 2 月，金帝国俘虏辽国末代皇帝耶律延禧，辽国灭亡；10 月，金国顺势发动对北宋的灭国战争。金军左右两翼包抄南下，采取放弃坚城，以骑兵野战军直扑开封的战略。1126 年冬季，非常寒冷，巨城开封陷落，开封城里饿殍遍地，一只老鼠价值数千钱。熬到第二年春天，金军士兵思念家乡，班师回朝，把宋徽宗、宋钦宗废为平民，带着全体皇族3000多人，押解前往遥远的东北。北宋皇室的玉玺、舆服、法物、礼器、浑天仪等，搜罗一空，金兵满载而归。这就是历史上有名的“靖康之变”，开封陷落，北宋灭亡。宋徽宗19岁即位，在位26年，被金国俘虏时46岁。在东北，宋徽宗屈辱地生活了8年，终年54岁。

美国作家马克·吐温说：“历史不会重复，但会押韵。”宋徽宗的性情、经历与比他早一个半世纪的李后主非常相像。北宋灭南唐，李后主成为阶下囚，由江苏南京押解到开封。李后主由一国之君降为囚徒，其间的身份落差与情感伤痛，常人难以体会。李后主作为词坛大宗师，有一首千古传唱的《虞美人·春花秋月何时了》：

春花秋月何时了？往事知多少。小楼昨夜又东风，故国不堪回首月明中。

雕栏玉砌应犹在，只是朱颜改。问君能有几多愁，恰似一江春水向东流。

这首《虞美人》作于978年七夕节，恰好是李后主生日。那天，李后主与从前的嫔妃们聚会，情不自禁，有感而发，遂成此千古绝调。《虞美人》不幸传到宋太宗赵光义手中，赵光义勃然大怒，赐下毒酒，李后主身死国灭，终年42岁。赵光义鸩杀李后主的深层动机，可能不是通常认为的那样，怕李后主谋划复国，时势没有这种可能，李后主也不是越王勾践。赵光义的愤怒来自忌妒，忌妒李后主的才华，忌妒李后主必将在文学史上留下不朽的名声。李后主还有一首《相见欢·无言独上西楼》：

无言独上西楼，月如钩。寂寞梧桐深院锁清秋。
剪不断，理还乱，是离愁。别是一般滋味在心头。

李后主的词，明白如话，让人无从评说，而深情难以匹敌。比较而言，宋徽宗的才华在书画领域，囚禁东北期间，也有诗作，如：

彻夜西风撼破扉，萧条孤馆一灯微。
家山回首三千里，目断山南无雁飞。

也是好诗，但与李后主相比，只是寻常之物。宋徽宗在位期间，极大地提高了画家的地位，朝廷成立宣和画院，把绘画纳入科举考试体系。宋徽宗亲自拟定考试题目及评价标准，非常耐人寻味。比如一则考题：

踏花归来马蹄香

“花”“归来”“马蹄”都好表现，唯有“香”味无形，很难具象。众画师虽是丹青妙手，一时面面相觑，独有一位青年画师，奇思妙想，欣然命笔。画面构思巧妙，几只蝴蝶在飞速奔跑的马蹄周围翩翩起舞，

“马蹄留香”跃然纸上。宋徽宗细细观览，赞不绝口。宣和画院另有考题：

深山藏古寺

一般画师老实，画面上山峦起伏，寺庙掩映，飞檐走壁。公认的最好作品，画面上根本没有寺院，只有山道弯弯，一位和尚拾级而上，挑水上山。直接画出寺庙的作品，没有扣紧“藏”字，少了韵味，这样的画题和评价标准，极大地刺激了中国画意境的发展。所谓意境，要讲究计白当黑，言外之意，韵外之致，伏线千里，从有限到无垠，融宇宙人生于尺幅之间。

1127年，宋徽宗去往遥远的东北。宋徽宗第九子康王赵构，时年21岁，是北宋皇室最幸运的人，他侥幸逃脱，到达河南商丘。同年五月一日，赵构在南京称帝，改元建炎，是为宋高宗。南京显然不安全，宋高宗无心抗战，继续向南方逃亡。金国铁骑犹如黑色幽灵，在中原四处游荡，出于求生本能，大批宋国臣民追随高宗足迹，南下避难。远在山东的李清照成为无数难民中的一个。

天变了，山河从此崩裂。李清照所在的山东淄州，虽远离京城开封，不是主战场，但已经可以听见女真铁骑的马蹄声，淄州绝非久留之地。赵明诚是淄州太守，前几年还因为抓捕逃亡士卒受到过朝廷嘉奖，但形势比人强，当得知开封城陷后，夫妻俩四顾茫然，看着身边多年收集、整理的图书文物，恋恋不舍，又深感无法保全。当务之急是赶在金兵到来之前，将文物南迁以避兵火。

对赵明诚来说，靖康之变的那一年颇不平静。三月，母亲郭氏在金陵（今江苏南京）去世，赵明诚得知凶信后慌忙南下奔丧；四月，金兵掳徽宗北去；五月，宋高宗仓促即位，北宋亡，南宋立；七月，赵明诚临时被任命为江宁知府（驻江苏南京）。

赵明诚的母亲何以在金陵去世，我们现在不得而知，最有可能的一种情况是，早在政和二年（1112 年），明诚长兄赵存诚任秘书少监、次兄赵思诚任中书舍人，两个儿子重返朝廷，郭氏理应随同。10 多年后，金兵南下，开封吃紧，郭氏先行南下避乱，可怜老夫人已是八九十岁的风烛残年。

赵明诚南下奔丧，先行一步后，从淄州去青州搬迁图书文物南下的工作，就落在李清照身上，这对兵荒马乱中的一个弱女子来说，着实不易。

李清照在《金石录后序》中，对她独自承担图书文物南下的过程有详细描述。归来堂收藏甚富，从务实的角度，丢卒保车，筛选一部分精品文物先行南下，是比较妥当的办法。李清照的筛选标准是，“先去书之重大印本者，又去画之多幅者，又去古器之无款识者。后又去书之监本者，画之平常者，器之重大者”。就是说，先去掉比较常见的，分量重、体积大的丛书印本，其次去掉多幅重复的绘画藏品，其次去掉没有款识纪年的青铜古器，最后又去掉国子监刻本、一般平常的绘画藏品，以及体量大且重的青铜古器。多次忍痛割爱之后，精选下来的图书文物仍然装了满满 15 大车，其余留下来封存的书册什物，依然占满了 10 余间房屋。看起来，归来堂像是一个小型的博物馆。李清照曾经说过，赵明诚出仕以后，立下即使节衣缩食，也要游遍天涯海角，“尽天下古文奇字之志”，见到古今名人书画，夏商周奇器，往往“不能自已”，如果手头紧，则不惜典当衣服。归来堂实凝聚了明诚夫妇无限之心血。

李清照押运15车文物南下，先到海州（今江苏连云港），再转水路，经淮河、长江，最后抵达南京。赵明诚自春三月南下奔母丧，至秋七月，已被朝廷任命为江宁知府，所以李清照南下的目的地非常明确。一路上颠沛困顿，船行进到江苏镇江时，还碰到一股盗贼进犯江宁，但总算有惊无险，安全到达。

李清照在盗贼横行之际，竟能将15车图书文物安全运抵江宁，嗜金石如命的赵明诚感激不尽，他在蔡襄《赵氏神妙帖》题跋中写道：“此帖章氏子售之京师，余以二百千得之。去年秋西兵之变，余家所资，荡无遗余，老妻独携此而逃。未几，江外之盗再掠镇江，此帖独存。信其神工妙翰，有物护持也。”字里行间，有心爱之物岿然独存的欣喜，又有对老妻勇于任事的感激与敬佩。

赵明诚理应感到幸运，封存在青州归来堂10余间房屋内的其余金石文物，在当年冬十二月已经化为灰烬。那年冬天，青州兵变，郡守曾孝序派遣将校王定前去平叛，结果王定兵败而归。曾孝序严厉督责他再次出战，否则以军法处置。王定狗急跳墙，发动手下临阵倒戈，曾孝序父子惨遭杀戮。就在这场兵变中，归来堂遭焚毁，“凡所谓十余屋者，已皆为煨烬矣”。

归来堂化为灰烬，我们现在或许很难理解明诚夫妇的沉痛。倒有一个例子可略作参考，就在当年春三月，宋徽宗、宋钦宗，连同后妃、宗室、百官数千人被掳到遥远的东北，大宋开国100多年积攒的珍玩宝物、图书文物被抢劫一空。据说宋徽宗听到金银财宝被掳掠，毫不在意，后来再听到皇家藏书也被抢走，才不禁仰天长叹，潸然泪下。

跟宋徽宗一样，在赵明诚的内心世界中，金石文物占据第一重要的位置，比家国天下重要，比老妻重要。赵明诚收藏金石文物，除了节衣缩食，典当家产，甚至会用一些非常手段，不免为人诟病。比如有这样一件事，赵家一位亲戚谢伋，带着唐代画家阎立本的《萧翼赚兰亭图》路过南京，被赵明诚借去，结果再没有归还。《萧翼赚兰亭图》现藏辽宁省博物馆，画的是萧翼从王羲之七世孙智永的弟子辩才手上骗取《兰亭序》献给唐太宗的故事。此画南唐时由李后主收藏，后辗转流落到谢伋手上，珍贵无比，不料竟被赵明诚骗取不还，坊间不能没有非议。

李清照现在安全抵达南京，算是不幸中的大幸，那时她 45 岁，赵明诚 48 岁，标准的老夫老妻了。南京是六朝古都，东吴，东晋，南朝的宋、齐、梁、陈，均建都于此，后又为五代南唐都城，文人墨客留下无数不朽诗篇。三国时，刘备派诸葛亮出使东吴，诸葛亮到了南京，观览山水形胜，感叹说："钟山龙盘，石头虎踞，此帝王之宅也。"南朝诗人谢朓称南京为"江南佳丽地，金陵帝王州"。

李清照到达南京后，很快进入冬季，下大雪时，她戴上斗笠，披上蓑衣，"循城远览以寻诗"。每次登楼觅诗以后，邀请丈夫一起唱和，心事重重的赵明诚"每苦之也"。

南京是一个容易有作品的地方，李清照在此多有词作。作为南渡以后，停留时间较长的首站，李清照的词风多了一份从未有过的苍凉沉郁。比如咏梅词《渔家傲·雪里已知春信至》:

雪里已知春信至，寒梅点缀琼枝腻。香脸半开娇旖旎，当庭际，玉人浴出新妆洗。

造化可能偏有意，故教明月玲珑地。共赏金尊沈绿蚁，莫辞醉，此花不与群花比。

“金尊沈绿蚁”，“沈”即“沉”，绿蚁，原指白酒表面上的浮沫，后泛指白酒。《历代诗话》中说：“绿蚁，酒之美者，泛泛有浮花，其色绿。”白居易有诗：“绿蚁新醅酒，红泥小火炉。”

咏梅以雪作为背景，极平常、极天然，所谓踏雪寻梅。但李清照的词，种种意象还是出人意表、新人耳目，比如“腻”“香脸半开”“玉人浴出”，不寒酸、不冷峻，梅花兼有牡丹富贵之相。在北宋诸词家中，李清照比较看得起秦观，原因是秦观“主情致”，但她同时认为秦观的词“如贫家美女，虽极妍丽丰逸，而终乏富贵态”。李清照出身官宦之家，有贵妇人的旨趣。

下片更特别，“莫辞醉”中有无边的孤独，自己在慢慢变老，难以割舍的万事万物每天都在失去，北方的家国、开封大相国寺熙来攘往的人流、归来堂的金石文物与青春年华，都随风而逝，成为斑驳的记忆。李清照性格中有一股韧劲，又特别敏感、骄傲，所以说“此花不与群花比”，不是比得过、比不过的问题，而是根本不比。梅花不与百花争艳，“已是悬崖百丈冰，犹有花枝俏。俏也不争春，只把春来报”（毛泽东《卜算子·咏梅》），或者是“已是黄昏独自愁，更著风和雨。无意苦争春，一任群芳妒”（陆游《卜算子·咏梅》）。

经过南渡最初的惊恐岁月后，南京成为暂时的栖息地，李清照似乎看到希望，时局会稳定下来，“雪里已知春信至”，但愿梅花能带来好消息。

在南京的第一个冬天，相对宁静，险恶的兵锋暂时被挡在城外，转眼过了春节，很快到了元宵节，李清照有《临江仙·庭院深深深几许》：

庭院深深深几许？云窗雾阁常扃。柳梢梅萼渐分明。春归秣陵树，人老建康城。

感月吟风多少事？如今老去无成。谁怜憔悴更凋零。试灯无意思，踏雪没心情。

这首词是惊人的，李清照心绪低落，大放哀音，直说“试灯无意思，踏雪没心情”，做什么都没劲，又说“人老建康城”“老去无成”“憔悴更凋零”，女人最大的敌人是时间，是憔悴。词前有小序：“欧阳公作《蝶恋花》，有‘深深深几许’之句，予酷爱之。”欧阳修《蝶恋花》是一首闺怨词：

庭院深深深几许？杨柳堆烟，帘幕无重数，玉勒雕鞍游冶处，楼高不见章台路。

雨横风狂三月暮，门掩黄昏，无计留春住。泪眼问花花不语，乱红飞过秋千去。

玉勒雕鞍，极言车马豪华。游冶处，指歌楼妓院。章台，西汉都城长安街名，大量歌伎云集于此，像老北京的八大胡同。上片写春闺寂寞，“帘幕无重数”，把自己和外面的繁华世界隔开；下片写美人迟暮，“无计留春住”，难以阻挡一天天老去，而意中人留恋外面的花花世界，想见而不得见，直到落红片片，泪眼迷离。

后人评价李清照的这首《临江仙》“人愈伤心，花愈恼人”，整首词“凄如送别”，而首句叠用三个“深”字最为新奇别致。李清照在南京，虽夫妻团聚，但很少有时间在一起。李清照“独在异乡为异客”，过着闭门幽居的生活。可春天还是来了，“柳梢梅萼渐分明”，想起在山东的往事，丈夫还是心猿意马，而自己年老，如花凋零，如柳憔悴，一切说不得，也说不清。跟莱州、淄州时期不同，如今非但闺情不堪，又新添家国之恨。政治、军事，是男人的事，是大事；爱家、爱女人，终身不渝，是小事，但都要靠男人去经营，去担当。女人身似浮萍，随波逐流，到如今更是千里漂泊，不知何处是归程。

李清照生在官宦之家，与政治并不陌生，在靖康南渡之际，亲属中亦有多人位居要职。赵明诚任江宁知府，相当于战时南京市市长，南京扼守长江天堑，已成为南宋与金军隔江对峙的前线，战略位置十分重要。明诚的哥哥存诚、思诚分别在广州和泉州任军政要职。李清照的胞弟李迒任敕局删定官，负责编撰朝廷政令。特殊的家庭背景，让李清照的词内容渐趋阔大，她本来就有家国情怀，对历史非常熟悉，她不仅是有才华的作家，还是蓄养深厚的学者。

李清照当时还有一些词作，如《蝶恋花·上巳召亲族》。上巳是节日，时在农历三月初三，古人在这一天到水边嬉游，称“修禊”，用来洗去晦气、纳福迎祥。修禊之事，最有名的当数王羲之《兰亭集序》，“暮春之初，会于会稽山阴之兰亭修禊事也”，那是一个“群贤毕至，少长咸集”的盛会。普通人家在上巳节往往宴请亲族，在如今的江南，上巳节依然热闹，只是增加了集市经商的功能。李清照在江南过的第一个上巳节，很草率，不开心。

永夜恹恹欢意少。空梦长安，认取长安道。为报今年春色好，花光月影宜相照。

随意杯盘虽草草。酒美梅酸，恰称人怀抱。醉里插花花莫笑，可怜春似人将老。

总之心情郁闷，词中以“长安”代指旧京开封。“空梦长安，认取长安道。”长夜辗转，梦见开封，看到开封的山山水水、市井风物，但终究回不去了，因此只是一个“空”。太多辛酸事，和酸梅酿成的酒很匹配，“恰称人怀抱”。江南春色自古为人称道，“花光月影”“醉里插花”，可惜“人将老”，没有人怜惜，也很难活着北归了。插花是洛阳习俗，欧阳修《洛阳风俗记》中说：“洛阳之俗，大抵好花。春时城中无贵贱皆插花。”现在亡国亡乡，南渡长江，插花自然引起乡国之思。李清照在同期作品《菩萨蛮·风柔日薄春犹早》中甚至说：“故乡何处是，忘了除非醉。”在《鹧鸪天·寒日萧萧上琐窗》中说：“不如随分尊前醉，莫负东篱菊蕊黄。”南渡的创伤剧痛，无计可施，只能借酒消愁。比李清照晚出生半个多世纪的辛弃疾，同是济南人，词作受李清照影响很大，辛弃疾《摸鱼儿·更能消几番风雨》中说“闲愁最苦，休去倚危栏，斜阳正在，烟柳断肠处”，可与李清照“可怜春似人将老”相映衬。

李清照在南京的平静岁月是短暂的。金兵攻占开封后，在金兀术指挥下，兵锋南下，在河南商丘仓促即位的宋高宗难以立足，迅速南逃，过淮河、渡长江，最后逃入茫茫大海，在温州沿海漂泊了四个月之久。

李清照在南京的第二年，建炎二年（1128年）秋九月，赵明诚被流亡朝廷任命为建康知府。之前朝廷改江宁府为建康府，作为行都，想固守长江天堑，和金国划江而治。现在赵明诚责任重大，作为战时建康知府，他要想办法保卫建康城，但万万没有想到，赵明诚自己先成了逃兵。

当时形势万分危急，驻扎建康的中央军将领王亦，认为南宋流亡朝廷前途未卜，遂图谋叛变。赵明诚的下属江东转运副使李谟砚事先得到消息，立刻将兵变情况秘密上报。赵明诚得到消息后，无动于衷，没有制定任何应变措施。李谟砚独立行动，派遣军民在城内埋伏，把守重要路口，等到半夜兵变发动，埋伏的军民严阵以待，打败叛军，控制住局势。等到天亮，李谟砚找赵明诚汇报情况，竟然发现赵明诚已经带着几个下属连夜逃跑了，史书上的说法是“缒城宵遁”，缒城，用绳索从城墙上攀援而下，宵遁是连夜逃遁。毛主席《西江月·井冈山》中说：“早已森严壁垒，更加众志成城。黄洋界上炮声隆，报道敌军宵遁。”

“缒城宵遁”事发后，朝廷追究责任，赵明诚罢官。当时形势孔急，金兀术一直试图突破长江防线。赵明诚既罢了官，建康已不是久留之地，当时明诚的妹夫李擢任兵部侍郎，守洪州（江西南昌），赵明诚考虑前去投奔，至少要把一部分金石文物先运送过去。李清照和赵明诚溯长江而上，经当涂到芜湖，夏五月到了贵池（安徽安庆）。在贵池，赵明诚又接到朝廷旨意，任命他为湖州知府，需要到建康面见宋高宗，然后再上任。赵明诚让李清照暂时留在贵池，独自回建康。

在《金石录后序》中，李清照详细记载了与丈夫分别的情形。时在建炎三年（1129 年）六月十三日，明诚舍舟登岸，穿着一身夏布衣服，翻起覆在前额的头巾，坐在岸上，精神如虎，目光炯炯。

当时李清照心烦意乱，大喊着说："假如贵池局势紧急，怎么办啊？"

明诚伸出两个手指，远远地答应道："跟随众人吧。实在万不得已，先丢掉包裹箱笼，再丢掉衣服被褥，再丢掉书册卷轴，再丢掉古董，只有那些祭器和礼器，必须抱着背着，与自身共存亡。"说完，策马而去。

当时天气非常炎热，明诚一路狂奔数百公里，回到建康后，得了疟疾，一病不起。李清照直到七月底，才接到家信，得知明诚病况，又惊又怕，想到明诚是个急性子，生了疟疾，肯定会发烧，一发烧，明诚肯定会服凉药，这样病情就不堪设想了。李清照马上乘船东下，顺风顺水，一昼夜赶了 300 里。到了建康，见到明诚，发现他果然服了大量柴胡、黄芩等凉药，原本是疟疾，现在又添了痢疾，病入膏肓，危在旦夕。李清照悲伤不能自已，默默流泪，在慌急中也没有心情问及后事。熬到八月十八日，明诚不能起床，取笔作诗，绝笔而终。

赵明诚去世，享年 49 岁。在建康安葬明诚以后，李清照大病一场，身体极度虚弱，只剩下一口气，一时也不知道往哪里去。就在明诚大病之时，形势越发危急，宋高宗把后宫嫔妃全部遣散，而且马上要封锁长江。李清照当时还有书两万卷、金石刻两千卷、可接待上百位客人的器皿和被褥，以及其他许多物品，唯一可行的办法，是派两个老管家，先将行李分批送往南昌。谁知人算不如天算，当年十月，金兀术冲破长江防线，兵分两路追击宋高宗，其中一路攻陷建康，到了冬十二月，又攻陷南昌，运往南昌的金石文物全部丧失。李清照冒着生命危险，千辛万苦从山东南下的金石文物，损失大半，现在只剩下少量卷轴书帖，其中包括李白、杜甫、韩愈、柳宗元的写本诗文集，另有夏商周三代鼎鼐十几件，李清照全部搬进卧室，她要用生命护卫这些劫后余生的明诚遗物。

第四章 小一号的男人

李清照对丈夫的感情是复杂的，丈夫猝然离世，将近 30 年的婚姻生活戛然而止，我们看一看同时期李清照的一些诗文，可以一窥她的内心世界。

丈夫去世后，李清照有《祭赵湖州文》，但此文今已不存，只留下一组骈文残句：

白日正中，叹庞翁之机捷。

坚城自堕，怜杞妇之悲深。

其中有两个典故，一是庞公，一是杞妇。

庞公即唐代佛家居士庞蕴，全家深受禅宗影响。据说，庞公入灭之际，与女儿斗禅宗机锋。他叫女儿到门外看天色早晚，女儿回来说："已经日当正中，而且还有日食。"听说有日食奇观，庞公起身观看，不料女儿趁他离开时，迅速登上他的座椅，合掌而亡。庞公这才发现被女儿骗了，笑着说："我女儿机锋敏捷啊！"为了表示甘拜下风，庞公特意延缓七天才入灭。

李清照用这样生僻的典故，究竟想说明什么呢？一是死了比活着好，在这样的乱世，明诚自私地先走了，留下她这个未亡人，何其忍心；二是死并不可怕，明诚已经解脱，或许要祝福他，自己不要再悲伤。从李清照得知丈夫病倒，一天一夜急驰数百里，又对丈夫体性了如指掌的情况来看，她对丈夫平日的照顾是无微不至的。

杞妇是春秋时齐国大夫杞梁的妻子。杞梁战死后，杞妇没有儿子，又无至亲可以投靠，于是枕着丈夫的尸身在城下痛哭，凡路过者，莫不为之伤心流涕。如此痛哭数日之后，城墙为之崩塌，孟姜女哭长城的故事即由此演化而来。李清照借“杞妇哭夫”的故事，感叹自己和杞妇同病相怜，都没有子嗣，丈夫去世后便不再有任何寄托，甚至连容身之地都没有，只能在乱世独自流浪。

明诚去世后，李清照写有著名词作《声声慢·寻寻觅觅》：

寻寻觅觅，冷冷清清，凄凄惨惨戚戚。乍暖还寒时候，最难将息。三杯两盏淡酒，怎敌他、晚来风急？雁过也，正伤心，却是旧时相识。

满地黄花堆积，憔悴损，如今有谁堪摘？守着窗儿，独自怎生得黑？梧桐更兼细雨，到黄昏、点点滴滴。这次第，怎一个愁字了得？

《声声慢》写于丈夫刚刚去世以后，时令在秋季。开头连用七组叠字，后又有“点点滴滴”两组叠字相呼应，宋朝张端义称之为“公孙大娘舞剑手”，李清照妙笔生花，能为他人所不能为。梁启超认为这是李清照一天的生活实录，其实是一天还是数天，不是重点，总归是当年生活的剪影。

李清照同期还有词作《南歌子·天上星河转》，其中写道：“旧时天气旧时衣，只有情怀，不似旧家时。”丈夫去世，李清照人生巨变，今昔大不同。从前是“东篱把酒黄昏后，有暗香盈袖”，虽是闺怨，但总有希望，现在是“三杯两盏淡酒，怎敌他、晚来风急？”没有希望了，丈夫永远不会回来了，“寻寻觅觅”的结果，也只是“冷冷清清，凄凄惨惨戚戚”。从前是“莫道不消魂，帘卷西风，人比黄花瘦”，那时婚后不久，青春年少，现在已经是46岁的老妇，“满地黄花堆积，憔悴损，如今有谁堪摘？”韶华已逝，无人疼爱，无人关心，身处乱世，命如草芥。唐诗说“雨中黄叶树，灯下白头人。”李清照不堪如此凄清，况且如此凄清也不可得，她要加一点声音，“梧桐更兼细雨，到黄昏、点点滴滴”，人生真的到了绝境。

李清照之所以是李清照，绝不是弱女子或贵妇人所能概括，她的性格中有阔大、坚忍的一面。李清照同期作品中最惊人的是五绝《乌江》:

生当作人杰，死亦为鬼雄。

至今思项羽，不肯过江东。

此诗大约作于明诚因“缒城宵遁”罢官，全家去芜湖躲避，途经安徽和县乌江时，乌江是项羽兵败自刎之地。《史记·项羽本纪》上说，项羽在垓下中了韩信的埋伏，大败后逃至乌江，乌江亭长欲助项羽渡江，项羽笑曰:“天之亡我，我何渡为？且籍与江东子弟八千人渡江而西，今无一人还，纵江东父老怜而王我，我何面目见之？纵彼不言，籍独不愧于心乎？”言罢，拔剑自刎。

楚汉相争，项羽自杀，刘邦建立西汉王朝，但在司马迁心中，项羽是大英雄，对他寄予无限的同情。那种成王败寇的逻辑，是后世史家逐渐发展出来的观点，司马迁的心胸要开阔得多。项羽乌江自刎，是《史记》中最惊心动魄的篇章，后世也一直议论纷纷。

在李清照之前，晚唐诗人杜牧有《题乌江亭》:

胜败兵家事不期，包羞忍耻是男儿。
江东子弟多才俊，卷土重来未可知。

杜牧认为，胜败乃兵家常事，真正的男子汉应该忍辱负重，能屈能伸，就像越王勾践那样。杜牧提出一种假设，假如项羽不自杀，而是重返江东故地，不是没有卷土重来、东山再起的可能。

李清照的看法完全不同，她认为项羽是真正的英雄，生是“人杰”，死为“鬼雄”，从来不是贪生怕死、苟且偷生之辈。在明诚“缒城宵遁”事件发生后，李清照写这样的诗，不能没有寄托，没有责难。李清照博古通今，当然知道五代十国时期，后蜀皇帝孟昶的贵妃花蕊夫人的《述国亡诗》:

君王城上竖降旗，妾在深宫那得知?
十四万人齐解甲，更无一个是男儿!

李清照这一类作品多用曲笔，而寄托遥深。《乌江》诗20个字，不仅骂了赵明诚，而且骂尽天下男儿，甚至宋徽宗、宋高宗。这些男人平时尽弄些文事，再弄些歌伎佐酒的风月事，真到了保家卫国、舍身取义的关键时刻，就一溜烟地跑了。丈夫逃跑一事，给了李清照巨大的心理冲击，她在《金石录后序》中只字未提，这样的事不仅不荣耀，还标志着男性世界的坍塌。一个女人，一开始和心爱的男人“好了”，后来这个男人“花了”，再后来这个男人“怂了”，到最后这个男人忽然“死了”，从此万劫不复，历史就此定格，再无更改的机会，说什么卷土重来、东山再起，都是无意义的空话。

丈夫去世，给李清照留下特别恐惧的身后事。南宋流亡朝廷忽然传出赵明诚叛国投敌的谣言，这对李清照来说，不啻晴空霹雳。当时有人告发赵明诚生前“玉壶颁金”，以贵重的玉壶投献金人，如果坐实，就是贿赂通敌。李清照在《金石录后序》中说，在赵明诚病笃的时候，有一个叫张飞卿的人，带着一把玉壶来看望他，随后又带走了。其实也不是什么玉壶，只是形状似玉的石壶，没有什么收藏价值。但经过此事后，朝廷上下就有了赵明诚“玉壶颁金”的流言，当时众说纷纭，莫衷一是。李清照非常恐惧，不敢多说什么，也不敢指望“谣言止于智者”，她唯一的办法是尽快把残留的金石文物献给朝廷。当时明诚已死，很多人知道明诚生前收藏巨富，因此打李清照主意的人很多。李清照决意把手上的金石文物献给朝廷，不失为解脱之法。可朝廷在哪里呢？

当时的朝廷就是宋高宗，宋高宗在哪里，朝廷就在那里。明诚死后，李清照一人困守南京，后来听说金人攻陷南昌，再溯江而上去芜湖、安庆已不可能，她唯一的出路是去投靠当时在浙江的胞弟李迒，李迒时任敕局删定官，负责朝廷文书机要，想必和朝廷在一起。

明诚去世后的第二年（1130 年），是李清照逃亡岁月中最颠沛流离的一年，原因是宋高宗和他的朝廷正被金兵追得团团转。

去年正月，金兵在金兀术的率领下，接连攻陷淮南、江北之地，奔袭扬州。金兵如果从扬州突破长江防线，就能从陆路进攻南京，宋高宗受了惊吓，撇下朝廷不管，带着少数亲信向杭州溃逃。宋高宗当时 23 岁，从小长在深宫妇人之手，不了解社会，更不要说战争了。到了六月份，金兵终于冲破长江防线，开始“搜山检海捉赵构”，彻底吞并大宋王朝。可怜宋高宗和他的朝廷只好辗转各地逃难，从杭州逃到越州（绍兴），再逃到明州（宁波），再跳上海船逃到定海（镇海），再逃到昌国（舟山群岛），再逃到台州章安镇，最后逃到温州，并时刻准备着逃往福州。在此期间，有将近四个多月的时间，宋高宗亡命海上。即便如此，金兵又入海追了数百里，因士卒都是北方人，不习水战，终究没有追上。南宋建炎四年（1130 年），宋高宗在茫茫大海上过新年，这样奇特的经历大约是他做梦也想不到的。在大海上过了除夕和大年初一，年初二宋高宗才有机会上岸。幸运的是，金军此时决定撤兵，江南是物产丰富的繁华之地，金兵趁机掳走的女人、财宝不计其数。在攻占江南的战役中，金兀术打出了威风，成为一代名将，但在退兵北归途中遇到了麻烦，分别在镇江、南京遭遇韩世忠、岳飞的狙击，金兵损失惨重。金兀术好不容易脱身后，从此不再主张南下。

李清照要在兵荒马乱中追赶一个“移动的朝廷”，其艰难惶急可想而知。建炎四年（1130 年）春，李清照先到了浙江东部的台州，台州太守已经逃走，不是什么安全的地方，再到剡县（浙江嵊县），又丢掉衣被，轻装急奔黄岩，雇船入海，追赶逃难海上的朝廷，后又跟随御舟从海道往温州，再往越州（浙江绍兴）。不巧的是，当李清照赶到越州时，宋高宗已经去了四明（浙江宁波），战乱中她不敢把贵重文物留在身边，就装箱封存后寄放在剡县，后被搜捕叛逃士卒的官军全部掳走，听说进了一位李姓将军的家门。岿然独存的明诚遗物，又散失了十之五六，唯有书画砚墨，还剩五六筐，实在不放心放在别处，就藏在床榻下，严防死守。但只要是文物，就难免有人惦记，李清照避难绍兴时，住在当地居民钟氏家里。某天夜里，有人穿墙挖洞盗走了床榻下的五筐文物。李清照悲恸不已，重金悬赏，想把丢失的东西找回来。过了几天，房东钟氏拿出十几轴书画求赏，可以肯定盗贼就是钟氏，至少钟氏必与盗贼串通。李清照苦苦哀求，希望钟氏帮她找到其他丢失的文物，但终究一无所获，后来她慢慢了解到，丢失的文物已经被福建某官员贱价买走了。至此，硕果仅存的金石文物只剩下一两件零散书册，三五种书帖，尽管平庸无奇，李清照仍然视若珍宝。在《金石录后序》中，李清照这样宽慰自己：

从前，梁元帝萧绎在都城江陵沦陷的时候，不痛惜国家的灭亡，而去焚毁珍藏的十四万册图书。隋炀帝杨广在江都覆灭，不以身死为可悲，反而要重新夺回被唐人抢去的图书。难道一个人尽毕生之力所关注的东西，能够逾越生死而念念不忘吗？或者天意以为我资质菲薄，不足以享有这些奇珍异物？抑或是明诚九泉之下有知，对这些东西犹万般爱惜，不肯留在世间吗？为何得来如此艰难，失去却如此容易啊！

唉！陆机（西晋文学家）年二十而作《文赋》，我在比他小两岁的时候嫁到赵家，蘧瑗（春秋时卫国大夫）年五十而知四十九年之非，我现在比他大两岁：在这三十四年间，忧患得失，何其多也！然而，世间万事万物，有得必有失，有聚必有散，此人间之常理也。有的人丢了弓，总有人得到弓，又何足道哉。

李清照如此宽释自己，让人心酸落泪。400多年后，绍兴钟氏以如此卑劣手段偷盗文物的行径，还是惹恼了一个大人物，此人是明朝首辅张居正，他为李清照愤愤不平，愤怒之余决定辞退绍兴籍钟姓部吏。张居正有儿童心理，虽是无名火，但也让人称心快意。

李清照南渡以来，一直在做“减法”，先是丈夫猝然离世，接着是归来堂文物逐渐星散，渐至聊胜于无。就在李清照追随宋高宗漂泊海上时，她做了一个梦，后有《渔家傲·记梦》一词：

天接云涛连晓雾，星河欲转千帆舞。仿佛梦魂归帝所。闻天语，殷勤问我归何处。

我报路长嗟日暮，学诗谩有惊人句。九万里风鹏正举。风休住，篷舟吹取三山去！

在此之前，李清照或许没有见过大海，至少没有海上漂泊的经历。一直生活在陆地上的人，初次入海，历风涛之险，颠簸之危，身心难受可以想见。李清照一向被认为是婉约派词宗，但这首词大有李白之风，“浑成大雅，无一毫钗粉气”。

词中描写大海风景，“天接云涛连晓雾，星河欲转千帆舞”，绝不似女子手笔。后面是写实，又是写梦，自己到了天庭，天帝殷勤相问：你可有归宿之处？这个天帝很关心他的臣民。我报告天帝说，路途漫长又到了太阳下山的日暮时分，我平时学着作诗，但没能达到杜甫“语不惊人死不休”的程度。我今天到了海上，得见天地之宽，《庄子·逍遥游》中说大鹏乘风飞上九万里高空，想来的确有这样高远的境界。我在海上一切都好，但愿浩荡的海风不要停息，可以将这一叶轻舟吹到“三山”去。《史记·封禅书》上说，渤海中有蓬莱、方丈、瀛洲三座仙山，相传为仙人所居，可以远远望见，但乘船前往，一旦感觉靠近，就会被风吹开，终于没有人能够登临仙山。

神仙一向不是李清照亲近的意象。但到了海上以后，痛苦难以名状，很容易生发东坡“我欲乘风归去”的决绝痴想，《庄子·逍遥游》中大开大阖的瑰丽意象，从前无心相会，现在身处海天一色之境，忽然有悟，原来人生可以如此辽阔。渤海中的三座仙山，既是人生难以登临的至善无苦之地，也是日夜思念的故乡之地，从前“莱州寻夫”，莱州面临莱州湾，出去就是渤海。从前寻夫，即便有百般委屈烦恼，终于还能寻见，现在夫君或许已登仙山，永远不能相见了。

《渔家傲·记梦》显示了李清照文学创作的无限可能性，命运让她进入一个完全不同的时空，在某一瞬间，她曾经读过的老子、庄子开始复活，她本有豪气，一直无从萌芽，但她不幸遭遇乱世流离，身处海天一色的绝境，才能有“另一个李清照”横空出世。但回到坚硬的俗世生活，她仍然是一个弱女子。宋室南渡，让李清照更多地接触到社会的方方面面，包括形形色色的男人，这些男人在她从前的生活中是完全陌生的，比如绍兴钟氏，从前不可能有这样的男人通过如此下三滥的手段攫取她的金石文物。如果说绍兴钟氏是一个窃贼，李清照很快将遭遇一个真正的江洋大盗，这个江洋大盗有学问、有官职，志在偷心，而行骗最终之标的还是金石文物。

金兀术撤兵以后，江南逐渐安定，宋高宗回到绍兴府，最后定都杭州。李清照一路追随高宗回到杭州，长时间的担惊受怕、疲于奔命，让她一病不起，其时有《摊破浣溪沙·病起萧萧两鬓华》一词：

病起萧萧两鬓华，卧看残月上窗纱。豆蔻连梢煎熟水，莫分茶。

枕上诗书闲处好，门前风景雨来佳。终日向人多酝藉，木犀花。

其时李清照49岁，头发花白稀疏，病中多卧床，每天的眼前景是“残月上窗纱”。病中料理，多用豆蔻，豆蔻性温，味辛，能行气，去湿，和胃。《百草正义》上说：“白豆蔻气味皆极浓厚，咀嚼久之，又有一种清澈冷冽之气，隐隐然沁入心脾。”熟水，是药用饮料。“分茶”是高雅的茶戏，要人多，有好心情，才有兴致。现在是病中，吃药要紧，哪里有分茶的雅趣呢？所以说“莫分茶”。

木犀花，是桂花，这是李清照诗词中首次出现的意象。桂花之德在于“多酝藉”，宽和有涵容。李清照前段时间动极，现在难得静下来，虽在病中，也感觉幸运，所以心境淡泊和平，才能有“枕上诗书闲处好，门前风景雨来佳”的心绪。从前咏海棠（“绿肥红瘦”），咏菊花（“人比黄花瘦”），现在觉得桂花（“多酝藉”）最适合自己的心境，风轻云淡，从容自在。

虽说如此，动极而静的李清照实处在最脆弱的时候，其时明诚去世已三年，李清照孑然一身，居无定所，孤苦无依。恰当其时，有一个叫张汝舟的人闯进她的生活。张汝舟，宋徽宗崇宁二年（1103年）

进士，在军队工作，负责财务审计，品级不高，但位置比较重要。关于李清照与张汝舟的恩怨纠葛，李清照有一封写给翰林学士綦崇礼的信，说得比较清楚。綦崇礼是山东高密人，和明诚是老乡，也是表亲，当时深受宋高宗信任，曾帮助李清照出狱，李清照非常感激他，她在《投内翰綦公崇礼书》中说：

近因疾病，欲至膏肓，牛蚁不分，灰钉已具。

尝药虽存弱弟，应门惟有老兵。既尔苍皇，因成造次。

信彼如簧之说，惑兹似锦之言。

弟既可欺，持官文书来辄信；身几欲死，非玉镜架亦安知？

僶俛难言，优柔莫决。呻吟未定，强以同归。

李清照这封信用了很多典故，关于改嫁之事，在《金石录后序》中只字未提，可见她是有顾虑的。李清照说，她当时病得厉害，渐至病入膏肓，牛蚁不分，封存棺材用的泥灰和铁钉都已备下，开始准备后事了。“牛蚁不分”出自《世说新语》：“殷仲堪父病虚悸，闻床下蚁动，谓是牛斗。”东晋殷仲堪的父亲得了重病，听到床底下蚂蚁跑来跑去，竟然以为牛在打架。实在是病到深处，出现幻听、幻觉，精神恍惚。病中照料她的人只有胞弟李迒和看守门户的老兵。在这种情况下，张汝舟出现了，主动接近，嘘寒问暖，李清照慢慢听信了他的“如簧之说”和“似锦之言”。后来，张汝舟觉得时机已经成熟，便拿着官文书来提亲，而胞弟李迒是个老实人，居然相信了。

“官文书”和“玉镜架”都有典故。“官文书”典出韩愈《试大理评事王君墓志铭》，唐朝诗人王适托媒人去侯高家提亲，侯高放出话来说，他的女儿非官员不嫁。当时王适还没有做官，就让媒人拿着一卷书冒充官文书，侯高信以为真，遂将女儿嫁与王适。“玉镜架”典出《世说新语》，西晋温峤假托为姑姑之女择婿，并以玉镜台作为聘礼，实则是为自己订下婚约。李清照用两则典故，指证张汝舟骗婚，利用了她的脆弱和弟弟的老实可欺，最后在她“优柔莫决，呻吟未定”的情况下“强以同归”。

就当时的情况来说，李清照的确有再嫁的愿望，她既年老，又没有子嗣，晚年生活无依无靠，现在寄居弟弟家只是权宜之计。况且她当时身心憔悴，卧床不起，张汝舟的出现像及时雨，因此李清照再嫁有充分的内因，只是张汝舟为了自身目的，无心恋战，动用种种非常手段加速了进程。

婚后不久，双方都发现自己上当受骗了。张汝舟举止粗暴，简直就是一个恶棍，李清照在给綦翰林的信中说：

视听才分，实难共处，忍以桑榆之晚节，配兹驵侩之下才。
身既怀臭之可嫌，唯求脱去；彼素抱璧之将往，决欲杀之。
遂肆侵凌，日加殴击。可念刘伶之肋，难胜石勒之拳。

无论一言一动，还是才情素质，李清照与张汝舟都无法相处。李清照很难想象，自己能够和这样的市侩、恶棍共度晚年。她看清楚了这一点，只求早日解脱，但张汝舟开始动用家庭暴力，想尽快置她于死地。“驵侩”，原指牲畜交易经纪人，引申为低劣肮脏的市侩。

张汝舟求婚之时，说了无数如簧之说、似锦之言，何以婚后必欲置她于死地呢？原来他求婚的目的，只在于她手上仅存的金石文物，但婚后不久，张汝舟发现所谓文物历次辗转后已所剩无几，他非常失望，感觉自己上当受骗了。

“抱璧之将往”，典出《左传·哀公十七年》：“己氏欲杀卫庄公，庄公曰：‘活我，吾与汝璧。’己氏曰：‘杀汝，璧其焉往？’遂杀之，而取其璧。”己氏凶险，卫庄公说，你不要杀我，我把璧给你。己氏说，我就是杀了你，难道璧还会跑了不成。李清照用这个典故，说明张汝舟有杀人之心，已经发展到“遂肆侵凌，日加殴击”的程度。下面李清照又用了两个典故，“可念刘伶之肋，难胜石勒之拳”。“刘伶之肋”说竹林七贤之一的刘伶常与街头混混发生口角，人家被激怒后，捋起袖子要揍他，刘伶本着“好汉不吃眼前亏”的精神，马上软下来说，我这鸡肋一样的身板，哪里能挡得住你的老拳呢，街头混混觉得扫兴，往往放了他。“石勒之拳”说当初石勒与李阳是邻居，经常为了争农地打架，后来石勒当了赵王，派遣特使宣召李阳。李阳到了朝廷，石勒拉着他的手臂开玩笑说，我从前挨够了你的老拳，你也没少遭我痛打。

这样的日子大约过了100天，李清照决定不惜一切代价与张汝舟离婚。这是一个非常艰难的过程，李清照用的是“杀敌一千，自损八百”的办法。她向官府举报张汝舟“妄增举数入官”的违法行为。按大宋官制，官员要定期考核，考核次数达到一定标准后，朝廷按相关规定授予相应的官职。李清照告发张汝舟虚报考核次数，借以骗取高级别的官职。因李清照早已名动天下，案情轰动一时，甚至惊动了宋高宗。宋高宗指派司法机关调查，最后坐实罪案，张汝舟被开除公职，发配广西柳州。

但事情并没有结束，按宋代刑法，妻子告发丈夫，即使罪名属实，妻子也要判刑两年。李清照明知有此项规定，最终还是决定告发张汝舟，可见她的决绝。李清照被押进大牢，其间还戴上枷锁与张汝舟当堂对质。后来幸亏綦翰林出面援救，才使李清照在被关押 9 天后无罪释放。

第五章 只有南渡，没有北归

自骗婚事件后，李清照永远关上了情感的大门。第二年是绍兴三年（1133 年），南宋派吏部侍郎韩肖胄、工部尚书胡松年出使金国，去慰问囚禁在北方的徽、钦二帝。韩肖胄，是北宋名相韩琦的曾孙，当时金国非常强硬，多数人为韩肖胄捏一把汗。韩肖胄对宋高宗说，大臣们各有说法，导致朝廷“战”与“和”没有定论，但是从根本上来说，“和”是权宜之计，等到有一天，国家强盛了，军队有实力了，当然要报灭国之耻。现在我出使金国，如果超过半年还没有回来，则金国必然另有图谋，拟迅速北伐，万万不能以臣等在敌国而减缓攻势。

李清照关心时事，写了两首长诗《上枢密韩肖胄诗》。诗前有序，李清照说李家与韩家世代交好，她的祖父和父亲皆因韩琦引荐步入仕途，“父祖皆出韩公门下”，又说“今家世沦替，子姓寒微”，李家后继无人，而自己“又贫病，但神明未衰弱。见此大号令，不能忘言”。诗中说：

子孙南渡今几年，飘零遂与流人伍。
欲将血泪寄山河，去洒东山一抔土。

《孟子》说：“孔子登东山而小鲁，登泰山而小天下。”东山在鲁地，鲁地在李清照的家乡山东。李清照说，宋室南渡至今，已有五六年光景，辗转飘零，我一直混迹在逃难的队伍中。如果有朝一日能收复故土，她要将自己的血和泪洒在故乡的土地上。江南虽好，“有三秋桂子，十里荷花”，大宋王朝新的都城“钱塘自古繁华，烟柳画桥，风帘翠幕，参差十万人家”，但李清照还是念念不忘北归。

北归遥遥无期，朝廷诸公得过且过、争名逐利者众。即使最高统帅宋高宗，不管表面上如何，内心深处的想法实不足为外人道。宋高宗想北伐吗？如果北伐成功，迎回徽宗、钦宗，一个是他的父亲，一个是他的兄长，他的皇帝还做得成吗？更严重的是，他会被指控非法篡位吗？岳飞等中兴名将从民间崛起，有一天军权在握，会不会重演宋太祖赵匡胤“黄袍加身”的故事呢？李清照不是政治家，看不透宋高宗内心的纠结，事实上所有力主北伐的人都看不透，只有秦桧是巨眼英雄，看清了宋高宗的格局。

李清照 51 岁时，又传来金兵入侵的警报，她在《打马图经序》中说：“浙江之人，自东走西，自南走北，居山林者谋入城市，居城市者谋入山林，旁午络绎，莫不失所。”老百姓像没头苍蝇一样，不知道去哪里。秋十月，李清照避难金华，途经严子陵钓台，作《钓台》诗：

巨舰只缘因利往，扁舟亦是为名来。
往来有愧先生德，特地通宵过钓台。

钓台，相传为汉代严子陵垂钓之地。西汉末年，严子陵与刘秀是好朋友，刘秀称帝后请他出来做官，他坚决不肯，隐居富春江。巨舰是大船，扁舟是小船，不管是大船还是小船，往来奔波，无非是为名利二字。从前有无名诗说："君为利名隐，我为利名来。羞见先生面，黄昏过钓台。"李清照化用其意，称"往来有愧先生德，特地通宵过钓台"。关于"先生德"，也有出典，北宋名臣范仲淹守桐庐时，于钓台建严先生祠堂，并为之作记，其中说到"先生之德，山高水长"。

李清照讽喻的现象，在南宋小朝廷已司空见惯，早在靖康二年（1127年），有无名诗《题临安邸》："山外青山楼外楼，西湖歌舞几时休？暖风熏得游人醉，直把杭州作汴州（开封）。"管它是杭州还是汴州，赏心悦目、有吃有喝就行。但是李清照不能忘怀北方，她一无所有，异常敏感，没有快速遗忘的能力。在避乱金华期间，另有《题八咏楼》诗：

千古风流八咏楼，江山留与后人愁。
水通南国三千里，气压江城十四州。

八咏楼，是浙江金华著名观景胜地。南国，泛指南中国，那时的北中国是金国的天下。宋朝一级行政区划称"路"，相当于现在的"省"，宋时"两浙路"下辖二府十二州，统称"十四州"。这首诗大气磅礴，尤其是后两句，让我时常想起金国皇帝完颜亮的诗句"提兵百万西湖上，立马吴山第一峰"。

李清照有鲜明的文体意识，她有一篇精短、高傲的《词论》，追溯"词"这种文体发生、发展的轨迹，提出词"别是一家"的论点，又评说百家，一览众山小，让人耳目一新。《词论》说：

到了五代的时候，各路诸侯纷纷建国，中华大地战乱不已，斯文扫地，更无人作新曲沿途传唱了。这时只有南唐李璟、冯延巳等君臣温文尔雅，时有新作问世，其中有名的作品如李璟《浣溪沙》、冯延巳《谒金门》，“小楼吹彻玉笙寒”“吹皱一池春水”更是其中的名句。句子虽然很奇特、很优美，但是要灭亡的国家所唱出来的歌声也带着深深的哀伤，算不上词中上品了。

到了宋朝，礼仪、声乐、文章、武功都已经齐备了，又休养生息了百余年，才有柳永变乐府旧声为新声，有《乐章集》传世，确立了他在宋词大家中的地位。但柳永的词虽然音律协调，词句却俗不可耐（“虽协音律，而词语尘下”）。又有张子野（张先），宋子京（宋祁）、宋公序（宋庠）兄弟以及沈唐、元绛、晁次等人辈出，虽有妙语传世，但却整篇破碎，不能称为名家。到了晏元献（晏殊）、欧阳永叔（欧阳修）、苏子瞻（苏轼）这些人，他们学究天人，填这些小歌词，应该像拿着葫芦做的瓢去大海里舀水一样容易，但是全都是句读不整齐的诗罢了（“然皆句读不葺之诗尔”），往往又不协音律，这是为什么呢？

这是因为诗和文章只分平仄，但词却要分五音（宫商角徵羽），又分五声（阴平、阳平、上、去、入），又分六律（黄钟、太簇、姑洗、蕤宾、夷则、无射），还要分发音的清、浊、轻、重。

王介甫（王安石）、曾子固（曾巩）的文章有西汉时风格，但如果让他们填词，只怕会让人笑倒，因为这样的词读不下去。

这样我们就知道了，词“别是一家”，但知道的人却不多。后来晏叔原（晏几道）、贺方回（贺铸）、秦少游（秦观）、黄鲁直（黄庭坚）一出，才得词中三昧。但是晏几道的词短于铺叙，贺铸的词短于用典，秦观的词致力于情致但缺少实际内容，就像一个贫穷人家的美女，虽然长得很漂亮，打扮也很时尚，但骨子里始终缺乏那种与生俱来的富贵气。黄庭坚的词内容倒是充实，却有些小毛病，就像一块美玉，有瑕疵，价值自然要打些折扣了。

李清照严格区分“诗”与“词”，词写个人情怀、离愁别绪；诗写重大题材，家国风云和历史政治。“诗”与“词”中间有一条清晰的分界线，词是李清照喜欢的、偏爱的，而诗则无意为之，某种意义上是被逼出来的。李清照原本隐居深闺，养尊处优，无奈被挟持，踉跄走进烽火连天、满目疮痍的大时代。

李清照在金华还有好词，《武陵春·风住尘香》最让后人称道：

风住尘香花已尽，日晚倦梳头。物是人非事事休，欲语泪先流。

闻说双溪春尚好，也拟泛轻舟。只恐双溪舴艋舟，载不动许多愁。

尘香，花落下来，碰到尘土，尘土沾染落花香气。双溪，金华风光胜地。舴艋舟，两头尖如蚱蜢的小船。这首词的密码在于它是一首悼亡词，悼亡对象是赵明诚，所谓“物是人非”，明诚去世后，“事事休”，什么都说不出来，也没有什么好说的，只有流泪。

如果把这首词与 35 年前的《如梦令·常记溪亭日暮》对照阅读，对读者的心理承受力是一个考验。那时“常记溪亭日暮，沉醉不知归路。兴尽晚回舟，误入藕花深处。争渡，争渡，惊起一滩鸥鹭”，一个无忧无虑的少女时代，在山东，一切恍如隔世。

李清照在金华两年，局势慢慢好转，53 岁时再回杭州，终老于此。随着时局趋向稳定，李清照的故国之思已成绝望。在她 58 岁时，秦桧假传圣旨杀了岳飞，史载岳飞死讯传出，天下百姓为之哭泣。但李清照没有任何诗文，究其原因，一是当时的政治高压，岳飞一直要等到 20 年后宋高宗下台，宋孝宗即位才能恢复名誉；二是李清照对南宋朝廷心如死灰，无话可说，也不能说，说也无益。

李清照晚年在杭州，有 20 多年，有三件事构成她的生活主线：一是玩打马类的赌博游戏，这是她一生的爱好，即使在流离途中也没有完全放弃；二是想教几个女学生，但不是很成功；三是填词，数量不多，但有绝世精品。

李清照精通博戏，尤其深爱打马，称之为“实博弈之上流，乃闺房之雅戏”。晚年寓居杭州，加以总结，撰写专著，有《打马图经》《打马赋》传世。既然称为“经”，必有高远理想和理论深度，李清照自述“使千万世后，知命辞打马，始自易安居士也”，有立志成为“赌神”的愿景。

李清照是诗词文章大家，即使写作此一类文字，同样高标出世。她在《打马图经·序》中说：“慧则通，通则无所不达；专则精，精则无所不妙。”这就不仅是讲博戏，还有一般性意义。又说：“后世之人，不惟学圣人之道不到圣处；虽嬉戏之事，亦不得其依稀仿佛而遂止者多矣。”一般人学什么都是半吊子，依样画葫芦，得其形而止。又说：

“夫博者，无他，争先术耳，故专者能之。”强调好胜心是博戏的基础，而专业性是博戏的根本。

李清照总结当时流行的博戏，一一点评，有的是“鄙俚不经见”，太庸俗；有的是“无所施人智巧”，难以充分发挥人的智力；有的是“唯可容二人”，只能两个人玩，不热闹；有的是“难遇勍敌”，游戏规则太复杂，玩家太少；有的是“简要，而苦无文彩”，规则虽然简单，但没有文采，寡淡不好玩。在此基础上，李清照对自己特别钟情的打马加以改造，使之符合她的理想。

大凡有创造性的人，不管做任何事，都不会拘囿成规，而是心外无物，必打上自身心灵的烙印而后止。李清照晚年孤苦，能够“予性喜博，凡所谓博者皆耽之，昼夜每忘寝食”，以无害之博戏，疗救长夜，未必不是一件幸事。

对于南宋苟安，北归无望，李清照一直“意难平”。她在《打马赋》中，以博戏喻政局，呼号抗战、鼓动北伐。她对历史上那些豪赌的人和事，充满向往之情，比如“别墅未输，已破淮淝之贼”，说的是东晋名相谢安在淝水之战的关键时刻，气定神闲地与人下围棋赌别墅。

李清照没有子嗣，晚年对孩子特别喜爱。她想找几个女学生，“欲以所学传后人”。在她 60 岁的时候，曾经教过一个名叫韩玉父的女孩子学诗。

韩玉父是陕西人，父亲在朝为官，后遭靖康之变，随父迁居杭州，“幼时，易安处士教以学诗”，等到 15 岁时嫁给一个名叫林子建的太学生为妻。后来，林子建太学毕业，到福建做官，韩玉父倾囊相助，为其打点行装。林子建信誓旦旦地承诺，等到秋冬之际稍事安顿以后，就派车马来迎接自己的妻子。结果一去再无音信，韩玉父望穿秋水，最后决定去福建寻夫，而林子建官运亨通，已数次升迁，韩玉父辗转追寻，后来到了江西一个叫漠口铺的地方，清晨在水边梳洗，不免“叹客旅之可厌，笑人事之多乖”，因而题诗一首：

南行逾万山，复入武阳路。
黎明与鸡兴，理发漠口铺。
盱江在何所，极目烟水暮。
生平良自珍，羞为浪子妇。
知君非秋胡，强颜且西去。

武阳、盱江都在江西。秋胡，春秋时鲁国人，娶妻5天就出门求官，5年后回来，在郊外碰见一个采桑女子，心生爱慕，就拿黄金珠玉调戏勾引她，后来才发现，原来采桑女就是自己的妻子。回家后，妻子痛骂秋胡，投河自尽。

韩玉父遭遇不平，幸亏有小时候跟李清照学诗的功底，千百年之后我们才能知道，天底下曾经有过这样一个女人，在福建、江西的万山丛中，不避艰险，追寻她无情无义的丈夫。我们也才能知道，世间薄情郎除了陈世美，还有一个林子建。

按今天的想法来说，李清照这样的诗词文章大家，如果愿意开馆收学生，一定门庭若市，但当时的情况不一样，李清照想收一个姓孙的女孩子当学生，孙氏“幼有淑质”，当时10余岁，但她谢绝了李清照的好意，理由是：“才藻非女子事也”。南宋诗人陆游《夫人孙氏墓志铭》记载了这件事，为我们保存了珍贵的史料。

陆游的记载可以看见当时的风尚，“女子无才便是德”已深入民间，不然一个小姑娘不会脱口说出这样的话。由此生发开去，对于女子贞操和改嫁，当时的价值尺度也越收越窄。北宋名臣范仲淹，父亲去世以后，母亲即行改嫁，当时没有人轻视她。范仲淹生于公元989年，可以说公元1000年之前，社会并不歧视女子改嫁。北宋理学大师程颐生于公元1033年，比李清照大约早半个世纪，差不多与苏东坡同时。程颐建立“饿死事小，失节事大”的全新价值观，号召全社会坚决抵制女子改嫁，往后还将影响中国1000年，给无数中国女性造成深重的灾难。程颐既然比李清照早半个世纪，他的学说应该已经深入人心。李清照有改嫁行为，并且很快离婚，又打官司告发自己的丈夫，闹得沸沸扬扬，以此推断，李清照晚年寓居杭州，不会太受人尊敬。事实上，南宋文人笔记说到李清照的人品，非常苛刻，都是些“不终晚节，流落以死”“无不笑之”之类的话。

陆游的记载还可以让我们大致推断李清照的去世年月。假设孙氏谢绝李清照时15岁，孙氏卒于南宋绍熙四年，享年53岁，可推知她生于绍兴十一年，到她15岁的时候，时在绍兴二十五年（1155年），那一年李清照已经73岁。陆游的记载告诉我们，李清照至少活了73岁，再往后就没有任何记载了。

一代才女，不知所终，让人心生惆怅。好在李清照的晚年在杭州还有绝世好词，可以传布四方、涵养千年。大约64岁的时候，李清照有《永遇乐·元宵》：

落日熔金，暮云合璧，人在何处。染柳烟浓，吹梅笛怨，春意知几许。元宵佳节，融和天气，次第岂无风雨。来相召、香车宝马，谢他酒朋诗侣。

中州盛日，闺门多暇，记得偏重三五。铺翠冠儿，捻金雪柳，簇带争济楚。如今憔悴，风鬟霜鬓，怕见夜间出去。不如向、帘儿底下，听人笑语。

“落日熔金，暮云合璧”写江南早春夕阳西下时的风景，日出、日落时分，每一分每一秒，天空都有许多变化，“熔”“合”两字写出了动感，极为传神。接下来突然问了一句：“人在何处”，经常出差的人容易有这种感受，有时会恍惚，不知道自己究竟在哪里。一瞬间的恍惚以后，回到现实，看到早春的柳树发芽了，听到笛子吹奏出声音哀怨的《梅花落》，天地间春意尚浅，生气淡薄。又是一年元宵节，天气慢慢暖和起来，但转眼之间又是冷冷春雨，绵绵不绝。李清照不管如何落寞，终究处在上层圈子，杭州城的贵妇名媛，驱香车宝马，来邀她赏玩，她一律婉言谢绝了。

中州，指中原，特指旧京开封。三五，原指每月十五日，这里特指元宵节。翠冠儿，镶嵌翡翠的帽子。雪柳，以素绢和银纸做成的头饰。孟元老《东京梦华录》“市人卖玉梅、夜蛾、蜂儿、雪柳”，辛弃疾《青玉案》“蛾儿雪柳黄金缕，笑语盈盈暗香去”。簇带，插带，当时俗语。济楚，整齐、华丽。词下片回忆在旧京开封过元宵节的情景，那时“闺门多暇”，有很多空闲时间，对元宵节又特别重视，总要精心装扮，有各种配饰，收拾得又整齐又华丽。如今想起来，恍若隔世。现在的自己头发花白，憔悴不堪，害怕夜里出门，还不如在窗帘后面，听街上人声喧哗，听女孩子笑语盈盈。

李清照晚年没有大自在。她的一生，没有佛、道的援助，非常入世，“天独厚其才而吝其遇”。她一直在回忆，执着地今昔对比，凸显杭州岁月如此不堪。她无法解脱，在同期作品中，反复诉说“一枝折得，人间天上，没个人堪寄”，“伤心枕上三更雨，点滴凄清”。“不如向、帘儿底下，听人笑语”，或许是李清照心境最平和的时刻，她慢慢成为一个寂寞的旁观者，与现在尤其是过去的生活拉开距离。

郑板桥变形记

郑板桥生于康熙三十二年（1693年），卒于乾隆三十年（1765年），享年73岁。他的一生正好被包裹在康乾盛世中。乾隆十六年（1751年），板桥59岁，时任山东潍县知县，那一年春天，海水泛滥，板桥到潍县北边的禹王台勘灾，困难重重，心中有无限感慨，到了秋天，他写下著名的“难得糊涂”横幅，并镌刻“十年县令”闲章，去意渐浓。两年后，板桥罢了官，回到扬州。

我对板桥的兴趣之一，集中在“难得糊涂”四字箴言上，虽然他的书画、诗词、家书也大有可观。“难得糊涂”究竟是什么意思？年近花甲的板桥何以有这样的感慨？“难得糊涂”与康乾盛世是什么关系？板桥当官虽然止于知县，但按传统说法，他当然是士大夫群体中的一员，其时士大夫究竟是何种内心世界？“难得糊涂”问世以后，迄今200多年，于后世中国人的心理究竟有何种影响？

我越来越觉得历史写作，尤其是人物史写作的工作，像极了“侦探”。在无数个深夜，好奇心无边无际地漫延开来。我笔下的传主隐没在黑暗里，因为后人有意、无意的曲解，变形而跌足长叹。

人物史写作一向“见事不见人”，在某个历史人物的百度百科中，我们看到的只是“账本”和“标签”，所以我服膺柏杨先生要在许多个版本的《中国通史》以外，再写《中国人史纲》。

“见事不见人”之外，还有一种更深的弊病，就是“见人不见心”。

“见心”有太多的困难。首先，要求写作者自己有一颗心，并且愿意“将心融入”传主的心灵世界，有钱穆先生所说的“同情的了解”，这是一种巨大的付出，你的心会很累，迹近一次不可能有结果的爱恋。其次，在史实不足证的情况下，能够相信“人同此心，心同此理”，并有一种恰当的心理学训练，就像余英时先生在《朱熹的历史世界》中对宋孝宗的心路历程所作的考察那样。我一直认为，孝宗的心路历程，这样的素材如果落到莎士比亚手中，足可以写出《李尔王》这样的名作。最后，还要收敛自己的雄心，心细如发，愿意花巨大的精力去考察微小的主题，比如传主的私生活。用望远镜俯瞰数千年的历史长河，像唐德刚先生一样发现“历史的三峡”，固然舒心快意，但用显微镜观察历史的犄角旮旯，像吴思先生一样不依不饶地深究卑微的小事情，从而发现“潜规则”，同样价值连城。

俄国作家陀思妥耶夫斯基说：“人是一个谜，需要解开它，如果你一辈子都在解这个谜，那你就别说浪费了时间。我在研究这个谜，因为我想成为一个人。”板桥和东坡不同，他是一个普通人，没有“仙”气，适足以成为研究“人”的好材料。

第一章　双重夹击

郑板桥，原名郑燮，字克柔，家在江苏兴化城东南角的古板桥，因此号“板桥”，人称板桥先生。

对于康乾盛世的兴化人来说，如果不是老实巴交、一无所长的纯粹农民，就有可能面临两种致命的诱惑，一是科举，二是经商。

从科举来说，如果能考中秀才，再考中举人，那就成了“老爷”，旦夕之间，社会地位、家庭生计都能获得根本改观。中举与中秀才不同，明清两代，成绩列入一等的秀才称廪膳生员，简称“廪生”，能够享受府、州、县三级政府发放的廪米津贴。廪生名额有严格限制，府学40人，州学30人，县学20人，津贴很微薄，每人每月给廪米6斗。廪生虽有一些物质激励，但社会地位仍等同于平民，至于一般秀才，在物质和地位两方面仍然一无所获。中举则不同，身份大涨，见县级长官可以长揖不拜，而且从此被列为乡绅，当地知县、地方头面人物经常前来拜访，当然不会空着手，例有馈赠，馈赠的多少在掂量轻重以后，甚至会赠送房子、奴婢或小妾。究其原因，中举已经是进入官场的第一步，各方人士自然要铺垫交情，为长远伏笔。

科举非常困难，不要说中举、中进士，只说中秀才就不容易。秀才考试，俗称“童子试”，跟年龄无关，不是指儿童参加的考试，而是正式科举考试的预备考试，到了花甲之年仍是童生，参加童子试的，大有人在。大清道光年间，广东曾经多次出现百岁童生应试的记录。

童子试分三个阶段进行，先是县试，再是府试，最后是院试，相当于现在的县、市、省三级选拔考试。县试由知县主持，一般在开春二月进行，需要连考四五场，考试内容包括八股文、诗赋、策论等，县试合格者才能参加更高一级的府试。府试由知府主持，一般在四月份进行，考试场次、内容与县试基本相同，府试合格者才能参加更高一级的院试。院试由主管一省教育事务的学政主持，院试合格者称秀才，可进入府学、州学、县学成为生员。

童子试只是预备考试，或者说资格考试。明清两代，正式科举考试分为乡试、会试、殿试三级。

乡试，每三年举行一次，一般在京城以及各省省城举行，考试时间在秋天，称“秋闱”，闱是考场的意思。各省乡试主考官均由皇帝钦派，考中的人称举人，其中第一名称解元，第二名称亚元，第三、四、五名统称经魁。明朝著名画家、“江南四大才子”之一的唐伯虎，29岁时在今天的江苏南京参加应天府乡试，高中解元，一时风光无限。

因乡试考场空间有限，正式乡试前，秀才们还要进行一次选拔，称“科考”，由本省学政主持，通过的秀才称“录科”，没有通过的秀才在正式乡试前一个月还可以再考一次，通过者称“录遗”，录科和录遗才能正式取得科考资格。

童子试层层选拔、关卡重重，如果童子试通不过，就不能成为秀才，当然就没有资格参加乡试。后来慢慢出现一种办法，可以不经过童子试、科考，直接取得乡试资格，这种办法叫“捐监”，说白了就是花银子捐一个“监生”。

所谓监生，就是国子监学生。国子监是明清两代国家最高学府，按规定必须是“贡生”或“荫生”才有资格进入国子监读书。所谓贡生，是在全国秀才中加以遴选，卓异者升入国子监读书，成为监生。贡生的意思，是把秀才中特别优秀的人进贡给皇帝。所谓荫生，都是官僚子弟，依靠父祖官位成为监生。“捐监”可以说是一种制度创新，花银子买乡试资格，事实上买到乡试资格的人，绝大部分并不参加乡试，不是不愿意，是没有那个实力，他们买的实际上是“国子监学生”这样一种身份。

通不过童子试，通过花银子成为监生，从而取得乡试资格，这种途径算不上正途，因此往往被人看轻。但历史的吊诡在于，偶尔也有意外，明朝的罗圭，七次参加童子试，都没能通过，后来通过捐监，却在乡试、会试中接连夺魁。

乡试高中举人后，来年二三月份可以参加在京城举行的会试。所谓会试，意思是“共会一处，比试科艺”，因在春天举行，又称“春闱”。会试是中央级考试，由礼部主持，考试通过者称贡士，第一名称会元。大清一次会试录取少则百人，最多时约400人。各省录取名额，斟酌应试人数及各省疆域大小、人口多寡而定。

会试分三场进行，一场就要考3天，又要先一日进考场，晚一日出考场。这样算起来，需要连考11天。每个考生都有一个单间，称“号”，长5尺，宽4尺，高8尺，非常狭小。考生进号前要搜身，进去后马上锁门，每名考生发3根蜡烛，从此以后11天时间，答题、吃饭、睡觉都在里面，非常艰辛。

会试发榜后，接着是殿试，由皇帝亲自出题，又称“御试”或

"廷对"。殿试的主要目的不是取舍，而是区别等级。明清两代，殿试后分三甲：一甲三人，第一名称状元，第二名称榜眼，第三名称探花，赐"进士及第"；二甲名额约占三分之一，赐"进士出身"；三甲名额约占三分之二，赐"同进士出身"。

科举环环相扣，县试、府试、院试，乡试、会试、殿试，每一次都是窄门，能打通关者着实不易。为强化实际印象，我们看一下大清中兴名臣曾国藩的科考之路。曾国藩 5 岁启蒙，6 岁入家塾，16 岁参加长沙府童子试，名列第七。24 岁参加湖南乡试，考中第 36 名举人。25 岁到北京参加会试，没有考中，寄居长沙会馆读书。26 岁再次参加恩科会试，再次落榜，只好返回湖南老家。会试每三年举行一次，称"正科"；寻常正科外，有时恰逢朝廷重大庆典，皇帝特别加恩，增加会试机会，称"恩科"。大清将近 300 年，一共开过 5 次恩科，机会难得，但曾国藩还是没能考中，只好再等两年，28 岁时再次进京参加会试，这一次终于考中，殿试位列三甲第 42 名，赐同进士出身，从此踏入仕途。

曾国藩 3 次才考中进士，而且名次靠后，但他远比左宗棠幸运，左宗棠在 6 年时间内，3 次进京会试，均名落孙山，一辈子只是一个举人。

科举虽是窄门，却是猎取功名、出人头地的唯一正途，社会各界遂达成"积钱积谷不如积德，买田买地不如买书"的共识，普通老百姓虽无缘科举，但艳羡、眼热自不待言，中共早期领导人陈独秀在回忆录中说："贫苦农民的儿子……如果能够跟着先生进城赶一次考，胡乱写几百字交了卷，哪怕第一场就榜上无名，回家去也算得出人头地。

穷凶极恶的地主们，对这一家佃户，便另眼看待，所以当时乡间有这样两句流行的谚语：‘去到考场放个屁，也替祖宗争口气。’”

可以说，科举是命运最大的魔术，即使稍稍接近，人生也能改观。

从经商方面来说，兴化靠近扬州，扬州地理位置优越，沟通长江与淮河，扼守京杭大运河的入江口。自隋炀帝开凿京杭大运河以来，京杭大运河相当于古代社会的京沪高铁，清代扬州犹如今天的大都市上海。江浙自古以来就是国家财赋重地，清代扬州又是两淮盐运署所在地，两淮盐运上交的税收占到整个大清国岁入的四分之一，因此扬州是无可争议的大清第一经济重镇。

扬州是一座受过伤的城市。明清易代之际，史可法领导扬州军民抗击清军，失败后清军展开惨烈的大屠杀，史称“扬州十日”，死难者高达 80 万人。

观察扬州的人口变化，可对扬州城的兴衰获得非常强烈的印象。元朝初年，扬州人口约 100 万。元末战乱，扬州人口锐减，明朝初年人口约 60 万。明末清初，扬州遭受战乱的猛烈冲击，人口凋零，到雍正六年（1728 年）人口只有 25 万。再往后，扬州迅猛崛起，经济发达，文化繁荣，人口大量流入，乾隆三十七年（1772 年）突破 200 万，嘉庆十三年（1808 年）突破 300 万。也就是说，在 80 年的时间内，扬州人口翻了 12 倍。

按现代观念来说，在 80 年的时间内，扬州作为南北东西水陆交通大码头、两淮盐运使所在地，一直处在人口净增长、净流入的高速发展期，其间自有无数商业机会。大清康、雍、乾三朝，政局稳定，扬州以其特殊的地理位置，启动漕运和盐运两大经济引擎，其发展正可用“一日千里”来形容。清代文学家汪中在《广陵对》中说:“广陵一城之地，天下无事，则鬻海为盐，使万民食其业……及川渠所转，百货通焉，利尽四海。”

当时扬州城内的巨商大贾以盐商最为夺目。扬州盐商有两个来源，一是山西、陕西，二是皖南徽州。后来的事实证明，山、陕盐商能力和智慧不敌徽州盐商，到乾隆时期，徽州盐商已经独占鳌头，控制大盘。

皖南徽州，山多地少，不适合农耕，田地产出每年大约只够维持3个月。经济作物，如木材、茶叶等，产出既有限，当地也找不到销路，需要转运外地才能有收益。穷则变，变则通，徽州人慢慢产生“以贾代耕”的想法，靠种田没有活路，只有经商才有转机。徽州人于是大量外出经商，足迹无远弗届，就产业选择来说，盐业、丝绸业、茶业慢慢成为徽州人的天下。

就地理位置来说，只要走出徽州，就是富甲天下的江南重地。从徽州出发，陆路到芜湖，即可顺长江东去南京、扬州；水路到杭州，即可连通京杭大运河，直达扬州。因为交通畅达，徽商比山、陕商人不知占尽多少地利。徽商独霸两淮盐业以后，倒果为因，遂有“扬州之盛，实徽商开之”的说法，让人感慨财富真有扭转乾坤的力量。

在扬州挣了大钱的徽商，一开始完全是暴发户形象。李斗《扬州画舫录》记载了一些“盐商斗富”的荒唐故事。有一个盐商耗资万金，打造金箔，然后运到镇江金山寺，站在宝塔上，让金箔随风飘洒，江面上、江边的树上，挂满金箔，一时金光万点，炫人眼目。这位仁兄，如此做派，不知道怎么想的，或许是动画版的千金散尽吧。另一个盐商，花费数千金，购买大量苏州产不倒翁，全部倒进河中，不倒翁在水面载浮载沉，河道为之堵塞。这位仁兄，大约以水喻财，不倒翁是基业长青的意思，想法很别致。

徽州是南宋大儒朱熹的故乡，徽商非常崇拜家乡的这位圣人。有如此文脉支撑，徽商中的佼佼者逐渐开始发扬“贾而好儒”的风气，高倡程朱理学，由暴发户向儒商转型升级。徽商有财力，一旦活明白过来，投入文化事业遂不遗余力。别出心裁的斗富已成往事，上流社会的新风尚是文化品位，大凡建书院、造园林、赏书画、吟诗词，种种雅事，都有徽商推波助澜，引领风气。这就催生出巨大的内需市场，给文人墨客留下无穷的活动空间，有名望的读书人由此不乏生财之道。

举一个小例子。“扬州八怪”之一的金农，老家在杭州，寓居扬州，算是文化名人，两淮盐商争相延请。有一次，盐商聚会，在扬州平山堂宴游，喝酒高兴了，有人提议以古人诗词联句。轮到某个盐商时，苦思不能得，众人要罚他喝酒，情急之下，这个盐商说：“我也有了，柳絮飞来片片红。”众人大笑，柳絮是白色的，怎么会“片片红”呢？古诗词中哪里有这样的句子，肯定是杜撰。在此紧要关头，金农出来解围说，此诗句不是杜撰，原是元朝人咏平山堂的诗，这个盐商在此引用，非常贴切。众人不信，请教金农全诗内容，金农不慌不忙，临时编了一首：

廿四桥边廿四风，凭栏犹忆旧江东。

夕阳返照桃花渡，柳絮飞来片片红。

众人到此无话可说，纷纷称赞金农博学，非常佩服。那个盐商，内心感激金农为他解围，第二天送了1000两银子表示感谢。

对于康乾盛世的扬州来说，一个有才华的文人、艺术家面临着无穷的机会，但仅仅有才华还不够，才华没有纯客观的标准，需要其他方面的佐证，比如有没有做过官，做过多大的官，有没有进入顶级文艺圈，有没有参加过顶级圈层的雅集，有没有重量级人物推荐，有没有文艺方面的官方身份或荣誉，这些都是资源，都是通行证。

科举和商业搭就了人生大舞台，但对普通人来说，要在扬州斩获身份、金钱与荣誉，绝非易事，甚至势比登天，板桥就是一个例子。

板桥祖父郑湜，曾经做过兴化县学的儒官，家中有80亩祖产。当时兴化县城约有3.3万人口，耕地将近两万顷，郑家田产当在平均数以下，因此还要佃种别人家的地，才能维持全家生计。

板桥父亲郑之本，字立庵，是个行踪不定、外出讨生计的私塾先生，曾经在真州（今江苏仪征）毛家桥设馆教书。板桥10岁左右，随父亲在毛家桥读书，后在《板桥自叙》中说："父立庵先生，以文章品行为士先，教授生徒数百名，皆成就。板桥幼随父学，无他师也。"此说当有夸张的成分，学生数量多至数百人，而且都有成就，一个乡村私塾先生，很难有这样的作为。板桥父亲后来补了廪生，享受一份微薄但比较固定的政府津贴。

板桥25岁的时候，步父亲后尘，也做了一名私塾先生，先在兴化，后来去了仪征，当地一位富商请他做家庭教师。大户人家自办家塾，平时管老师吃住，年终发给少量薪水。私塾先生过的是寄人篱下的生活，板桥迫于生计，强忍强为，内心非常窘迫。多年以后，板桥自编文集时抄录了一首《教馆诗》，虽不是自己的作品，但心意相通，难以释怀。

教馆本来是下流，傍人门户渡春秋。
半饥半饱清闲客，无锁无枷自在囚。
课少父兄嫌懒惰，功多子弟结冤仇。
而今幸得青云步，遮却当年一半羞。

诗很写实，也很沉痛，板桥为自己能够跳脱父辈的命运，有一种庆幸，甚至有一种复仇的快感。

板桥母亲家的情况好一些，外祖父汪翊文在当地有些名望，据说为人有明末遗民的风骨与节操，因此不肯出来做官。母亲汪氏是个独生女，有教养，板桥自认为“文学性分得外家气多”，也就是他的文艺基因主要来自外祖父家。汪翊文见板桥的父亲忠厚、老实，又好学，并不嫌弃郑家穷薄，刻意把女儿嫁过来。

板桥出生时遇到麻烦，他的曾祖母忽然去世，按兴化当地风俗，家遭新丧，产妇不能在家生产，血光会冲撞亡灵。邻里街坊也嫌晦气，不愿板桥母亲在家生产。板桥的祖母没办法，听从家中侍婢费氏的建议，让板桥母亲到郑家乡下一位远亲家“借生”，费氏随同照应。

板桥一生艰难，多凄苦，因此对别人的些许善意，长久铭记在心。多年以后，板桥在山东做潍县知县，经济条件大为改观，捎钱回家接济亲友，特别嘱咐堂弟郑墨不要忘记自己“借生”的那位远房亲戚，“派虽远，亦是一脉，皆当有所分惠”。板桥是心重、不忘本的人。

康熙三十二年（1693 年）十月二十五日子时，板桥出生。这一天，恰是当年小雪节气，民间说法称为“雪婆婆生日”，板桥觉得自己出生的日子好，引以为豪，后来刻了一枚“雪婆婆同日生”印章，经常使用。

板桥母亲体弱，在板桥 3 岁时不幸去世。板桥后来追忆幼年丧母的凄惨景象，写诗说：

我生三岁我母无，叮咛难割褓中孤。
登床索乳抱母卧，不知母殁还相呼。

儿昔夜啼啼不已，阿母扶病随啼起。
婉转唤抚儿熟眠，灯昏母咳寒窗里。

板桥虽然很早失去母亲，但还算幸运，板桥祖母的侍婢费氏承担起抚育板桥的重任，一直到板桥 45 岁时，才去世。

费氏只是一名普通农村妇女，但看其一生行迹，真可谓市井中的巾帼英雄。板桥后来追忆说：“燮四岁失母，育于费氏。时值岁饥，费自食于外，服劳于内。”那些年，收成不好，几个奴仆，虽名分归属郑家，但郑家无力给予衣食温饱，只好自己解决吃饭问题，晚上回来后再为郑家操持家务。所谓“自食于外，服劳于内”，等于是义务劳动。

板桥追述当时具体情形，“每晨起，负燮入市中，以一钱市一饼置燮手，然后治他事”。乳母费氏，每天早上把板桥背到集市上，先花一枚铜钱买一块饼，放在板桥手上，然后再去打零工，维持自家开支。

费氏自己有丈夫、儿子，但“间有鱼飧瓜果，必先食燮，然后夫妻子母可得食也”，一切以照顾板桥为中心，不惜刻苦自己和家人。这样过了几年，到板桥7岁时，郑家每况愈下，费氏的丈夫想离开郑家外出谋生，费氏“不敢言，然长带泪痕”。日子越过越窘迫，有一阵子，费氏每天忙着浆洗、缝补板桥祖母的旧衣服，又把家中水缸挑满水，买了许多柴草堆在灶屋，最后不忍告别，默默地走了。板桥追忆费氏出走那天的情景，“燮晨入其室，空空然，见破床败几纵横，视其灶犹温，有饭一盏，菜一盂，藏釜内，即常所饲燮者也”，板桥知道乳母已去，一个7岁的孩子无法可想，只有痛哭。

过了3年，让板桥喜出望外的是，费氏又回来了，继续侍奉板桥祖母，而且“抚燮倍挚”。费氏回来的第二年，自己的亲儿子做了八品的操江提塘官，屡次要来接母亲回去抚养，但费氏坚决不肯，心里放不下年老的祖母和年幼的板桥。费氏这次回来，再也没有离开，又在郑家服务34年，就在郑家去世，享年76岁。板桥44岁时考中进士，乳母说：“吾抚幼主成名，儿子作八品官，复何恨！”其坚忍、喜悦与满足，溢于言表。

一方面乳母费氏堪称市井巾帼，其一生之恳切、忠诚、善良殊为难得；从另一方面来说，郑家也必定忠厚，人情味浓，如此才有让人不忍去、去而复回的软实力。

板桥5岁时，父亲续娶郝氏。板桥运气不错，继母郝氏善良、有耐心，性格宽厚。板桥刚刚失去亲母、乳母，情绪不稳定，面对陌生的郝氏，经常无端哭闹，就地打滚，郝氏总是耐心地包容他、爱护他。郝氏在郑家10年，备尝艰辛，年纪轻轻就去世了。板桥写诗说：“十载持家足辛苦，使我不复忧饥寒。”对继母郝氏同样有无限感激。

板桥虽3岁丧母，家境艰难，但总体上并不缺少关爱。板桥还有一位叔父郑之标，字省庵，一直没有孩子，对板桥视如己出，呵护备至。童年的板桥，常常跟着叔父睡觉，小孩子尿床，叔父在“布衾单薄”“败絮零星”的床上“就湿移干”，终夜辗转。板桥慢慢长大了，有时闯了祸，叔父的小屋往往是最佳避难所；书读得厌烦了，叔父帮他寻找脱身的借口，“护短论长”，百般偏爱。

一直到板桥25岁时，叔父才老年得子，取名郑墨。板桥40岁中举，第二年叔父去世，板桥一直遗憾没能为叔父尽孝。叔父去世时，郑墨18岁，堂兄弟之间非常友爱，处处相互扶持。郑墨一直守在兴化老家，掌理门户，照顾老小，板桥外出闯荡，才能无后顾之忧。

板桥长大后，相貌丑陋，个子倒比同龄人高许多。板桥40岁以前，一直深陷贫穷的泥潭，贫穷加之诸事不顺，毁坏了他的生活。他好喝酒、好谩骂，极度自尊，又极度自卑。23岁时，板桥结婚，妻子徐氏，是他的同乡，婚后8年内，生育二女一男，生计更加艰难。徐氏与板桥共同生活了17年，不幸早逝。

关于徐氏，我们现在知道的很少，大约有顺从、体贴、逆来顺受的性格。在17年的婚姻生活中，板桥大部分时间不在家，或者在外地做私塾先生，或者出游扬州、江西、北京等地，去寻找一个男人事业上的运气。在此期间，儿子郑犉早夭，板桥又纳妾饶氏。徐氏去世一年后，板桥中举，徐氏没能等到这一天。

在板桥诗文中，关于徐氏也留下若干珍贵的镜头，“荆妻拭砚磨新墨，弱女持笺索楷书”，是板桥一生中难得平静温馨的时光。板桥又有

《贫士》诗，写家计艰难，出外向人借贷无果的经历，诗中的徐氏非常体贴，给失意的丈夫很多安慰。

贫士多窘艰，夜起披罗帏。
徘徊立庭树，皎月堕晨辉。
念我故人好，谋告当无违。
出门气颇壮，半道神已微。
相遇作冷语，吞话还来归。
归来对妻子，局促无仪威。
谁知相慰藉，脱簪典旧衣。
入厨燃破釜，烟光凝朝晖。
盘中宿果饼，分饷诸儿饥。

《贫士》诗写实，一个近乎赤贫的家庭让人心酸。板桥《七歌》诗又说出自己的种种失败：

几年落拓向江海，谋事十事九事殆。
长啸一声沽酒楼，背人独自问真宰。
枯蓬吹断久无根，乡心未尽思田园；
千里还家到反怯，入门忸怩妻无言。

板桥近乎一事无成，落魄还家，苦闷之余借酒浇愁，幸好妻子没有一句埋怨的话。坚硬的现实几乎摧毁了生活的点滴从容，板桥说：

我生二女复一儿，寒无絮络饥无糜。
啼号触怒事鞭朴，心怜手软翻成悲。
萧萧夜雨盈阶戺，空床破帐寒秋水；
清晨那得饼饵持，诱以贪眠罢早起。

板桥陷入赤贫的绝境。独子郑犉早夭，想必与贫穷有关。板桥《哭犉儿》诗，字里行间惨不忍睹：

天荒食粥竟为长，惭对吾儿泪数行。
今日一匙浇汝饭，可能呼起更重尝。

坟草青青白水寒，孤魂小胆怯风湍。
荒涂野鬼诛求惯，为诉家贫楮镪难！

郑犉在世时，天天食粥，板桥觉得愧对孩子。现在孩子走了，连食粥也不会了。孩子早夭成孤魂，变成鬼，也胆小。板桥担心，那些大人变成的野鬼会欺负他，对他有种种诛求，最好的办法是多烧些纸钱，但是家里穷，也买不起太多纸钱。“楮”是纸钱，“镪”是成串的纸钱。读来真有锥心之痛！

第二章 三面突围

板桥要改变命运，有三种途径：一是科举，二是卖字画，三是直接做生意。

板桥何时考中的秀才，现在没有确切记载，有的说是 17 岁，有的说是 24 岁，还有的说是 30 岁，但这并不重要，因为即使考中秀才，对生计也无大的补益，顶多做一个私塾先生。至于书画，姑且不论板桥的才华如何，他毫无名气，却是事实，因此也不可能成为改变命运的契机。像徽商一样直接做生意，既无累世的资本，也无人脉，更无经商天才，看不出有什么机会。

板桥万般无奈之下，开始出门讨生计。其时板桥约 25 岁，父亲多病，自己有 2 个孩子，叔父郑之标老来得子，生子郑墨，家中骤然添了三四张嘴，负累之重可想而知。板桥最早的谋生手段，只能去做私塾先生，先在兴化，后来去了仪征。这段经历有五六年，私塾先生的收入仅够糊口，板桥一大家子仍在饥寒交迫之中。

板桥蹉跎到 30 岁，又接连遭遇丧事，先是多病的父亲去世，接着是恩师陆震去世。陆震，出身兴化名门，祖父陆蓉是大明朝洪武、永乐年间的名臣，多才多艺，明成祖誉之为“诗书画三绝”；叔祖陆西星自幼聪明，工诗文，擅书画，但考中秀才以后，再考举人，“九试而不中”，于是弃儒学道，入山隐居。据陆西星自己说，道教神仙吕洞宾曾降临其北海草堂，住了22天，亲授丹诀。陆西星后来成为两宋、元、明道教内丹双修理论的集大成者，认为“男女阴阳之道顺之则生人，逆之则成丹”。陆西星有文才，相传《封神演义》是他的作品，也有人说是许仲琳的作品，不管真相如何，“误解”本身也需要实力的支撑。

陆震的父亲陆廷伦，有才气，兼具民族气节。大明朝灭亡后，陆廷伦践行古代高士风骨，坚决不当清朝的官，“躲进小楼成一统”，30年不下楼，以示不踏大清国土，不做大清顺民。

有祖、父辈如此，《兴化县志》说陆震“少负才气，傲睨狂放，不为龊龊小谨”，淡泊名利，讨厌科举，专攻诗词、文章和书法，板桥曾跟随他学习填词。陆震生在明清转换的大时代，科举乏力，没有子嗣，难免生计萧条，板桥说“先生贫病老无儿，闭门僵卧桐阴北”，很是凄凉。陆震虽贫病，但好酒，穷急时就把笔、砚抵押给酒家，遇人求字，需要先出钱帮他赎回，才能挥毫。陆震当时以词名世，板桥后来多次手抄恩师诗词，许多作品才得以流传。

陆震的词究竟何等风貌，我们看一首《沁园春》:

十月荒乡，海气增寒，晚眺层楼。正西风飒飒，千林木落，斜阳澹澹，万井烟浮。侧帽微吟，凭阑北望，顿起边关万里愁。长城下，怅笳声动地，兵气横秋。

中朝羽檄如流，早刻日、移师出帝州。看前军夜渡，长河滚滚，燕山暮宿，铁骑赳赳。我拟从戎，伊吾之北，博个人间万户侯。缘何事，却名争蜗角，利觅蝇头?

词作于康熙三十四年（1695年），当时边疆少数民族噶尔丹入寇，年轻的陆震心事浩茫，仿佛看见边境烽火连天，梦想投笔从戎，度燕山，跨黄河，建奇功于绝域，博取人间万户侯。此时的陆震认为，这才是大丈夫伟业，又何苦在凡俗的生活中蜗角争名，蝇头觅利？

在板桥内心深处，陆震才是他“精神上的父亲”。板桥虽然一生困顿，但他梦想超越平凡的世界，干一番轰轰烈烈的大事业，他是一个有理想的人。但现实坚硬如铁，父亲去世后，留下的只有债务、奴仆卖身的契约，还有少量线装书。家中如此困境，实在养不起奴仆，板桥一把火烧了奴仆的卖身契约，让他们自谋生路。父亲留下的线装书，也变卖一空，但对家庭生计来说，只是杯水车薪，更无从应付天天上门催讨的债主。

板桥开始出远门讨生计，一方面想找门路卖一点字画，还债救急；另一方面也想寻师交友，安静读书，准备举人考试。

板桥离开兴化后，先到海陵（今泰州），后又去镇江焦山。穷秀才外出游历，多数寄居亲友家或寺院中。当时，稍有规模的寺庙都有客房，不仅吃住方便，还能与和尚谈文论艺，结识各方面的人。板桥在泰州结识了梅鉴和尚，在焦山投奔任别峰庵主持的老乡，他们都欣赏板桥的才华。

焦山对板桥来说，尤其是一方福地。镇江有三山，焦山在大江之中，又名浮玉山，山上名胜古迹众多，寺庙巍峨，古木苍翠。对板桥来说，最吸引他的是《瘗鹤铭》摩崖石刻，“瘗”是埋葬，一只家养的鹤死了，主人将它埋葬并写下铭文，书法相传是南北朝时期的隐士华阳真逸所书。

《瘗鹤铭》在书法史上享有崇高的地位，被称为“碑中之王”。北宋大书法家黄庭坚推崇其为“大字之祖”，于此得力最多，经融汇创新后形成自己的书法风格。唐朝时，《瘗鹤铭》石刻崩落江中，后来历朝历代，地方官员都不惜巨资在江中打捞断石，置于焦山碑林之中。板桥既在焦山，有地利之便，有幸亲睹，内心着实欢喜，花很多时间研究临摹。

寺庙有区域社交中心的功能，板桥在焦山碰到了他生命中的第一个贵人马曰琯。马曰琯，字秋玉，原籍安徽祁门，从祖父辈开始经营两淮盐业，家族豪富。马曰琯本人打小侨居扬州，他还有一个弟弟马曰璐，号南斋，兄弟之间互为师友，人称“扬州二马”。

马氏兄弟属第三代盐商，已滤尽暴发户习气，好诗文，好藏书，好结交四方名士，为人慷慨，热心地方公益事业，清代书画家杭世骏在马曰琯《墓志铭》中说：“以济人利物为本怀，以设诚致行为实务。”雍正年间，马氏兄弟在扬州建造小玲珑山馆，成为区域文化一大据点，四方名士蜂拥而至，马氏兄弟“授餐经年，无倦色”，因此团结了一大批著名学者，全祖望、厉鹗、金农、袁枚都是常客，马曰琯自为盟主，结诗社，游山水，袁枚说马曰琯：“横陈图史常千架，供养文人过一生。”

马曰琯还是闻名全国的藏书家、刻书家，聚书几十年，只要看见秘本、珍本、孤本，常常不惜千金，先后购得传是楼、曝书亭旧藏，累计藏书 10 多万卷，全祖望称小玲珑山馆“藏书精骇，更无讹本”。乾隆三十七年（1772 年），朝廷开馆编纂《四库全书》，广征天下秘本，马氏兄弟进呈图书 776 种，收入《四库全书总目》的有 373 种，为全国献书之冠。乾隆皇帝闻其大名，曾借南巡之机，亲至小玲珑山馆加以褒奖。马氏兄弟是出版大家，有市场意识，刊刻世人所需图书，如《说文解字》《玉篇》《广韵》等，不惜工本，仅朱彝尊《经义考》一书，就花费千金，刊刻极为精良，世称“马版”。马氏兄弟刊刻的图书往往加上“秋玉父印”“马氏丛书楼珍藏图记”“马曰琯曰璐兄弟同鉴赏”等，成为图书收藏的品牌标识。

马氏兄弟为人有种种好处，“倾接文儒喜交久敬，意所未达，辄逆探以适其欲”，这是说结交士子，即使时间很长也不失尊敬，有始有终，尤其考虑到士子都是读书人，读书人好面子，即使有难处，也不肯直说，马氏兄弟往往暗中调查，随处施以援手，帮人帮在暗处。这种做派与现在某些公益人士大相径庭，据说公关行业有一种操作秘籍，“花一元钱做公益，一定要花十元钱做宣传”，往往视被求助对象的隐私、尊严为无物。

板桥在焦山巧遇马曰琯，马曰琯赏识板桥的才华，得知板桥生计艰难后，随即派人前往兴化，致送 200 两银子，帮板桥清偿债务，余下的银子用来修葺房屋。这一切都是暗中进行的，一直等到板桥返家，才知道实情，板桥当然感念不已。

板桥一生多为银子困扰，我们有必要对银子的购买力有一个直观印象，才能更好地还原板桥的处境。按当时物价，一两银子在雍正朝能买 130 斤大米，或者 30 斤猪肉，或者 100 斤盐；到了乾隆朝，物价持续上涨，一两银子只能买到 80 斤大米，或者 10 斤猪肉，或者 50 斤盐。因此，200 两银子，对板桥来说，诚然是巨款，既还清了债务，又改善了家庭生计。板桥暂时获得了自由，一个多年隐藏心中的愿望油然升起，他想出门远游。板桥写诗说："半世文章鸡肋味，一灯风雨雁声秋。"这是对过去的不平。又说："乘槎东海涛方壮，射虎南山气更遒。"这是对未来的希望，板桥觉得他还有很长的路要走，还可以走出非常开阔的人生境界。

板桥首次远游，绕了一个大圈，从扬州出发，途经江西、湖南、四川、陕西、河南，再到北京，最后回到扬州。

在江西庐山，板桥着力寻访八大山人遗迹。八大山人，原名朱由桵，后改名为朱耷，江西南昌人，他是朱元璋的后代，明朝灭亡的那一年（1644 年），他 19 岁，由大明贵胄忽然跌入尘埃，成了亡国奴。面对国破家亡的命运，八大山人心如死灰，落发为僧，不肯与大清合作。

清初画坛"四王"（王时敏、王鉴、王翚、王原祁）与"四僧"（石涛、八大山人、髡残、弘仁）对立，"四王"代表官方，代表正统，崇尚摹古，醉心于前人的笔墨技巧，程式化倾向非常严重。"四王"都是苏州人，彼此亦师亦友，直接、间接师法明朝大画家董其昌。"四僧"代表在野，代表创新，富有个性，心中有不平之气，抱持强烈的民族意识。石涛，原名朱若极，和八大山人一样，也是明宗室后裔，不过明朝灭亡时，他只有 3 岁，因此国破家亡的直接体验不及八大山人深切。

八大山人的花鸟画上承明朝大画家徐渭，经过创新，发展出阔笔大写意画法，他的画非常有意思，造型简练，形象奇特，无论是画鱼，还是画鸟，都是翻着"白眼"仰头向天，充满倔强之气，把自己孤傲不群、愤世嫉俗的性情表露无遗。八大山人比板桥早六七十年，板桥非常仰慕，到了庐山，当然要寻访遗迹。在庐山，板桥还认识了一个新朋友，是个和尚，法名无方上人。板桥后来到北京，写有《瓮山示无方上人》诗，很能看出他的志趣。

松梢雁影度清秋，云淡山空古寺幽。
蟋蟀乱鸣黄叶径，瓜棚半倒夕阳楼。
客来招饮欣同出，僧去烹茶又小留。
寄语长安车马道，观鱼濠上是天游。

乾隆皇帝即位后，赐名瓮山为万寿山，在北京颐和园内。板桥的诗先写庐山寺庙风景，流露出归隐的想法。“长安车马道”，指前往京城的求名求利者，长安代指大清首都北京。“观鱼濠上”出自《庄子·秋水篇》，庄子和他的好朋友惠子游濠水，庄子说：“河里的鱼游得多么从容自在啊，做一条鱼真快乐！”惠子说：“你又不是鱼，怎么知道鱼的快乐呢？”庄子说：“你又不是我，怎么知道我不知道鱼的快乐呢？”板桥用这个典故，表露出想要纵情山水，逍遥游乐的情绪。

在无方上人的寺庙里，板桥还结识了满人保禄。保禄是掌管满汉奏章的翻译官，官名叫笔帖式。此人风趣、敏捷，把无方上人和板桥连在一起，拟了一副对联：

西江马大士，南国郑都官。

马大士，即唐代高僧马祖道一，他的师父是怀让禅师，怀让禅师的师父是六祖慧能。马祖道一曾经在江西南昌开元寺说法，弟子极盛，以百丈怀海最著名，百丈怀海以一人之力开衍出佛教临济宗、沩仰宗。无方上人俗姓马，因而如此类比。

唐末著名诗人郑谷，做过都官郎中，后人称郑都官。郑谷7岁能诗，是个神童，他的父亲是湖南永州刺史，曾经和《二十四诗品》的作者司空图住在一个院子里，司空图见到郑谷，特别喜欢，抚着他的背说："当为一代风骚主。"

有一次，一位和尚拿了一首《早梅》诗前来拜访，其中有一句"前村深雪里，昨夜数枝开"。郑谷说，"数枝"不如改为"一枝"，可以更加突出早春之意。和尚非常佩服，不觉下拜，称郑谷为"一字师"。郑谷自己有《鹧鸪》诗，风行于世，人称"郑鹧鸪"，其中有一联"游子乍闻征袖湿，佳人才唱翠眉低"。鹧鸪的羽毛色彩斑斓，看上去很有文采，叫声听上去像"行不得也哥哥"，古人借此抒发游子孤苦思乡之情。

板桥非常想出名，想得到大人物的赞誉。保禄虽不是朝廷重臣，总算是皇帝身边的人物。对此副对联，板桥极为珍重，从今往后，常常自比郑谷，并刻下"都官""鹧鸪"印章，钤于书画。

在庐山，板桥还结识了八大山人的嫡传弟子万个，万个学会了八大"一笔石"画法，能一笔画出石头的凹凸深浅、玲珑肥瘦，板桥非常钦佩，时常练习。

离开庐山后，板桥前往湖南，饱览潇湘胜景；再到湖北，登黄鹤楼；又溯江而上到重庆、成都，在青城山崖壁留下"江源第一峰"五个大字；接着由四川入陕西，游历长安；又到河南安阳，登铜雀台。板桥一路写了许多诗词，非常勤奋，几乎每一处名胜古迹都要题咏，板桥诗集中的《钜鹿之战》《项羽》《邺城》《铜雀台》等，都写于这次远游。

板桥算不上一流作家，在那个年龄尤其不是，他的诗不脱打油诗特色，如写项羽的《钜鹿之战》：

怀王入关自聋瞽，楚人太拙秦人虎。
杀人八万取汉中，江边鬼哭酸风雨。
项羽提戈来救赵，暴雷惊电连天扫。
臣报君仇子报父，杀尽秦兵如杀草。
战酣气盛声喧呼，诸侯壁上惊魂逋。
项王何必为天子，只此快战千古无。
千奸万黠藏凶戾，曹操朱温尽称帝。
何似英雄骏马与美人，乌江过者皆流涕！

板桥只是“中人”，不是李白、杜甫、东坡那样的天才，他一生的成就来源于顽强拼搏和精心算计，也唯有如此，反倒让我们觉得更加亲近。板桥不似天上“谪仙人”，倒像是勤奋苦逼的“邻家大叔”。

板桥极讲究策略性运作，有城府。一方面是天性使然，有乡村知识分子的那种智慧；另一方面也是环境使然，他要从一个卑微的起点去争科举、争生计。板桥是草根，和千千万万的草根一样，每一步都是逆水行舟，每一步都要付出艰辛。在湖南时，板桥有《浪淘沙·和洪觉范潇湘八景》，其中“烟寺晚钟”一首写道：

日落万山巅，一片云烟，望中楼阁有无边。唯有钟声拦不住，飞满江天。

秋水落秋泉，昼夜潺湲，梵王钟好不多传。除却晨昏三两击，悄悄无言。

板桥的词带有明显的“作文”痕迹，境界局促，用词拘谨。他刻意唱和的洪觉范，是宋徽宗时期的著名诗僧，和黄庭坚是好朋友，黄庭坚称赞他“不肯低头拾卿相，又能落笔生云烟”。板桥希望自己和古代名人比肩而立，他知道自己的实力，因此不会去唱和苏东坡、辛弃疾这样的大名家，他善于对标，瞄准的对象是郑谷、洪觉范这些第二阵营的文化名人。

雍正三年（1725 年）春，板桥到了北京，住在寺庙里。板桥在京城有少许人脉，比如同为扬州八怪的李鳝。李鳝也是兴化人，比板桥大 7 岁，在扬州八怪中与板桥关系最为密切。康熙五十年（1711 年），李鳝中举人，不久他找准一个机会，康熙皇帝巡幸古北口长城，李鳝趁机御前献诗、献画。这一大胆的举动，果然发生效果，不久李鳝以绘画才能召为内廷供奉，康熙皇帝发下圣谕，叫他跟随蒋廷锡学画。

蒋廷锡是江苏常熟人，与“四王”是老乡，擅长花鸟，开创了根植江南、风动京师的“蒋派”花鸟画。蒋廷锡不仅以画名世，还是朝中重臣，雍正年间，相继出任礼部侍郎、户部尚书、文华殿大学士、太子太傅等职。应该说，李鳝有机会投在蒋廷锡门下，是改变命运的绝好机会，但李鳝不愿受正统画风的束缚，最终被排挤出宫廷画院。

扬州八怪个性鲜明，性格倔强，他们不乏交际才能，也梦想得到官方的赏识，但在绘画理念上不愿作深度妥协。在潜意识深处，他们认为自己有退路，大不了回扬州卖画，没必要太委曲求全。李鳝后来在山东做知县，得罪了上峰，罢了官，最后还是回到扬州，卖画为生。

板桥此次进京，虽是穷秀才，但有“京城奇遇”的幻想，比如像他少年同窗顾万峰那样，直接被某位官员招为幕僚。雍正元年（1723年），济南郡守常建极延请顾万峰为幕僚，常建极有《登泰山绝顶》诗，其中说“二三星斗胸前落，十万峰峦脚底青”，是个不俗的人物。板桥既为发小谋得前程而高兴，内心也很羡慕，特作《贺新郎·送顾万峰之山东常使君幕》赠别，其中说到“半世销沉儿女态，羁绊难逾乡里”，写出自己的困境，又说“健羡尔萧然揽辔，首路春风冰冻释，泊马头浩渺黄河水，望不尽，汹汹势”，一方面恭祝发小前程似锦，另一方面也是自抒心志。

板桥此次京城之行，没有顾万峰那样的好运气，但也有很大收获，他得到了康熙皇帝二十一子允禧的赏识，日后将对他的仕途起到决定性的作用。允禧比板桥小18岁，板桥见到他时，允禧只有15岁，板桥33岁。允禧好学，喜爱文史、书画，虽贵为阿哥，但惜才好施、待人彬彬有礼。允禧还有一个特点，天性淡泊，不参与宫廷斗争，康熙皇帝很喜欢他，无论狩猎，还是出巡，都喜欢带着他。等到乾隆当了皇帝，允禧晋封为慎郡王，他和曹雪芹是好朋友，比曹雪芹大4岁。《红楼梦》中有一个北静王，就以他为原型。

板桥能见到允禧，是非常难得的奇遇。多年以后，板桥做了潍县知县，曾给允禧写信，允禧回赠一首诗，充满热情地追忆他们首次相见的情形。

二十年前晤郑公，谈谐亲见古人风。

东郭系马春芜绿，西墅弹棋夜炬红。

从诗中可见，板桥与允禧初次相见，主客投缘，友情弥笃。结识允禧，是板桥此次赴京最重要的收获，虽然暂时还没有发挥实际的作用。允禧以外，板桥在京城还见了很多人，有书画界朋友，还有寺庙和尚、羽林禁卫、军中子弟等，但并无晋身机会。个中原因，除了京城浮华、人情淡薄之外，板桥的性格实在有严重的缺陷，据记载，板桥“壮岁寄燕市……日放高谈，臧否人物，无所顾忌，坐是得狂名”。一个 33 岁的落魄秀才，并无惊世骇俗的才华，处处放言高论，我行我素，又学了几分借酒骂座、无所顾忌的名士做派，就难免让人讨厌了。

板桥在京城只有花销，没有进项，马氏兄弟资助的银两逐渐消耗殆尽，板桥只好回扬州。板桥慢慢想明白了，回扬州发展比较务实，要想办法先在扬州画坛谋得一席之地。另外还有一件大事，必须准备科举考试，如果没有功名，终究翻不了身。

板桥从京城回到扬州，作《扬州》诗四首，很能看出扬州城当年的风貌。

画舫乘春破晓烟，满城丝管拂榆钱。

千家养女先教曲，十里栽花算种田。

雨过隋堤原不湿，风吹红袖欲登仙。

词人久已伤头白，酒暖香温倍悄然。

扬州有最好的风景，又是大清财赋重地，巨商大贾云集，弥漫着奢靡享乐的气息。银子流来流去，民俗不免变异，“千家养女先教曲”，很有一点笑贫不笑娼的气概。

表面上看起来，扬州遍地黄金，充满无穷的机会和人生的魔术，但在名家荟萃的扬州画坛，板桥想要立足，绝非易事。

板桥学画，是自学成才，并无名师指点。他如何走上绘画道路，如何喜欢画竹，并且最终以画竹成名，板桥在一则著名的画跋中说得很明白：

余家有茅屋数间，南面种竹。夏日新篁初放，绿阴照人，置一小榻其中，甚凉适也。

秋冬之际，取围屏骨子（屏风骨架），断去两头，横安以为窗棂，用匀薄洁白之纸糊之。风和日暖，冻蝇触窗纸上，冬冬作小鼓声。于时一片竹影凌乱。岂非天然图画乎？凡吾画竹，无所师承，多得于纸窗、粉壁、日光、月影中耳。

板桥“师法自然”的经验非常独特，在读圣贤书之余，借余墨描摹竹影，聊以自娱，数十年画竹生涯就这样起步了。

如果说板桥有启蒙老师的话，那就是李鳝。李鳝，字复堂，“花卉、翎羽、虫鱼皆妙绝，尤工兰竹”，但是板桥画兰竹，“绝不与之同道”，李鳝有气度，反而称赞板桥是“能自立门户者”。板桥对李鳝非常尊敬，但从不师事之，只是引为年长之良友。板桥晚年曾经感慨地说："今年七十，兰竹益进，惜复堂不再，不复有商量画事之人。"想念之情溢于言表。

板桥既无师承，个性又倔强，一直要自立门户，这就让他的成名之路更为艰难。刚开始跟李鱓学画的时候，板桥将自家兰竹与李鱓比较，结论是李"笔精墨妙"，而自己"家数小小"，有人提醒板桥，李鱓已成名，是经过市场检验的行情，因此不要和李鱓的画风相距太远，但板桥一直我行我素。

板桥要自立门户，与个性有绝大的关系，有人记载当时板桥的情形说："板桥最穷最苦，貌又寝陋，故长不合于时；然发愤自雄，不与人争，而自以心竞。"板桥相貌丑陋，又穷苦，性格与做事都不合于时，他也不与别人相争，而是自己跟自己较劲。

虽然不合于时，但板桥也有同类。在扬州画坛，除李鱓外，板桥结识最早，友谊最深，且至死不渝的还有金农。金农，字寿门，号冬心先生，和李鱓年纪相仿，比板桥大六七岁。金农这个人很有意思，首先是他的相貌，身材矮胖，脖子粗挺，满脸络腮胡子，眼睛深蓝色，看上去像外国人，我有时想，大约他的相貌跟法国文豪巴尔扎克相像。金农的经历也奇特，老家在杭州，"家有田几棱，屋数区，在钱塘江上，中为书堂，面江背山，江之外又山无穷"，占尽地利；更重要的是人和，金农早年跟随大书法家何焯读书，与"西泠八家"之一的丁敬是邻居，加上天资聪明，因此博学多才。乾隆元年（1736年），有人推荐他去京城应博学鸿词科，没有考中，金农遂周游四方，走遍齐、鲁、燕、赵，秦、晋、吴、粤，得见天地之宽。金农初以书法名世，独创一种隶书体，称"漆书"，笔画横粗、竖细、撇飘逸、捺厚重，结构上宽下窄，风格非常奇特，见之难忘。金农 50 岁才开始学画，虽然起步晚，但有学问、见识、书法功底作为基础，一通百通，很快成为画坛名家，其画造型奇古，善用淡墨、干笔写花卉小品，尤工画梅。

金农有经商才能，还有领导力，是一位带头大哥。他嗜好收集古董，长得像外国人，所以很多人以为他是“胡商”。金农漫游全国，不是一个人，而是一群人跟着他，到了一座城市，就长住下来，卖艺的卖艺，做生意的做生意，开饭馆的开饭馆，倒卖古董的倒卖古董，像是旅行团、杂技团与文化经贸交流团的混合体。在一座城市住久了，没有新意了，就转移到下一座城市。一直到晚年，金农才定居扬州，老妻在家乡去世以后，没有子嗣，也用不着回去了。

金农性格豪爽，虽然不乏生财之道，但“岁得千金，亦随手散去”，有时很富，有时很穷，如果穷急了，就抄佛经、刻砚台、写彩灯，都是谋生手段。时人记载金农，“性情逋峭，世多以迂怪目之。然遇同志者，未尝不熙怡自适也”。

金农与板桥脾气最相投，他欣赏板桥借酒骂座，目无卿相的狂态，两人在一起相得益彰，同在扬州的时候，几乎形影不离。

北宋徽宗时期，全国重要州府均营建天宁寺，并非全部新建，也包括旧有寺庙的改建与更名。到了大清朝，扬州天宁寺要迎接乾隆皇帝南巡，遂扩建行宫、御花园、御码头和御书楼，天宁寺一跃成为扬州八大古刹之首。曾经资助过板桥的马曰琯，在天宁寺西侧兴建“行庵”，广植古树名木、假山修竹、四时花卉，凡过境扬州的四方名士，或者“淹雅恬退之人、阒寂荒凉之辈”，马曰琯都倍加优礼、济危解困。板桥这一次回到扬州，又受马氏兄弟照应，寓居在与“行庵”一墙之隔的枝上村，与马氏兄弟时常过往。

以马氏兄弟为代表的盐商优容四方名士，扬州自然名流荟萃。以盐商热心资助的书院来说，聘请的院长大多是一时之选，如马氏兄弟捐资重建梅花书院，院长是桐城派领袖姚鼐，巡盐御史胡文学始创安定书院，院长是翰林院检讨王步青，其余各院院长包括陈祖范、杭世骏、赵翼等数十人，书院也培养出大批人才，如著名学者段玉裁、任大椿、汪中、王念孙、王引之、孙星衍、洪亮吉、王文志等，不难看出乾嘉学派实发轫于扬州。

就扬州画坛来说，一代宗师石涛领袖群伦。石涛比板桥早约50年，本姓朱，名若极，字石涛。石涛是明宗室靖江王朱赞仪之十世孙，广西全州人。明朝灭亡后跟随太监流落民间，后削发为僧。石涛出家，不是天性亲近佛法，主要还是政治避难。石涛并不淡泊，喜动、喜交游，无法割舍红尘之恋，一生到过许多地方，颠沛流离，晚年才定居扬州。

石涛与八大山人同为明宗室后裔，八大与大清拒不合作，石涛则两次跪迎康熙皇帝，并山呼万岁，希望得到进用。一次是康熙二十三年（1684年），在金陵长干寺接驾；另一次是康熙二十八年（1689年），在扬州平山堂接驾。在此期间，石涛结识了擅诗、工画的辅国将军博尔都，留居北京3年，与博尔都交往密切。石涛作为“四僧”之一，跳脱门户藩篱，与“四王”之一的王原祁合作《竹石图》，送给博尔都。石涛虽然极力与京城上层人物交往，但满洲新贵认为他只是一个“会画画的和尚”而已，在政治上不可能信任他。

康熙三十二年（1693年），即郑板桥出生的前一年，石涛51岁，在京城心灰意冷，遂返回扬州，安度晚年，直到 65 岁左右在扬州去世。石涛对大清不能没有怨恨，他表达怨恨的方式很奇特，给自己起了许多雅号，将内心真实的想法曲折地隐藏其中。石涛号“苦瓜和尚”，表面上看起来，似乎只是表达一种饮食上的偏好，最多有一点人生苦难的感慨，其实不然，其中另有深意，“苦瓜者，皮青，瓤朱红”，寓意表面上顺从大清，心里却惦记着朱元璋的大明。再比如，石涛另有号“瞎尊者”，似乎不知所云，其实瞎子就是“失明”之人，就是失去明朝的人，石涛自喻为失明之人中的尊者，再进一步来说，失明之人，没有谁不想“复明”的。

大清多文字狱，自始至终没消停过。大清是少数民族入主中原，除了改朝换代，还夹杂着尖锐的民族矛盾，因此疑心病很重。翰林院庶吉士徐骏，是刑部尚书徐乾学的儿子，徐乾学的舅舅是提出“天下兴亡，匹夫有责”的明末清初大儒顾炎武。雍正八年（1730 年），徐骏写奏章，不小心把“陛下”的“陛”字写成了“狴”，雍正皇帝眼尖，看见了，马上把徐骏革职。雍正皇帝又派人进一步追查，结果在徐骏诗集里发现了这样的诗句，“清风不识字，何事乱翻书”；“明月有情还顾我，清风无意不留人”。雍正皇帝认定这是恶毒的攻击，按照“大不敬”罪，判徐骏斩立决。

再比如，同在雍正年间，东南诗坛领袖查慎行的弟弟查嗣庭出任江西乡试主考官，他在《诗经》里找了一句话“维民所止”，作为乡试考题。《诗经》原文是“邦畿千里，维民所止”，意思是，国家有辽阔的土地，都是让老百姓安居乐业的地方，传达的是爱民之意。这道考题完全符合儒家规范，政治正确，不应该有问题，但当时文字狱思维盛行，雍正皇帝看到这个考题后，一阵子脑筋急转弯，忽然想到“维止”两字恰好是“雍正”两字去头所得，这就等于说“维止”是要杀雍正的头。雍正五年（1727年），查嗣庭病死狱中，仍被戮尸枭首，家族子弟也广受株连。当代著名作家金庸先生，原名查良镛，查慎行兄弟是其远祖。

从某种角度上来说，雍正皇帝式的“文字狱思维”有一定的道理，石涛的那些号就是漏网之鱼，但靠多杀人来收拢人心终归不是好办法。

在扬州八怪大放异彩之前，扬州画坛一直被石涛“巨人般的身影”所笼罩，石涛培养出买画者的品鉴眼光，非常挑剔，品位很高。石涛精通禅学，他有一部划时代的画论《苦瓜和尚画语录》，提出“笔墨当随时代”“我自用我法”的核心观念，全力排斥那些闭门造车，只知道模仿古人的庸才，锋芒所及，“四王”披靡。石涛说：“古人须眉，不能生我之面目；古人肺腑，不能入我之腹肠。我自发我之肺腑，揭我之须眉。”这是天才的自言自语，的确，创造性才是一个画家的生命。齐白石说“学我者生，似我者死”，不过是石涛牙慧。

石涛晚年在扬州，生活优裕。除了卖画外，还有其他生财之道，《扬州画舫录》上说石涛“兼工垒石，扬州以名园胜，名园以垒石胜，余氏万石园出道济手，至今称胜迹”。道济就是石涛，他擅长假山叠石设计，在盐商大建园林的热潮中应该收入不菲。石涛自建私家园林“大涤堂”，又在扬州蜀冈自建墓穴，去世后就葬在那里。

就文艺来说，成名难，而成名以后，得千金如拾草芥。清朝大文人袁枚比板桥小23岁，《清稗类钞》上说，乾隆年间，清初四大收藏家之一的安麓村想重新刊刻孙过庭的《书谱》，重金聘请袁枚题跋，袁枚仅书“乾隆五十七年某月某日，随园袁枚印可，时年七十有七”22个字，安麓村已经喜出望外，致送袁枚2000两银子，以示谢忱。

板桥只是一个穷秀才，要在名家争雄的扬州文艺界立足，还有很长的路要走。板桥又清高、心雄，决不肯走冬烘先生的道路，他要走科举正途，实现“自立、立人”的圣贤教导。所谓冬烘先生，就是替巨商富室捉刀弄笔，让他们借此炫耀才学的幕后策划人。当时的扬州，这样的人很多，板桥在一封书信中有生动的说明：

巨富之商，大腹之贾，于玩弄古董余暇，家中都聘有冬烘先生，明言坐馆，暗里捉刀，翻翻诗韵，调调平仄，如唱山歌一般，凑集四句二十八字，使人扬言于众，某能作诗矣，如黄某、杜某、金某，是此一类之魁梁也。

更有一般无赖文人，日奔走于彼等之门，依附于阿谀，说石为玉，指铁成金，谓某诗近古，某诗逼唐，才有天授，非关人力，谁说商贾中无才乎？阿谀人到如此地步，亦已尽止。……其主人也忘乎所以，如盐商黄某，在园中开宴迎宾，居然传花行酒，刻烛催诗，一意附庸风雅，某商丧子，自撰哀悼诔文，出示旁人，令人不能卒读。

板桥说出上述情形后，还要探讨背后的原因：

或曰：文人无赖，日事奔走阿谀。彼等非天生媚骨，恬不知耻，何至若是？所以若是者，为梁家庭升斗，将使儿不啼，女不哭，妻子不骂读书无用也。困穷如是，情有可原。特如黄、朱二子，学力俱优，在扬州薄有声名，愚蠢钦仰，乃亦追逐其间，随声附和，是何道理？或曰：亦为贫故，伤哉贫也！

这一段话说得非常沉痛，冬烘先生并非天生媚骨，只是“穷”字当头的无奈之举，“将使儿不啼，女不哭，妻子不骂读书无用也”，尤其让人伤感。板桥对冬烘先生的遭遇感同身受，最后只好感叹“伤哉贫也！”

板桥虽然生计艰难，囊中羞涩，但板桥之所以为板桥，自有其强梁之处，他在另一封书信中说：

学者当自树其帜。凡米盐船算之事，听气候于商人，未闻文章学问，亦听气候于商人者也。吾扬之士，奔走躞蹀于某门，以其一言之是非为欣戚，其损士品而丧士气，真不可复述矣。

板桥不愿意降格为冬烘先生，只有科举发奋一途。回到扬州后，板桥刻苦攻读圣贤书，曾经手书《论语》《孟子》《大学》《中庸》各一部，通过乡试考中举人，一直是他的奋斗目标。

雍正三年（1725 年），板桥 33 岁，开始创作《道情》十首。道情是小唱，曲艺的一个类别，起源于唐代道教曲目，至南宋时，始用渔鼓、筒板伴奏，到了清代，道情同各地民间音乐相结合，发展出许多同源异流的新形式。道情以唱为主，以说为辅，有坐唱、站唱、单口、对口等表演形式。20 世纪 70 年代，我在苏南老家，逢年过节，时常有人走街串巷唱道情，形同乞丐，唱词不大听得清，也没有多少人耐心去听，内容无非是恭维某家小孩长得好、某家要大富大贵之类。

从相关序文中，我们可以知道，板桥《道情》十首始作于雍正三年（1725 年），到雍正七年（1729 年）初步定稿，乾隆二年（1737 年）仍在改动，最终定稿于乾隆八年（1743 年），也就是说，板桥这组作品从 33 岁一直写到 51 岁。板桥为什么要写《道情》，又为什么如此郑重其事呢？

郑振铎《中国俗文学史》中说："道情之唱，由来甚久，元曲有仙佛科，元人散曲里复多闲适乐道语。到清代仅存时俗所谓的《耍孩儿》《清江引》数曲。"板桥早年在兴化，即受道情影响，兴化诗人李沂擅长北曲道情，曾作道情十首，用《耍孩儿》曲牌，在兴化水乡广为传唱。

李沂是明朝宰相李春芳后裔，父亲去世早，依靠伯父李信抚养，明清易代之际，李信全家抗清死难。明亡后，李沂创伤剧痛，坚不仕清。我们看一首李沂的道情作品：

渔鼓儿，别有腔，敲起来，意味长，十洲山岛神仙降。只宜世外清闲地，不落尘中富贵场，清音偏嘹亮，忽遇着高人鉴赏，霎时间惊醒黄粱。

无论是内容还是形式，道情都从元朝散曲中获得营养。元朝入主中原后，将人分为四等，其中有"南人"，指长江流域以及更往南方的人，以汉人为多数，属最低等级，这样就断绝了江南汉族士子科举、入仕的希望。作为极端高压下的一种变异，元人散曲多抒发鄙视功名富贵，崇尚隐居山林，做一个毫无牵绊的水泽渔翁的思想，对那些汲汲于功名最终又丢了性命的人，发泄一种幸灾乐祸的情绪。

清朝和元朝有一个基本的共同点，都是少数民族统治中国。因此，对于失意者来说，元散曲就成了精神上的避难所。板桥《道情》十首序文中说：

枫叶芦花并客舟，烟波江上使人愁。

劝君更尽一杯酒，昨日少年今白头。

自家板桥道人是也。……我如今也谱得《道情十首》，无非唤醒痴聋，消除烦恼。每到山青水绿之处，聊以自遣自歌。若遇争名夺利之场，正好觉人觉世。这也是风流世业，措大生涯。不免将来请教诸公，以当一笑。

所谓“措大”，就是贫寒失意的读书人。序文中又说：

风流世家元和老，旧曲翻新调，扯碎状元袍，脱却乌纱帽，俺唱这道情儿归山去了。

元和老，即郑元和。唐代诗人白居易和元稹，听艺人说唱李娃故事，李娃原是长安娼妓，但节行可圈可点，白居易的弟弟白行简据此写了《李娃传》，传至宋代，改为话本和唱本，到了元代，剧作家石君宝再将《李娃传》敷衍成杂剧《李亚仙花酒曲江池》。

《李娃传》大致说了这么一个故事：唐天宝年间，郑元和的父亲是常州刺史，50 岁才生了这个儿子。郑元和天资聪颖，风神隽朗，老父亲很兴奋，说：“此儿，我家千里驹也。”郑元和长大后，进京赶考，老父亲说：“观我儿之才，一战而罢，今备二年之金，丰其资用，以遂其志。”再没想到，郑元和进京途中，在曲江池碰见名妓李亚仙，一见钟情，不能自拔，时间长了，又被鸨母算计，最后逐出妓院，流落街头，沦落为帮人哭丧的卖歌郎。世上没有不透风的墙，此事被老父亲知道了，非常伤心，认为家门不幸，打了儿子数百鞭，弃之而去。郑元和慢慢苏醒过来，更加潦倒，隆冬时节在街头乞讨。李亚仙听到消息，突破鸨母的种种阻挠，接回郑元和，鼓励他刻苦攻读。不久，郑元和金榜题名，当了大官，李亚仙封汧国夫人，夫妻俩生了 4 个儿子，后来也都是大官。

这样的故事，大团圆的结局，年纪稍大的中国人都不陌生。中国人之所以喜爱此种曲目，首先在于其情节扣人心弦，“金榜题名”是人人梦想的荣耀，“洞房花烛”当然也是，而且女主角是妓女，又美艳又性感，还有情有义，还倒贴钱财，没有比这更好的了；最后是大团圆结局，是喜剧，不是悲剧，中国人不喜欢悲剧，因为现实生活中悲剧太多了，再也不想去戏院子里受二次罪。外国人清醒得多，小仲马写《茶花女》，茶花女“既是一个纯洁无瑕的贞女，又是一个彻头彻尾的娼妇”，小仲马不相信“妓女的爱情”，不过话说到这一步，就没有意思了，就太深刻了。

西安有曲江，扬州也有曲江，李娃变成李亚仙，这个动人的故事也从大唐长安慢慢迁移到扬州，昔日扬州有亚仙楼、亚仙桥，甚至还有亚仙墓，一步步生根，一步步坐实，俨然是本地原创了。板桥写

《道情》，要师出有名，于是认郑元和当了祖先，口口声声“我家先世元和公公”，而且在前面加了一个定语“风流世家”，这是板桥行文、行事的兵法和策略，并不是一般所说的落拓与风流。

《道情》十首的内容和风貌，看其中一首即可约略了解，比如写读书人的第五首：

老书生，白屋中，说黄虞，道古风，许多后辈高科中。门前仆从雄如虎，陌上旌旗去似龙，一朝势落成春梦。倒不如蓬门僻巷，教几个小小蒙童。

《道情》十首有鲜明的价值观，概括起来就是不当官比当官好，贫穷比富贵好，平平淡淡才是真。板桥当有无穷酸楚，而强作旷达，往后的行迹证明，“蓬门僻巷，教几个小小蒙童”绝不是板桥的人生理想，高中科举才是，板桥不一定艳羡“门前仆从雄如虎，陌上旌旗去似龙”式的虚骄排场，但板桥一定信奉科场高中、自立立人、造福一方的儒家理想。贫字当头，科场失意，岁月蹉跎，英雄气短，板桥的人生目标一再调低，到如今这把年纪还是一个秀才，说不得要像王安石那样“得君行道”了。

《道情》十首除了老书生外，还写了老渔翁、老樵夫、老和尚、老道士、小乞丐，最后扩展开来，写对历史名人的叹息，比如写诸葛亮：

孔明枉作那英雄汉，早知道茅庐高卧，省多少六出祁山。

诸葛亮何等人物，中国人智慧的化身，但终究没能灭魏兴汉，留下千古恨事，“六出祁山”反倒是多余了。《道情》第十首以宏观视野写对中国数千年历史的感慨：

拨琵琶，续续弹，唤庸愚，警懦顽，四条弦上多哀怨。黄沙白草无人迹，古戍寒云乱鸟还，虞罗惯打孤飞雁。收拾起渔樵事业，任从他风雪关山。

板桥继承元曲对人生无常的感叹，宣泄浓厚的道家情绪，“羡庄周，拜老聃”，鄙薄功名利禄，倡导与世无争。他的情绪像极了马致远，“林泉隐居谁以此？有客清风至。会作山中相。不管人间事。争什么半张名利纸”。

板桥比曹雪芹大20多岁，《道情》十首很容易让人想起《红楼梦》中疯疯癫癫的跛足道人唱的“好了歌”：

世人都晓神仙好，唯有功名忘不了！
古今将相在何方？荒冢一堆草没了。
世人都晓神仙好，只有金银忘不了！
终朝只恨聚无多，及到多时眼闭了。
世人都晓神仙好，只有娇妻忘不了！
君生日日说恩情，君死又随人去了。
世人都晓神仙好，只有儿孙忘不了！
痴心父母古来多，孝顺儿孙谁见了？

《红楼梦》中的甄士隐还为“好了歌”作了一番演绎，说尽人世间的无常：

陋室空堂，当年笏满床。衰草枯杨，曾为歌舞场。
蛛丝儿结满雕梁，绿纱今又在蓬窗上。
说甚么脂正浓、粉正香，如何两鬓又成霜？
昨日黄土陇头埋白骨，今宵红灯帐底卧鸳鸯。
金满箱，银满箱，转眼乞丐人皆谤。
正叹他人命不长，哪知自己归来丧！
训有方，保不定日后作强梁。
择膏粱，谁承望流落在烟花巷！
因嫌纱帽小，致使锁枷杠，
昨怜破袄寒，今嫌紫蟒长。
乱烘烘你方唱罢我登场，反认他乡是故乡。
甚荒唐，到头来都是为他人作嫁衣裳。

不能说“好了歌”受了《道情》的启发，但在大清异族统治的背景下，文字狱迭兴，道家思想实际上成了一种普遍的社会情绪。

科举艰难，板桥写《道情》固然有真实的落拓情感，有“唤庸愚，警懦顽”劝人觉世的宗旨，但也是策略和兵法，板桥很想在文学领域独树一帜，作为显扬名声的捷径。道家思想和道情结合，可谓相得益彰，道情语言活泼，非常容易传播，扬州又是“千家养女先教曲，十里栽花算种田”的风月之地，板桥感觉自己可以在文学领域有所作为。板桥虽然一直不得志，但也是歌舞妓院的常客，如果能像宋朝大词人柳永一样，成为红尘教主、脂粉先师，不失为一种理想的选择。离兴化不远的高邮，是秦观的故乡，秦观是“苏门四学士”之一，被尊为婉约派词宗，想必对板桥有不小的吸引力。人不得志的时候，想法就多，任何成功案例都可能成为效法的对象，板桥 33 岁开始写《道情》，断断续续修改，一直到 51 岁“知天命”的年纪才最终定稿，其内在情感一步步夯实，终于凝结成内心真实的人生观。

道情作为文体，康乾时期曾经形成风气，成为文人雅士的“山房清玩”，板桥的作品是其中的佼佼者，的确有利于声名的扩展。清代诗人张维屏《松轩随笔》中说：“板桥先生疏旷洒脱，然见地极高，天性极厚。其生平词胜于诗，吊古摅怀，激昂慷慨。与集中家书数篇，皆世间不可磨灭文字。余尝谓……郑板桥之词，皆词中大文，不得以小技目之。”鲁迅先生说，读板桥的作品，读《家书》不如读《道情》。板桥《自叙》中说：

板桥非闲户读书者，长游于古松、荒寺、平沙、远水、峭壁、墟墓之间。然无之非读书也。求精求当，当则粗者皆精，不当者精者皆粗。思之，思之，鬼神通之。

作为经验之谈，其口吻很是自得，其中“求精求当，当则粗者皆精，不当者精者皆粗”，很容易让人想起东坡说的“（为文）大略如行云流水，初无定质，但常行于所当行，常止于所不可不止，文理自然，姿态横生”，板桥虽不是一流天资，但他善于学习，化成大家的本事非常难得，足有可观。

板桥《道情》传世以后，带来实际的好处。据板桥自述，有一天他出去闲逛，出扬州北门，到离城几十里的玉勾斜遗迹游玩。玉勾斜遗迹有些名气，是隋炀帝的风月之地，但见：

林木丛茂，居民渐少，遥望文杏一株，在围墙竹树之间。叩门径入，徘徊花下，有一老媪，捧茶一瓯，延茅亭小坐。其壁间所贴，即板桥词也。

问曰："识此人乎？"

答曰："闻其名，不识其人。"

告曰："板桥，即我也。"

媪大喜，走相呼曰："女儿子起来，女儿子起来！郑板桥先生在此也。"

是刻已日上三竿矣，腹馁甚。媪具食。食罢，其女艳妆出，再拜而谢曰："久闻公名，读公词，甚爱慕，闻有《道情》十首，能为妾一书乎？"

板桥许诺，即取淞江蜜色花笺、湖颖笔、紫端石砚，纤手磨墨，索板桥书。书毕，复题西江月一阕赠之。……母女皆笑领词意。问其姓，姓饶，问其年，十七岁矣。有五女，其四皆嫁，唯留此女为养老计，名五姑娘。

又曰："闻君失偶，何不纳此女为箕帚妾？亦不恶，且又慕君。"

板桥曰："仆寒士，何能得此丽人。"

媪曰："不求多金，但足养老妇人者可矣。"

板桥许诺曰："今年乙卯，来年丙辰计偕，后年丁巳，若成进士，必后年乃得归，能待我乎？"

媪与女皆曰能。即以所赠词为订。

饶氏确有其人，板桥纳她为妾。板桥自述的这一段"艳遇记"听上去像是才子遇佳人、美人爱英雄的俗套戏文，板桥说来津津有味，难免有剪裁、创作、意淫的成分。综观板桥的自述文字，很像现在书画家的自我介绍，未免夸大，不惜虚构，不能全部当真。板桥倾尽才力，积十余年之功，创作《道情》十首，在潜意识深处，是在打造一款泡妞神器。

雍正八年（1730年），38岁的板桥与后来同为扬州八怪的李鳝、黄慎寓居扬州天宁寺，品诗论画，并积极准备即将举行的南京乡试。不料家中传来噩耗，板桥发妻徐氏病逝。板桥匆忙赶回兴化，料理丧事，而家中生计艰难，年关将近，明年乡试的盘缠也没有着落。板桥坐拥愁城，听说当时的兴化县知县汪芳藻"怜才颇重文"，于是抱着侥幸心理，模仿李白《上韩荆州书》，写了一首《除夕前一日上中尊汪夫子》：

琐事家贫日万端，破裘虽补不禁寒。
瓶中白水供先祀，窗外梅花当早餐。
结网纵勤河又沍，卖书无主岁偏阑。
明年又值抡才会，愿向秋风借羽翰。

汪知县果然名不虚传，接读板桥诗后，慷慨解囊，即刻资助板桥。雍正十年（1732年），板桥在秦淮河畔江南贡院参加乡试，八月初八入场，初九第一场，十二日第二场，十五日第三场，发榜则要等到九月初八。南京是六朝古都，板桥当然不肯放过游历名胜古迹的机会，其间努力创作诗词，写下《念奴娇·金陵赤壁怀古十二首》《满江红·金陵怀古》《六朝》等，板桥甚至顺道去杭州游玩，也多有诗作。

九月初八日，江南乡试发榜，板桥中了举人。这是板桥人生的转折点，现在他是“举人老爷”了。板桥内心狂喜，又悲从中来，在《得南闱捷音》诗中说“十载征途发达迟”，他已经40岁，成功来得未免太迟；又说“何处宁亲唯哭墓，无人对镜懒窥帷”，家中人事凋零，父亲、叔父、发妻、爱子都已离世，无法分享他的喜悦，只剩下乳母、女儿和16岁的堂弟郑墨，所以板桥又说“举家欢喜又增悲”。

板桥中举那一年，在杭州韬光庵给郑墨写过一封家书，很能反映板桥当时的想法，值得一读。

家书开篇说，“谁非黄帝、尧、舜的后代子孙？”总起一句，接下来说各式人等人生道路的不同，有的人成了侍奉他人的婢妾、地位卑微的仆役，困窘局促，无可奈何。板桥认为，他们的处境并非不能改变，只要发奋图强，精进不止，有些人自身就能富贵，有些人则要到子孙后代身上才能富贵，板桥反问说：“王侯将相，岂有种乎？”

板桥接着说另一类人，失势的名门后代、落魄的贵族子孙，他们借祖先荣耀欺骗他人，追述前代的丰功伟业而自吹自擂，他们经常抱怨说，那些现在得势的是什么人呢，在朝廷上做官，我是什么人呢，反而流落民间成为一介草民，天道真是不可靠，人事真是不可料。

板桥接下来谈他心目中的“天道和人事”，有两个要点：一是天道赐福给善人，而降祸给恶人；二是天道周而复始，祖先贫贱，所以子孙应当富贵，祖先富贵，所以子孙应当贫贱，“天道如此，人事即在其中矣！”

紧接着，板桥开始夫子自道：愚兄我当秀才的时候，翻捡家中的旧书箱，看到前几代家奴卖身的契约，马上烧掉，并不将契约还给他们。为什么要烧掉，而不是还给他们呢？怕他们因为自己身份卑微而愧疚，不想揭他们的伤疤。而且，我请仆役，从来不写契约，适合的就留下来，不适合的就自动离开，何苦要留下一张纸，让我的子孙后代当成把柄，再去苛求、勒索他人呢？

板桥接着解释这样做的原因，“如此存心，是为人处，即是为己处。”如果做任何事情，都想着抓别人的把柄，那么自己的困窘会来得很快，后代子孙也会遭遇不可预测的忧患。板桥最后警告说：“试看世间会打算的，何曾打算得别人一点，直是算尽自家耳！可哀可叹，吾弟识之。”

板桥谈天道和人事，既有为善去恶的心志，又有风水轮流转的信念，总之，高中举人让他心情大好，天性中的善也得到了强化。

板桥中举，身份突变，见到县级长官可以长揖不拜，也可能直接被朝廷任命为县级官员，仕途画卷正在徐徐展开。至于各方乡绅频繁来访，多有馈赠，馈赠的多少，上不封顶，可以赠宅赠奴，下要保底，少了难免轻薄，一切都取决于馈赠者对举人老爷仕途前程的预判。

板桥中举以后，江西人程羽宸借板桥生日的机会，送了1000两银子作为寿礼。程羽宸结识板桥的过程，据板桥自述，也是一个传奇。有一天，程羽宸到了仪征，在江边一家茶楼喝茶，看见一副对联：“山光扑面因朝雨，江水回头为晚潮”，落款是板桥郑燮题。程羽宸觉得对联妙绝，就向茶馆主人打听，板桥是谁？茶馆主人说，我也不知道，到扬州再打听吧。程羽宸很快到了扬州，慢慢打听清楚板桥的种种事情，也知道了板桥想纳饶氏为妾之事。

板桥与饶氏订立嫁娶之盟后，饶家的状况是王小二过年，一年不如一年，直到一点首饰、五亩田地，都变卖净尽。这时有一位富商，想以 700 两银子的代价让饶氏做妾，饶母大为心动，但是饶氏不肯，坚守盟约，她相信郑公一定会发达，请母亲大人再等一等。

饶氏没有失望，板桥果然中举，又得了程羽宸 1000 两银子，“一洗穷愁”，一切难题迎刃而解。板桥抱得美人归，内心感激程羽宸。我们现在不太清楚程羽宸的情况，据说是个诗人，后来经常追随板桥，收集、索要板桥的书画作品，如果板桥有一点点不愿意，他也知趣，并不强行索求。

按照大清科举制度，乡试第二年就要举行考进士的全国大比。板桥不敢怠慢，躲到杭州韬光庵潜心读书，但是第二年的进士考试，板桥却没能参加，至于原因，板桥自己说：

板桥貌寝，既不见重于时，又为忌者所阻，不得入试。

所谓“貌寝”，就是长相丑陋，不招人待见。板桥性格高调，喝了酒就谩骂无忌，让人生厌，因此有人暗中搞鬼，让他不得入试。板桥自述当时的情况，“愈愤怒，愈窘迫，愈敛厉，愈微细”，情绪走出了一条不断下行的抛物线。

错过雍正十一年（1733 年）的全国大比，就要再等三年。板桥从杭州回到扬州，继续卖画，随着下一次大比日期的临近，板桥又去镇江焦山专心读书。大比前一年，板桥得到一份官差，到杭州任浙江乡试外帘官，负责乡试考场内外提调、监考等事务。既然到了杭州，当然要游西湖，板桥觉得杭州西湖远胜扬州瘦西湖，多有诗词创作，抒发“十年梦破江都”“青春不再，著意萧疏”的落寞，又艳羡西湖“红楼夜宴”“四座名姝”的繁华，又说到自己的性格，“醉台高歌，狂来痛哭”，但并无悔改之意。板桥又去看钱塘江潮，特别对江上弄潮儿发生兴趣，“潮头如山挺船入，樯橹掀翻船竖立”，非常惊险，板桥觉得“世人历险应如此”，心里想着去奋斗，去搏击风浪。

所谓好事多磨，雍正十三年（1735 年），雍正皇帝突然驾崩，朝野惶惶不安，士子们则担心明年的大比会不会如期举行，好在乾隆皇帝顺利即位，虽然只有 25 岁，但很快稳住局面。这年冬天，板桥二次进京，迎接他人生的巅峰时刻。

乾隆元年（1736 年）会试，四月放榜。一甲 3 名，二甲 90 名，三甲 251 名，板桥名列二甲第 88 名，名次还不错。状元是浙江人金德瑛，后来与板桥交往密切。板桥一面飞书向家人报喜，一面滞留北京等待分派官职，这一年板桥 44 岁。

板桥高中进士，心中郁闷尽洗，特别画了一幅《秋葵石笋图》，石笋坚贞，葵花“终生不改向阳心”，另有题画诗：

牡丹富贵号花王，芍药调和宰相祥。

我亦终葵称进士，相随丹桂状元郎。

高中进士只是获得了做官资格，但不一定马上能做官，明面上还要经过殿试评议，“声、言、书、判”四个方面的综合考察，骨子里最重要的还是要朝中有人。板桥明里、暗里都没有优势，仪止、相貌欠佳，朝中无人，结果落选了。

板桥不甘心就这样回去，继续滞留京城，到处找门路，希望能得个一官半职。他想起韩愈，觉得自己和韩愈同病相怜。唐德宗贞元二年（786 年），韩愈 19 岁，到长安参加进士考试，一连三次均告失败，直到贞元八年（792 年）第四次才考上。唐人说“三十老明经，五十少进士”，既是说进士科的荣耀，也说出了进士登科的万般艰辛。考中进士后，韩愈三次参加吏选，都没有通过。贞元十一年（795 年），韩愈三上宰相书，诉苦、述志、求仕，言辞悲苦：

愈之待命，四十余日矣。书再上，而志不得通。足三及门，而阍人（看门人）辞焉。……故士之行道者，不得于朝，则山林而已矣。山林者，士之所独善自养，而不忧天下者之所能安也。如有忧天下之心，则不能矣。故愈每自进而不知愧焉，书亟上，足数及门，而不知止焉。

韩愈说自己有“忧天下之心”，不能安于山林，因此“自进而不知愧”，“足数及门，而不知止”，这一年韩愈 28 岁。韩愈后来虽名列“唐宋八大家”之首，能写天下最精妙的文章，但三上宰相书，却没有得到任何答复，韩愈绝望之余，只好“怀书出皇都，衔泪渡清灞”，返回河南老家。

板桥在殿试评议落选之后，深感自己的处境和韩愈极为相似，可以学他直接上书当朝执政，板桥因此有《读昌黎上宰相书因呈执政》诗：

常怪昌黎命世雄，功名之际太匆匆。
也应不肯他途进，帷有修书谒相公。

板桥求官心切，京城官场深似海，板桥对有权有势者曲意逢迎，甚至肉麻地吹捧。张若霭是三朝元老张廷玉之子，鄂容安是军机大臣鄂尔泰之子，板桥写诗称颂说："两两凤凰天外叫，人间小鸟更无声。"板桥称这些衙内为凤凰，自比小鸟，小鸟当然要追随凤凰，凤凰或许会提携小鸟。

仅凭几封书信、几首诗词，就想谋得官职，这是跨越千年的天真，但天真是逼出来的，不天真又能怎么样。板桥滞留京城整整一年，一无收获，此时老家来信，77岁的乳母费氏去世，板桥十分哀痛，有《乳母诗》：

平生所负恩，不独一乳母。
长恨富贵迟，遂令惭恧久。
黄泉路迂阔，白发人老丑。
食禄千万钟，不如饼在手。

念及乳母抚育自己的恩情，“食禄千万钟，不如饼在手”，板桥是一个念旧的人，在这一瞬间，他回归到一个乡村知识分子的本色，拒绝变形，真情流露。

乾隆二年（1737 年）春，板桥离开京城，返回兴化老家。

第三章 恶之花

回到兴化老家后，板桥料理乳母丧事，后去扬州，继续卖画。清代作家宣瘦梅《夜雨秋灯录》中说，板桥“为秀才时，三至邗江，售书卖画，无识者，落拓可怜。复举于乡，旋登甲榜，声名大震，再至邗江，则争索先生墨妙者，户外履常满。先生固寒士，至是益盛自宝重，非重价不与索”。

邗江就是扬州。板桥虽然求官不成，但毕竟高中进士，画价自与往日不同。板桥也有一种负气的心情，高中进士前后，同一个人的画艺并不会突变，而受欢迎的程度却判若云泥，板桥的态度是“益盛自宝重”，不出大价钱休想得到我的画。

板桥与饶氏顺利成亲，板桥 45 岁，饶氏 19 岁，板桥有几首诗写老夫少妻的生活。

楼上佳人架上书，烛光微冷月初来。
偷开绣帐看云鬓，擘断牙签拂蠹鱼。

为折桃花屋角枝，红裙飘惹绿杨丝。
无端又坐青莎上，远远张机捕雀儿。

饶氏攀折桃枝、张机捕雀，终是乡村女儿，说不上才子佳人。蠹鱼是书里的蛀虫，板桥“擘断牙签拂蠹鱼”，动作怪异，意象奇特，生活气息浓郁。

板桥这一次回扬州，虽有美妾相伴，卖画也顺利，但在内心深处，他还是想做官，想在“圣贤天地之心，万物生民之命”的层次上有所成就。板桥说过一句很有名的话：“凡所谓锦绣才子者，皆天下之废物也，而况未必锦绣者乎！”他借用佛教专有名词评论文章高下，五经、左传、史记，韩愈、柳永元之文，李白、杜甫的诗，那是大乘法。大乘文章的标准是“理明词畅，以达天地万物之情，国家得失兴废之故”，这些文章的作者，“读书深，养气足，恢恢游刃有余地矣”；而六朝（东吴、东晋、宋、齐、梁、陈）作家群，庾信、鲍照、江淹，是小乘法，“一字不合，拈断黄须”，是天下之废物，甚至废物也算不上，因为他们的才华未必锦绣。

乾隆二年（1737 年），板桥回到扬州，一直等到乾隆六年（1741 年），京城终于有人想起他来了，这个人是允禧，当今皇上的叔父，乾隆元年晋封为慎郡王。慎郡王派了两位专差，携亲笔信召板桥入京，板桥内心的激动可想而知。

板桥将饶氏送回兴化，其时家中还有板桥续娶的郭氏，板桥将两位岳母一并接来抚养，一切料理妥当，随即匆忙赶赴京城。

据板桥自述，他在慎郡王府受到隆重的接待，仪仗列、鼓乐奏，慎郡王穿礼服亲自迎接，不等板桥施大礼，急忙拉了板桥的手，直入正厅花间堂，花间堂匾额是雍正帝御题。慎郡王陪板桥叙旧，非常投机。刚吃了一盏茶，接风宴就摆了上来，最想不到的是慎郡王亲自解衣卸冠，执刀切肉递与板桥，并且说："昔太白御手调羹，今板桥亲王割肉，后先之际，何多让焉。"慎郡王将板桥比作李白，可见爱重之深，板桥一生引以为豪。

板桥上一次见慎郡王，已经是20多年前了，当时慎郡王只有15岁。这一次，慎郡王如此殷勤备至，究竟所为何事呢？说起来也简单，原来慎郡王想刊刻两部诗集，要找一位文采高明之士负责相关事宜。可京城人才济济，慎郡王又何必舍近求远呢？最根本的原因还是政治，康熙朝"九王夺嫡"，慎郡王年幼，没有卷入其中。雍正帝即位后，慎郡王亲见诸位兄弟惨遭迫害，为求自保，遂沉醉诗文书画，明哲保身。再有一个原因，大清禁止亲王与大臣交游，交游过密会有结党嫌疑。板桥是空头进士，不是官，基于降低政治风险的考虑，慎郡王最终选择了板桥。

板桥当然明白，这是一个求官的好机会，对刊刻诗集事宜，自然尽心竭力。乾隆七年（1742年）春，板桥忽然接到通知，任命他为山东范县知县，当时诗集刊刻工作正在进行，一直忙到夏天，《随猎诗草》《花间堂诗草》才最终刊刻完成。慎郡王知道板桥的痛点，一切都在无声无息中安排妥当。

板桥内心无限感激，在为诗集写的跋中，称颂慎郡王到了无以复加的地步。板桥说："其胸中无一点富贵气，故下笔无一点尘埃气。专与山林野逸、破屋寒儒争一篇一句一字之短长，是其虚心善下处，即是其辣手不肯让人处。"又说慎郡王："深得读书三昧，便有一种不可羁勒之处。试读其诗，如岳鹏举将兵，随方布阵，缘地结营，不必武侯八阵图矣。"最后又把慎郡王的诗与杜牧、王维、杜甫、韩愈一一类比，堪称古今诗坛第一人了。

乾隆七年（1742年），板桥50岁，赴任范县，兼管小县朝城。范县，南临范水，属山东曹州府（治所在菏泽），是个偏僻小县，经济贫困，但民风淳朴，大有古风。板桥《破屋》诗，写他初到范县看见的情形：

廨破墙仍缺，邻鸡喔喔来。
庭花开扁豆，门子卧秋苔。
画鼓斜阳冷，虚廊落叶回。
扫阶缘宴客，翻惹燕鸦猜。

县衙的墙是破的，老百姓家的鸡不时过来串门，院子里开着扁豆花，看门的衙役没有发现新任县太爷大驾光临，还在懒洋洋地睡觉。傍晚起风了，落叶在院子里飞旋，有客人要来，打扫地面，惊动了院中鸟雀。

这个画面非常具象，县衙很低调，县太爷更低调。板桥出行不坐轿子，经常穿着布衫、草鞋，拖着细长的辫子，深入乡间。板桥《喝道》诗说：

喝道排衙懒不禁，芒鞋问俗入林深。
一杯白水荒涂进，惭愧村愚百姓心。

老百姓见县太爷随和，敬上一杯白开水，聊以解渴。板桥有济世安民之心，所以会惭愧，老百姓生活苦，自己作为父母官有不可推脱的责任，就像唐朝诗人韦应物说的那样，“邑有流亡愧俸钱”。板桥到范县是春天，不久进入夏天，天热，板桥深入田间地头，有时困了，就在田边树下呼呼大睡。

总的来说，范县的工作比较轻松，板桥说“讼简刑轻，有卧而理之之妙”，又说“吾为吏之乐不苦也”。板桥有许多清闲时光，照例要画画，当时对画石很感兴趣，对板桥来说，石头就像人一样，象征着坚贞、沉默和不可磨灭的永恒，“石可转，心不可转”。板桥画中的石头，有的高挺壁立，像衣冠朝服的宰相；有的丑乖横卧，像斜欹古松的隐士。

板桥时常画石寄给远方好友，比如当时在扬州的高凤翰。高凤翰也是“扬州八怪”之一，做过两淮盐运使卢见曾的僚属，乾隆二年（1737 年）受卢见曾贪污案牵连入狱，坐牢 40 多天，致使右臂完全残疾。高凤翰性格刚烈，右臂残疾，遂改左臂写字画画，自号“后尚左生”“丁巳残人”“老痹”等。

板桥又寄画给李鳝，乾隆四年（1739 年），李鳝调任山东藤县知县，次年因“忤大吏”被罢官，遂返扬州，闲居卖画。板桥说自己以后要“卖画扬州，与李同老”。李鳝看上去随和，无可无不可，像一块圆石，但圆石也是石，有坚硬的石质，有不可磨灭的原则。

板桥在范县，只需少量时间处理公事。公事完毕，县吏随即散去，整个县衙空荡荡的，又寂静又冷清。板桥在院中花圃前写字画画，修改诗词旧稿。板桥写诗说：“拈来旧稿花前改，种得新蔬雨后肥。”当时饶氏在身边，板桥说：“闺中少妇，好乐无猜。”又说：“昼食一肉，夜饮数杯。”简直是神仙日子。

范县民情政风，不完全是田园诗，板桥很快见到范县生活的另一面。在《悍吏》诗中，板桥说“悍吏入村捉鹅鸭”“悍吏沿村括稻谷”，悍吏假借官府名义，搜刮、勒索老百姓，稍不如意，即假公济私，对百姓动私刑。板桥《私恶行》中说，“官刑不敌私刑恶”“斩筋抉髓剔毛发”，而受刑百姓“游魂荡漾不得死，婉转回苏天地黑”，此情此景，惨无人道，犹如人间地狱。

板桥有此见闻，深感吏治之弊，朝廷是“圣主深仁发天庾”，而地方上则是“悍吏贪勒为刁奸”，皇帝梦想的仁政根本无法在基层施行。

板桥是从艰难困苦中走出来的，现在为官一方，对农民的苦有了更深切的了解。农民的苦不仅是面朝黄土背朝天，五更起早、雨中耕作、纳粮完税、应付差役，吏治有不为人知的黑幕，在板桥看来，是对农民人性与尊严的直接摧残。

板桥喜读杜甫的诗，现在更有切肤的感受。杜甫经历安史之乱，流离失所，饥寒交迫，杜诗中月光下白骨纵横、寡妇哀鸣、老人拄杖而行……都给板桥以强烈的刺激。板桥梦想写出杜甫《兵车行》《石壕吏》《无家别》那样伟大的诗篇，不仅是写实性质的曝光，还要继承《诗经》批判现实政治的“美刺”传统。他在《私恶行》诗序中说：“自魏忠贤拷掠群贤，淫行百出，其遗毒犹在人间。胥吏以惨掠取钱，官长或不知也。仁人君子，有至痛焉。”板桥不敢直接批评大清，把矛头指向前朝奸相魏忠贤，认为魏忠贤是政治生态破败的根源。板桥不敢直接批评大清皇帝，而是说：“县门一尺情犹隔，况是君门隔紫宸。”皇帝是明君，要行仁政，民间社会的一切罪恶都源自地方政府“缘吏为奸”。

如此政局，板桥认为牢不可破，他把希望寄托在朝廷派出的巡抚和御史身上，他在《君臣》一文中告诫他们：“君是天公办事人，吾曹臣下二三臣。兢兢奉若穹苍意，莫待雷霆始认真。”板桥设想，皇帝有一天知道实情以后，雷霆震怒之下，或许会行霹雳手段，刷新吏治。

总体而言，板桥在范县比较舒心。乾隆九年（1744 年），饶氏生子，时年板桥 52 岁，自是欢喜无尽。乾隆十一年（1746 年），板桥由范县知县调任潍县知县。

潍县属山东莱州府，白浪河从县城奔流而过。潍县与范县大不同，从人口来说，范县不到 2 万人，而潍县将近 16 万人；范县是农业小县，潍县是繁华工商业城市。从区位来说，潍县交通畅达，支柱产业是土布业和屠宰业，板桥《潍县竹枝词》中说：“若论五都兼百货，自然潍县甲青齐。”潍县是百货集散地，在山东首屈一指。潍县屠宰业盛极一时，无数猪只，满城血腥，“腌猪滴血满城红，南贩苏州北蓟中”，潍县腌肉声名远扬，销售区域南到苏州，北到天津、北京。

潍县财富奔涌之际，社会风气奢靡，“三更灯火不曾收”，像是不夜城，潍县人在忙什么呢？“玉脍金齑满市楼”，大吃大喝；当然少不了赌博和嫖妓，“博进已偿三十万，青楼犹伴美人眠”，有一种今朝有酒今朝醉的派头。潍县富户处处向苏州看齐，女人热衷服装、首饰的最新时尚，男人挥金如土，“帐中袅袅闻吹笛，新买吴姬号小蛮”“斗鸡走狗自年年，只爱风流不爱钱”，潍县风尚如此。“云外清歌花外笛，潍州原是小苏州”，在康乾盛世，潍县堪称小苏州。

潍县民风剽悍，屠宰业平添戾气，街头处处流传一夜暴富的神话，使潍县成为冒险家的乐园。刀头舔血，富贵险中求，“二十条枪十口刀，杀人白昼共称豪”，感觉不像温润的苏州，倒像是乱世中的上海滩。

潍县贫富分化严重，“潍城原是富豪都，尚有穷黎痛剥肤”，虽然同处一城，但感觉像两个世界，东边穷人家的孩子在西边富豪家当奴仆，“东家贫儿西家仆，西家歌舞东家哭。骨肉分离只一墙，听他笞骂由他辱”，富家奴仆往往成为争抢商业地盘的马仔，动刀动枪，死了儿子的人家“父母妻儿惨泣号”，而穷人靠拼命挣得一点钱后，马上去喝酒，“街头攫得百钱文，烂肉烧肠浊酒醺”。更有一帮无赖青年，偷窃、诈骗、结伙抢劫，白昼杀人，或者贩运私盐，把牢狱当成家园，碰到朝廷大赦，感动之余，泪如泉涌，但走出牢狱，又立刻陷入无衣无食的绝境。

板桥一旦看清潍县畸形繁荣的种种现象以后，马上怀念起范县来。范县因闭塞而宁静，范县人亲和忍让，还没有学坏的小吏鹑衣百结，板桥甚至设想有朝一日退休以后，以平民身份，举家移居范县，和纯朴的范县百姓再结邻里和儿女姻亲。

板桥在潍县经受强烈的心灵震撼，他又有一种痴想，或者说雄心，作为地方长官，他想治理、教化潍县，把畸形繁荣的潍县缔造成淳朴的世外桃源：

奢靡只爱学南邦，学得南邦未算强。

留取三分淳朴意，与君携手入陶唐。

板桥的政治理想且慢慢商量，乾隆十一年（1746年），板桥初到潍县，马上有许多火烧眉毛的事立等处理，原因是潍县连年天灾，来势汹汹。

乾隆十年（1745年），板桥到潍县的前一年，海水倒灌，庄稼颗粒不收，饥荒肆虐，疫病流行。乾隆十一年（1746年），八月起就不再下雨，大旱，赤地千里，“人相食，斗粟值钱千百”。乾隆十二年（1747年），连续大雨，大涝，鲁东地区饿殍遍地。乾隆十三年（1748年），连续发生蝗灾、涝灾、疫灾，一直要到乾隆十四年（1749年），秋大熟，连年灾荒才告一段落。

诸灾丛集，让板桥不堪重负，兼之地方官只求升迁，并不如实上报灾情，商户豪绅又趁机囤积居奇，抬高粮价，饥民没有活路，只好卖儿卖女，出山海关觅食。板桥《逃荒行》记载灾民惨状：“十日卖一儿，五日卖一妇，来日剩一身，茫茫即长路。”其间也有人性的光辉，“道旁见遗婴，怜拾置担釜。卖尽自家儿，反为他人抚”，婴儿要吃奶，“路妇有同伴，怜而与之乳”，婴儿吃饱以后，“咽咽怀中声，咿咿口中语”，“似欲呼爷娘，言笑令人楚”，板桥最好的诗，的确有杜甫诗史风骨，读之令人生悲。

山东出关觅食的饥民，一直要等到乾隆十四年（1749年），关内秋大熟后，才陆续还乡。其间妻离子散，无限酸楚，板桥另有《还家行》记载其中情形。闯关东的人，许多客死他乡，“死者葬沙漠，生者还旧乡”，回到家乡后想寻找妻子，“念我故妻子，鬻卖东南庄”，朝廷诏令允许失散妻子可以赎回，“圣恩许归赎，携钱负橐囊”，但人不是物件，人是有感情的，况且已经过去了三四年，妻子听到前任丈夫要来赎回自己，“其妻闻夫至，且喜且彷徨”，一则以喜，一则以忧，有无法解开的大义与情感死结，“大义归故夫，新夫非不良”，现在的丈夫待我很好，有的已经再次生育，只是孩子还小，“摘去乳下儿，抽刀割我肠。其儿知永绝，抱颈索我娘”，跟着前夫走了以后，“后夫携儿归，独夜卧空房；儿啼父不寐，灯短夜何长”。人间惨境，莫过如此。这样珍贵的历史镜头，在大历史的宏观视野中不值一提，但却是所有中国人无法忘却的记忆。

板桥潍县救灾的经历可圈可点，让人动容。为救灾，板桥做了几件大事，第一件，板桥在没有得到朝廷授权的情况下，自作主张，开仓放粮。

大清朝各县设常平仓，镇设义仓，乡村设社仓。常平仓归朝廷管理，各省委派道员专管，平常年景春夏出粜，秋冬籴还，遇灾情，即可向灾民放赈。义仓、社仓由当地公推人员专管，也是春借、秋还，意在便民。潍县是大县，常平仓中有2万石存粮，但是开仓放粮，朝廷有严格的审批手续，绝不允许擅自挪用。板桥面对紧急灾情，决定开仓放粮，有人告知利害，板桥说："此何时？俟辗转申报，民无孑遗矣。有谴我任之。"一力承担，拯救嗷嗷待哺的灾民，史载板桥此举，“活万余人”。

板桥还算幸运，上司“嘉其能”，肯定了他的做法。开仓放粮，老百姓领取粮食，是有借券的，并不是无偿发放。到了秋天，潍县农田歉收，老百姓还不起借粮，秋冬生计也没有着落，在这种情况下，板桥捐出自己的养廉银，救济孤苦。

官员腐败对任何王朝来说，都非常头痛。大清从雍正朝开始实施高薪养廉政策，养廉银往往数十倍于俸薪，比如曾国藩在两江总督任上，一年薪俸是155两白银，养廉银则高达18000两。范县是小县，板桥一年的薪俸约30两白银，养廉银大约1000两；潍县是大县，板桥薪俸45两白银，养廉银1400两。板桥捐出自己的养廉银，是自掏腰包，积极赈灾。按乾隆朝物价计算，1两银子大约能买80斤大米，1400两银子可以买11.2万斤大米，按现在的价格1斤大米3元钱计算，板桥的捐款总额高达33.6万元。

为救灾，板桥还想了许多办法，比如敦促潍县的富商大户，开粥厂赈济灾民，查封囤积居奇的商人，责令他们以平价出售存粮，这些做法难免得罪当地富室，板桥后来罢官，此时已埋下伏笔。

板桥深知，以上种种办法只能救急，如果灾荒连年累月，必然无法应付。靠朝廷调拨赈灾粮也不是根本之计，朝廷下发的赈灾钱粮，经各级胥吏层层盘剥，实际落到老百姓手中的少之又少。朝廷对灾区还有一种政策，“以工代赈”，组织灾民生产自救。板桥受到启发，在潍县“大兴修筑，招远近饥民赴工就食”，这不失为一个好办法，灾民有饭吃，就不会铤而走险，滋扰生事，社会就容易安定。板桥相继修建了潍县城墙、城隍庙、文昌阁等公共工程。

潍县城墙，原是明朝崇祯年间修筑的坚固石墙，到了清朝雍正年间，白浪河河水上涨，冲垮城墙1400余尺，以后又陆续倒塌，总计垮塌长度1800余尺。板桥与当地乡绅商议，议定每尺城墙修复的工程造价，再规定具体尺数由当地富户认领。板桥承诺：“本县一钱一物，概不经手。”由公推的乡贤负责集资督修，板桥自认80尺修复工程。地方长官带头捐修，乡绅也不好怠慢，潍县城墙修复工程顺利完成。

除上述种种措施外，板桥另一项重大任务是协助朝廷钦差督办救灾事宜。就帝国最高领导人乾隆皇帝来说，脑海中的确有“重农”“悯农”意识，雍正皇帝遗诏称其“秉性仁慈”，并非虚语。乾隆好写诗，而且高产，其中多有爱民题材的作品，比如：

地炉燃炭暖气徐，俯仰丈室惭温饱。

此时缅想饥寒人，茅屋唏嘘愁未了。

诗虽然不是什么好诗，对小民生计也未必有切肤的体验，但的确有同情百姓的情感。乾隆五十三年（1788 年），乾隆皇帝年逾古稀，亲自临摹南宋画家李迪的《鸡雏待饲图》，然后刻印多份，分发给各级官员，告诫他们“勿忘小民嗷嗷待哺之情”。

考察乾隆朝历年救灾实情，的确是不惜巨款，认真行事。乾隆七年（1742 年），安徽北部大水，灾民 22 万人，乾隆皇帝以当时国家财政收入的十分之一，即白银 290 万两、粮食 220 万石加以救济。

乾隆十八年（1753 年），户部提交报告，就乾隆皇帝即位以来用于救灾的钱粮支出与雍正朝作对比：雍正皇帝在位 13 年，赈灾共支出白银 143 万两，而乾隆朝迄今 18 年，赈灾白银支出已高达 2480 万两。

乾隆二十年（1755 年），负责漕运的官员也提出报告：康熙年间漕粮救灾共计 240 万石，雍正年间 290 万石，而乾隆朝迄今 20 年，救灾漕粮已高达 1320 万石。

乾隆皇帝看到这些数据，也很吃惊，但是他说，朕一想到天下灾荒，马上有“人饥己饥、人溺己溺”之怀，不能自已，没想到竟动用了这么多漕粮。乾隆五十年（1785 年），大清朝再次遭遇全国性灾荒，乾隆皇帝忙于救灾，频发上谕，昼夜不息，当年赈灾支出高达 1400 万两，占帝国全年财政收入的三分之一强。

板桥潍县赈灾之时，山东巡抚是阿里衮。阿里衮是满洲镶黄旗人，康熙朝顾命大臣遏必隆之孙。从乾隆皇帝上谕来看，阿里衮不免有隐瞒灾情的嫌疑。比如，乾隆十二年五月的上谕说：

山东登、莱、青三府，亦有被旱歉收之处。前据阿里衮只报安邱、诸城二县，朕闻不止于此。不知近日麦收如何？民间情形如何？可传谕询问。

乾隆皇帝不信任阿里衮，情形可想而知。乾隆十三年四月，乾隆皇帝再发上谕：

朕因山东灾民，待赈急迫。特命高斌，即赴山东。会同刘统勋，逐一查办。……朕时刻廑（同“勤”）念，若能遵照前旨，诸务妥办。无令灾黎失所，其慰朕心者更多。

高斌，满洲镶黄旗人，他的女儿是乾隆皇帝的贵妃。乾隆皇帝在高斌去世时，有过一个评价：“本一居心忠厚之人，易为属员所愚，又身有残疾，不能亲身督率，以致滋弊偾（fèn 败坏）事。”这是说高斌是一个老实人，但算不上能臣。高斌一到山东，马上调板桥陪同视察各地灾情，沿途马不停蹄，可谓尽心竭力。

乾隆皇帝有爱民之心，赈灾不惜财力，也一再严令地方官员实心办事，“务使早沾实惠，以拯哀鸿沟壑之惨”。乾隆二十六年（1761年），山东德州大雨，连下七昼夜，德州居民扶老携幼，在城墙上生活多日。城中缺粮，百姓饥困，哭声震天。当时德州最高官员是山东督粮道颜希深，水灾发生时，颜希深正好去济南办事，城中没有主事之人。当时德州官仓有粮，但没人敢私自开仓赈灾。颜希深70多岁的老母亲何太夫人顶住压力，据理力争，守仓官吏最终打开粮仓，拯救全城百姓。消息传到济南，山东巡抚非常震惊，以擅开粮仓、蔑视国家体制的罪名加以弹劾。乾隆皇帝收到奏折后，大发雷霆，朱批说，有这样贤良的母亲、实心办事的官员，为国利民，通权达变，巡抚不但不举荐，反而加以弹劾，今后怎么鼓励那些一心为国的人呢？马上下旨，已经动用的仓粮，准许作为正项开销，无须赔补，再赐颜母三品诰命。颜希深自此进入乾隆皇帝法眼，仕途畅达，很快升任地方督抚。

同样是乾隆朝，乾隆十一年（1746年），板桥私自开仓放粮，“活万余人”，没听说朝廷嘉奖，仅仅是上级官吏“嘉其能”而已。板桥潍县救灾的确做到了为国为民，勇于任事，急公好义，堪称能吏，但板桥既没有被嘉奖，也没有升迁，个中原因不得而知。

综合起来看，板桥为官很有特色，甚至可以说是大清官场的一道风景。板桥有巴结上司的一面，也有借酒骂座、目无卿相的一面，板桥是一个矛盾体。

说到巴结上司，板桥与慎郡王的交往已清晰可见。板桥前后为官

12年，止于潍县知县。在此期间，板桥有几次临时调差，他非常珍惜，隐约感觉是向上进步、改变命运的机会，但最终一无所获。

乾隆十二年（1747年）秋，板桥55岁，临时征调任济南乡试同考官，主考官是德保，满洲正白旗人，29岁，比板桥小20多岁，但中进士只比板桥晚1年。德保的儿子英和后来官至军机大臣、户部尚书、协办大学士，英和是和珅的岳父。

考官们按例要“锁院”，封锁内外门户，严紧关防，杜绝舞弊。这样，考官们在一个封闭的空间里，朝夕相处，诗词宴饮，是一个亲密接触的好机会。德保非常欣赏板桥，把他比作山东籍经学大师郑玄，并写诗称赞他。板桥慌忙奉和，其中有两句“饶他蜡华青青色，还让先生泰岱横”，把德保比作泰山。

一起锁院的还有山东学政于敏中，时年34岁，和德保是同年进士。于敏中官至文华殿大学士兼军机大臣，朝廷开设四库全书馆，于敏中为正总裁。于敏中也写诗称赞板桥，板桥和诗四首，其中一首说：

十载扬州作画师，长将赭墨代胭脂。
写来竹柏无颜色，卖与东风不合时。

想来板桥和这些年轻的新贵在一起，心情未免压抑。板桥既有奉承之意、干禄之情，比如“剪取吾家书带草，为君结束锦诗囊”，谀词的成分很强，但难免心有不平，于是又要发牢骚，摆老资格，比如“潦倒山东七品官，几年不听夜江湍。昨来话到瓜洲渡，梦绕金山晓日寒”，意思是自己其实不在乎，大不了回镇江、扬州。

在赠和上司的诗作中，板桥最有名的作品是《题画·范县署中画竹呈年伯包大中丞括》：

衙斋卧听萧萧竹，疑是民间疾苦声；
些小吾曹州县吏，一枝一叶总关情。

此诗传诵百代，如果放到现在，板桥堪称“人民艺术家”。板桥为官没有精密的现实感，不纯粹，既不能按为官套路亦步亦趋，又不能决绝地抽身而退，做一个逍遥市井的艺术家。板桥的赠诗、和诗中夹杂了不平之气、讽喻之意，接受的人并不舒服，因此不肯实心提拔他。

板桥的某些行为，惊世骇俗，让人厌恶。比如他刚到潍县，就叫下属在官署墙上挖了几十个孔，直通外面的街道，人家以为他要破墙开店，没料想板桥说：“出前官恶习俗气耳。”板桥这样说，叫同僚怎么想？叫上司怎么想？

又有一次，板桥因公到省城济南，省府上司器重他，在趵突泉宴饮，有人请板桥作诗，他随口吟道：

原原有本岂徒然，静里观澜感逝川。
流到海边浑是卤，更谁人辨识清泉。

板桥口无遮拦，满座愤怒，众官认为他嘲弄、诽谤上司。板桥只要一放松，就会信口开河。后来板桥罢官，明面上是经济问题，实际原因很复杂，当时有人评价说：“板桥非百里才也，其贾祸以才故。”

乾隆十三年（1748 年），板桥还有过一次大机会，乾隆皇帝奉皇太后首次东巡，祭祀东岳泰山。板桥被任命为书画吏，《板桥自叙》中说："燮为书画吏，治顿所，卧泰山绝顶四十余日。"遗憾的是，板桥连皇帝的影子都没看见。当年二月二十八日，乾隆皇帝到达泰安府，二十九日登泰山，当天就下了山。三月初一，乾隆皇帝在泰安赐宴，板桥卑微，没有资格参加。三月初二，乾隆皇帝前往济南，板桥书画吏的差事就此结束。尽管如此，板桥还是无上荣耀，后来专门刻了一方印章"乾隆东封书画吏"，这是他跟皇帝距离最近的一次。

板桥向往荣耀，也梦想平步青云，但他管不住自己。《墨林今话》上说，板桥"以进士选范县令，日事诗酒，及调潍县，又如故，为上官呵斥"，诗与酒毁了他的前程。

板桥随性而发，有些事做得非常可笑。在潍县时，板桥碰到一桩僧尼私恋案。有一天，某乡绅将一僧、一尼告到县衙，指控他们私通，伤风败俗。板桥审理此案，发现另有隐情，原来他们从小青梅竹马，曾经私订终身，后来女方父母贪慕钱财，要将女儿嫁给一位财主做妾，女孩誓死不从，情急之下削发为尼，男孩听到消息，也愤然出家。不料，来年三月三日潍县风筝节，这对苦命鸳鸯碰巧遇见，于是趁夜色幽会，不料被人撞见，扭送官府。

板桥问明情况后，心生恻隐，准许他们还俗结婚，判词说：

一半葫芦一半瓢，合来一处好成桃。

从今入定风归寂，此后敲门月影摇。

鸟性悦时空即色，莲花落处静偏娇。

是谁勾却风流债？记取当堂郑板桥。

板桥的许多举动常在情理、法度之外，有点像东坡，以急智料理行政，随机应变，而又多一层诙谐幽默。

板桥判案还有一种特色，并不以法律为准绳，而是“护贫斥富”，天生有保护穷人、摈斥富人的心理，这与一般官员“官官相护、富贵结盟”的做法完全相反。比如有一次，某盐商扭送一名私盐贩子到官府，按大清法律，贩卖私盐有罪。板桥见这位私盐贩子衣衫褴褛，不像是土匪流氓式的人物，于是对盐商说：“你要我责打他，我倒想让他戴枷游行，你看如何？”盐商同意，板桥令衙役找来芦席，编成一“枷”，高八尺，阔一丈，中间留一孔，令私盐贩子套在脖颈上。板桥又命取宣纸十余张，随手画上兰竹，墨迹淋漓，贴在枷上，然后命衙役押送私盐贩子，前往盐商门店，堵住大门。此等新鲜事，自然观者如堵，嘈杂纷纭，盐店无法正常营业。盐商大窘，苦苦哀求，板桥笑着放了私盐贩子。

板桥随性如此，有时口无遮拦，瞎骂人。他骂那些依仗富室、操纵诉讼的监生是“驮钱的驴子”，这就不仅得罪富商，当地士林也咬牙切齿。清人法坤宏记载了一段亲历的对话，可以看见当时社会对板桥的一般舆论。法坤宏说，乾隆十六年（1751 年）五月，我经过潍县，在朋友家里喝酒，“潍俗重贾”，席间有几位商人一起聊天，慢慢说到板桥，我急忙问：“板桥怎么样？”商人们异口同声地说：“郑令文采风流，施于有政，有所不足。”我问：“岂以诗酒废事乎？”商人们说：“讼事则偏袒穷人，监生有事拜见，郑令当庭大骂：

‘驮钱驴’有什么要说的。又命衙役摘掉他们的帽子，甚至黥其面，足踢之，将其驱出公堂。”我说：“郑令一向怜才爱士，这样做是何道理？”商人们说：“只是一点不给有钱人面子。”我笑着说：“郑令真是一位贤人，这种的过错实在不坏。”商人们听了这话，面面相觑，惊愕离座而去。

板桥已是50多岁的老人，久历时事，并非不懂为官之道，他在潍县时曾经写信给李鳝，剖明心迹，堪称奇观。

板桥信中说，我在山东做县令，一晃已经八年了，案牍劳形，忙里偷闲，坐在衙门之中，摆上酒壶，面前放一卷《离骚》，且读且饮，悠悠然心旷神怡，几乎忘了自己“此身在官”。但是这样的乐趣，与当年“江南之乐”比较起来，又实在很渺小。我喜欢喝酒，又好骂人，不知道什么原因，“历久而不能改”。在范县的时候，姚太守曾经告诫我：“世间只有狂生、狂士，而无狂官，你如果能改变自家性情，不失为循良之吏，而且不会长久屈居下位，做一个县令就到头了。”姚太守待我特别好，他的话是对的，“巴望板桥上进之心，昭然可见”。但是，我自己在肚子里盘算过，“使酒骂人，本来不是好事，欲图上进，除非戒酒闭口”，如此前程坦荡，升官想来不会很难。只是心有不甘，为了升官的缘故，有酒不饮，有口不言，自加桎梏，自抑性情，与坟墓中的死人有什么区别？“天生万物，各适其用，各遂其好。鸟，翼而飞；兽，足而走；人，口而言。”有嘴巴而不说话，岂不等于有翅膀而不飞翔，有脚而不走路，如此怎么能够心安呢？况且“衣之暖者莫如裘，味之美者莫如酒”，酒品、酒德，前人早已称颂，用不着我来多说。如果不是“呆汉”，绝对不会“美味当前而自甘舍弃”，好色之徒看见十六七岁的娇娃，怎么可能不动心呢？我自己内心几番商量，最后决定“宁可乌纱不戴，不可一日无酒”。

信的最后，板桥说：“官小官大，身外之事耳。适我性情，不官亦可长寿；违性逆情，虽官而不永年。‘官而夭’不如‘寿而乐’，我宁取其前者。”又说：“扬州有应时之鲜鱼佳蔬，北地则甚苦，饮食那及江南？幸有门生所馈火腿，堪以下酒。扬州平山堂北，梅花岭畔，神魂系之！”

板桥这一封书信，堪称奇文，只有嵇康《与山巨源绝交书》可以类比。板桥在知天命之年，想清楚了一件事：自在是第一位的，做官是第二位的，升官发财“非不能也，是不为也”。

《论语》上说，“求仁而得仁，又何怨？”板桥想通了，坦然接受自己的命运。乾隆十七年（1752 年），吏部发来行文，免去板桥潍县知县的职务，理由是贪污。很快，新任潍县知县韩光德到来，板桥交割印信，搬出县衙，与韩光德拱手而别，连人带家当只用了 3 头毛驴，告别潍县。

板桥离开时，百姓痛哭挽留，板桥画了一幅竹子，题诗云：

乌纱掷去不为官，囊橐萧萧两袖寒；
写取一枝清瘦竹，秋风江上作渔竿。

关于板桥罢官的原因，各书记载不一，有贪污罢官说、忤大吏罢官说、因病罢官说，其实这些都不是根本，根本在于板桥的个性与官场格格不入，他不耐烦官场厮混，官场也容不下他。板桥另有《罢官

吟》:

老困乌纱十二年，游鱼此日纵深渊。
春风荡荡春城阔，闲逐儿童放纸鸢。
买山无力买船居，多载芳醪少载书，
夜半酒酣江月上，美人纤手炙鲈鱼。

板桥此时心情平缓，“游鱼纵深渊”，有一点庆幸。有酒、有月、有书、有美人、有美食，此生不复有求。

乾隆七年（1742 年）至乾隆十八年（1753 年），板桥先后任范县知县、潍县知县，仕途止步于此。乾隆十六年（1751 年）九月十九日，板桥写下“难得糊涂”座右铭，成为板桥留给后世最著名的遗产之一。我对板桥兴趣的焦点集中在这四个字上，这是板桥的人生感悟吗？是板桥的做官心得吗？“难得糊涂”何以成为后世千千万万中国人引用最多的箴言之一？这四个字对中国人的心理究竟产生了什么影响？板桥是在什么情况下写出这四个字的？板桥真的相信这四个字吗？或者只是牢骚之语、愤激之言、游戏之作？

乾隆元年（1736 年），板桥高中进士，殿试主考官是鄂尔泰。理论上说起来，板桥是鄂尔泰门生。板桥与鄂尔泰之子鄂容安是好朋友。鄂尔泰，满洲镶蓝旗人，与李卫、田文镜同为雍正皇帝心腹。雍正皇帝即位后，鄂尔泰任广西巡抚、云贵总督、军机大臣。雍正皇帝去世，鄂尔泰与张廷玉等人同为辅政大臣。

朝中有人好当官。板桥谋求仕途升迁，朝中有两条线索，一是鄂尔泰，一是慎郡王。虽然关系说不上亲近，更无累世的交情，但板桥在朝中的关系仅止于此。乾隆十年（1745 年），鄂尔泰去世，对板桥是一个严重的打击。那时，板桥在范县任上，一口气写了五首诗，哀悼恩师，其中说“武功万里兼文德，王佐千秋实帝师”，称颂鄂尔泰的丰功伟绩，也说到自己的心灰意冷，“笼鸟放还天地囿，池鱼乐并海江涯”，似乎预见到自己的仕途命运。乾隆十八年（1753 年），板桥罢官，回到扬州卖画。不久，板桥一度有东山再起的想法，乾隆二十三年（1758 年），慎郡王去世，板桥的仕途梦彻底破灭。

鄂尔泰心胸开阔，礼贤敬能，有古代名臣风度。在用人问题上，他是极少数能真正打破满汉藩篱的满洲重臣，这对板桥有致命的吸引力。雍正四年（1726 年），鄂尔泰上奏折谈人才问题：

政有缓急难易，人有强柔短长，用违其才，虽能者亦难以自效，虽贤者亦或致误公；用当其可，即中人亦可以有为，即小人亦每能济事。因才、因地、因事、因时，必官无弃人，政无废事。

忠厚老诚而略无才具者，可信而不可用；聪明才智而动出范围者，可用而不可信。……但能济事，俱属可用，虽小人亦当惜之，教之。但不能济事，俱属无用，即善人亦当移之。

鄂尔泰的见解非常深远，一方面说人人可用，“官无弃人”；另一方面说“济事”是用人的唯一标准，类似曹操的“唯才是举”，或者现在常说的“赛马不相马”。在这封奏折中，鄂尔泰还总结了自己的处世原则：

大事不可糊涂，小事不可不糊涂；若小事不糊涂，则大事必至糊涂也。

《宋史·吕端传》上说，宋太宗赵光义想让吕端当宰相，有人说，“吕端为人糊涂”，赵光义说，“吕端小事糊涂，大事不糊涂”，坚决提拔吕端当了宰相。鄂尔泰发展了“小事糊涂，大事不糊涂”的说法，进一步认为，小事一定要糊涂，小事不糊涂，大事一定糊涂，这是鄂尔泰的“糊涂哲学”。

吕端“小事糊涂，大事不糊涂”对后世有深远的影响，大清重臣张廷玉70岁生日，乾隆帝赐寿联：“潞国晚年犹矍铄，吕端大事不糊涂。”潞国指北宋重臣、潞国公文彦博。更有名的例子是，毛泽东赠诗叶剑英元帅：“诸葛一生唯谨慎，吕端大事不糊涂。”

板桥到潍县后，连年忙于救灾。乾隆十六年（1751年）春，海水泛滥，板桥到潍县北边禹王台勘灾。多年救灾的经历，让他身心疲惫，救灾的种种艰难，让他心生感慨。板桥一方面觉得升迁无望，一方面早已厌倦官场，多次萌生退意，他在《思归行》中说出自己的困惑：

何以未赈前，不能为周防？
何以既赈后，不能使乐康？
何以方赈时，冒滥兼遗忘？

板桥对大清救灾体制发生疑问，“未赈前”，缺乏周密布局；“既赈后”，老百姓并不能安居乐业；“方赈时”，问题更多，冒领加遗忘，赈灾物资不能落到实处。出现这么多问题，究竟是什么原因呢？板桥开展自我批评：

臣也实不材，吾君非不良。
臣幼读书史，散漫无主张，
如收败贯钱，如撑断港航，
所以遇烦剧，束手徒周章。

板桥说皇帝是好的，要行仁政，怪就怪自己没有能力，“实不材”；行政烦剧、诸事从杂之下，自己“无主张”，束手无策。板桥深感无力突围，想着退隐江湖：

臣家江淮间，虾螺鱼藕乡；
破书犹在架，破毡犹在床。
待罪已十年，素餐何久长。
秋云雁为伴，春雨鹤谋粱；
去去好藏拙，满湖莼菜香。

板桥想“藏拙”，想回到他“满湖莼菜香”的故乡。在《青玉案·宦况》中，板桥说得更直白，“十年盖破黄绸被，尽历遍、官滋味”，十年知县生涯，当官的滋味他是知道了。“文书累”“妆傀儡”，让他非常心烦，“酒阑烛跋，漏寒风起，多少雄心退！”现在恩师鄂尔泰已经去世，自己不堪重负，曾经有过的仕途雄心慢慢退却。

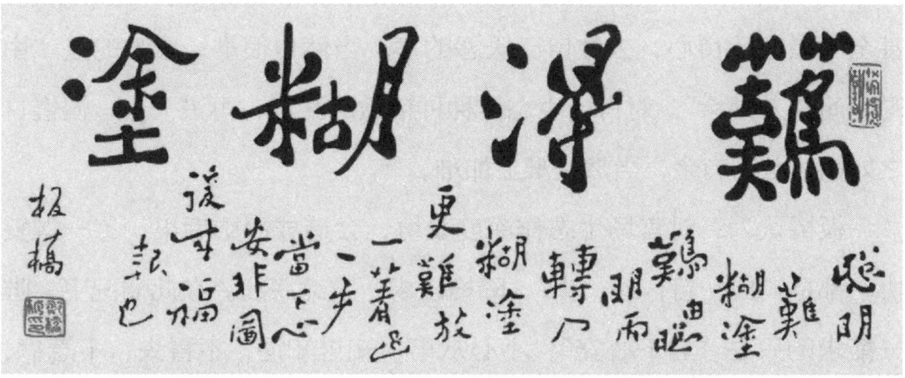

熬到这一年秋天，板桥写下“难得糊涂”座右铭，宽慰自己。其下另有跋文，作为补充说明：

聪明难，糊涂难，由聪明而转入糊涂更难。

放一着，退一步，当下心安，非图后来福报也。

如何理解板桥的“难得糊涂”？鄂尔泰的糊涂哲学，更像是领导艺术，强调“小事糊涂”是“大事不糊涂”的前提，有点类似现在讲的“抓大放小”的管理风格。板桥的“难得糊涂”则是一个基层官员遭遇种种困难，经受万般挤压后无奈的呻吟。大清行政体系、官场生态是板桥为官的前提，或者说气候，板桥作为官场物种之一，只能顺应，只能适者生存，他无法改变官场生态，岂止无法改变，不适感随着时间的推移与日俱增。

板桥谈糊涂哲学，不分大事、小事。事实上，板桥这样的七品芝麻官，也没有什么大事。“聪明难”，是要进取，要澄清吏治，要“众人皆醉我独醒”，当然难；“糊涂难”，什么都明白，违心地得过且过，甚至不惜埋汰良心，去做自己厌恶的事，当然也很难；最难的是“由聪明而转入糊涂”，对官场生态作种种精致的配合，再进一步，慢慢甘之如饴，游刃有余，当然是难上加难。

板桥认为，对官场生态作深度妥协，会造成严重后果。每一次妥协，都是“放一着，退一步”，降格以求，收缩底线。在此情况下，唯一能求的只是“当下心安”，小心从事，知进知退，不冒失，不惹祸，甘心造孽，“后来福报”也就无从谈起了。

板桥潍县救灾、判案时照顾弱者的倾向，乱骂人的习气，不按官场规则出牌的任性，在潍县官商士林中，足以成为一个不受欢迎的人。他在极度彷徨、悲观的情绪中以“难得糊涂”作为座右铭，是大清官场盛开的“恶之花”。

“难得糊涂”一旦流传开来，人们不再关心其所以产生的背景，只是以一般生存哲学来加以揣摩，与板桥差不多同时的钱泳在《履园丛话》中说：

难得糊涂，此极聪明人语也。余谓糊涂人难得聪明，聪明人又难得糊涂，须要于聪明中带一点糊涂，方为处世守身之道。若一味聪明，便生荆棘，必招怨尤，反不如糊涂之为妙用也。

钱泳把“难得糊涂”提升为“处世守身之道”，这就完全剥离了板桥被官场高度挤压、变形后所作“愤激之语”的背景。就像现在很多人把《厚黑学》作为处世经典，完全漠视《厚黑学》只是李宗吾先生积愤之作的事实。我们还可以举出更典型的例子，苏东坡有诗：

人皆养子望聪明，我被聪明误一生。
帷愿孩儿愚且鲁，无灾无难到公卿。

这也是积愤之作，是特殊情形下的牢骚，当不得真。天下没有父母真的希望孩子“愚且鲁”，父母真实的情感永远是望子成龙，望女成凤。

写下“难得糊涂”后又过了一年，板桥60岁了，自撰寿联说：

常如作客，何问康宁，但使囊有余钱，瓮有余酿，釜有余粮，取数叶赏心旧纸，放浪吟哦，兴要阔，皮要顽，五官灵动胜千官，过到六旬犹少。

定欲成仙，空生烦恼，只令耳无俗声，眼无俗物，胸无俗事，将几枝随意新花，纵横穿插，睡得迟，起得早，一日清闲似两日，算来百岁已多。

板桥在此联中一力发挥佛道思想，想办法安慰自己。板桥去意已定，朝廷也很配合，再过一年，板桥罢官。板桥还有12年余生，他要将庙堂“恶之花”移植为民间“草根香”。

第四章 草根香

板桥虽以绘画知名后世，但板桥《家书》不可不读。剥开板桥借酒骂座，目无卿相，极度“狂怪”的坚硬外壳，《家书》中的板桥有一颗柔软的心。

《清史・郑燮传》中说：“（板桥）内行醇谨，幼失怙恃，赖乳母教养，终身不敢忘。所为家书忠厚恳挚，有光禄庭诰、颜氏家训遗意。”板桥自己说：“板桥十六通家书，绝不谈天说地，而日用家常，颇有言近指远之处。”

板桥《家书》是板桥写给堂弟郑墨的16封书信。乾隆十四年（1749），板桥写了《十六通家书小引》：

板桥诗文，最不喜求人作叙。求之王公大人，既以借光为可耻；求之湖海名流，必至含讥带讪，遭其荼毒而无可如何，总不如不叙为得也。

几篇家信，原算不得文章，有些好处，大家看看；如无好处，糊窗糊壁，覆瓿覆盎而已，何以叙为！

板桥自序，而不是请人作序，既不想借光王公大人，也不想遭遇湖海名流的荼毒。板桥没把几封家信看得多么重要，他的心态是平和的。

板桥《家书》中有许多动人的细节，的确可以看见板桥“内行醇谨”，比如他这样叮嘱堂弟：

天寒冰冻时，穷亲戚朋友到门，先泡一大碗炒米送手中，佐以酱姜一小碟，最是暖老温贫之具。暇日咽碎米饼，煮糊涂粥，双手捧碗，缩颈而啜之，霜晨雪早，得此周身俱暖。

我小时候在江南农村，过年时常吃炒米，可以干吃，也可以用开水冲泡，非常馨香，周身俱暖，的确是好零食。板桥把“敦宗族，睦亲姻，念故交”落实在动作层面，可谓心细如发。

板桥做了官，家中雇人种田，是地主阶级。板桥在家书中叮嘱堂弟说：

愚兄平生最重农夫，新招佃地人，必须待之以礼。彼称我为主人，我称彼为客户，主客原是对待之义，我何贵而彼何贱乎？要体貌他，要怜悯他。有所借贷，要周全他。不能偿还，要宽让他。

板桥把地主和长工看作主客关系，没有贵贱之分。乾隆九年（1744 年），小妾饶氏生子，时年板桥 51 岁，老来得子，自然欢喜无尽。孩子生下不久，板桥送娘儿俩回兴化老家，因此家书中多言及教子之事：

家人儿女，总是天地间一般人，当一般爱惜，不可使吾儿凌虐他。凡鱼飧果饼，宜均分散给，大家欢嬉跳跃。若吾儿坐食好物，令家人子远立而望，不得一沾唇齿，其父母见而怜之，无可如何，呼之使去，岂非割心剜肉乎！

板桥要求堂弟对待家中孩子一视同仁，尤其吃零食，不可分贵贱彼此，伤害天下为人父母之心。板桥又特别叮嘱：

我不在家，儿子便是你管束。要须长其忠厚之情，驱其残忍之性，不得以为犹子（侄子）而姑纵惜也。

板桥要堂弟切实负起教育孩子的责任，不要因为是侄子就放纵姑息。板桥认为，教育孩子首在人格培养，尤其要"长其忠厚之情，驱其残忍之性"，诸如戏蜻蜓、养鸟这些童年游戏都要禁止，尤其不能虐待小动物。

平生最不喜笼中养鸟，我图娱悦，彼在囚牢，何情何理，而必屈物之性以适吾性乎！至于发系蜻蜓，线缚螃蟹，为小儿顽具，不过一时片刻便摺拉而死。

夫天地生物，化育劬劳，一蚁一虫，皆本阴阳五行之气絪缊而出，上帝亦心心爱念。而万物之性人为贵，吾辈竟不能体天之心以为心，万物将何所托命乎？

劬（qú）劳，指父母养育子女的辛劳。板桥宅心仁厚，他是儒家信徒，要以“天之心为心”，使天生万物有所托命。板桥又是艺术家，他有自己的养鸟之道，充满浪漫气息和环保意识：

欲养鸟莫如多种树，使绕屋数百株，扶疏茂密，为鸟国鸟家。

将旦时，睡梦初醒，尚展转在被，听一片啁啾，如《云门》《咸池》之奏。及披衣而起，颒（huì 洗脸）面漱口啜茗，见其扬翚振彩，倏往倏来，目不暇给，固非一笼一羽之乐而已。

大率平生乐处，欲以天地为囿，江汉为池，各适其天，斯为大快。比之盆鱼笼鸟，其钜细仁忍何如也！

板桥人性中最好的一部分，如此动容，我们没有办法不被他说服，而心中感觉到舒适与温暖。孩子慢慢长大了，要发蒙读书，板桥有许多嘱咐：

至于延师傅，待同学，不可不慎。吾儿六岁，年最小，其同学长者当称为某先生，次亦称为某兄，不得直呼其名。

纸笔墨砚，吾家所有，宜不时散给诸众同学。每见贫家之子，寡妇之儿，求十数钱，买川连纸钉仿字簿，而十日不得者，当察其故而无意中与之。至阴雨不能即归，辄留饮；薄暮，以旧鞋与穿而去。彼父母之爱子，虽无佳好衣服，必制新鞋袜来上学堂，一遭泥泞，复制为难矣。

板桥心细如此！教子都在动作层面，不说大道理。板桥救济人，尤重“无意中与之”，要保护受救助者的自尊心。他是从艰难困顿中走出来的人，知道新鞋袜来之不易，需要倍加珍惜，读之酸楚。板桥从前做过私塾先生，知道其中难处，因此特别言及“择师、敬师”之道：

夫择师为难，敬师为要。

择师不得不审，既择定矣，便当尊之敬之，何得复寻其短？

吾人一涉宦途，即不能自课其子弟。其所延师，不过一方之秀，未必海内名流。或暗笑其非，或明指其误，为师者既不自安，而教法不能尽心，子弟复持藐忽心而不力于学，此最是受病处。不如就师之所长，且训吾子弟之不逮。如必不可从，少待来年，更请他师，而年内之礼节尊崇，必不可废。

板桥说的既中肯又忠厚，让人无法辩驳，只能反复诵之。板桥又言及读书之最终目的这一根本问题：

夫读书中举、中进士作官，此是小事，第一要明理做个好人。

这样的教育宗旨可谓根本，尤是针砭当今教育的良药。板桥接着说：

今则不然，一捧书本，便想中举、中进士、作官，如何攫取金钱、造大房屋、置多田产。起手便错走了路头，后来越做越坏，总没有个好结果。其不能发达者，乡里作恶，小头锐面，更不可当。

我们现在读200多年前的板桥家书，还是无话可说，只能汗颜。至于应该读哪些书，板桥有严格的分别，要读“日月经天，江河行地”的大书，而不是那些“风云月露之辞，悖理伤道之作”：

吾弟读书，四书之上有六经，六经之下有左史庄骚，贾董策略，诸葛表章，韩文杜诗而已，只此数书，终身读不尽，终身受用不尽。

……

六经之文，至矣尽矣，而又有至之至者：浑沦磅礴，阔大精微，却是日常家用，《禹贡》《洪范》《月令》“七月流火”是也。当刻刻寻讨贯串，一刻离不得。张横渠《西铭》一篇，巍然接六经而作，呜呼休哉！

“六经”指经过孔子整理的六部儒家经典，《诗经》《尚书》《仪礼》《乐经》《周易》《春秋》，其中《乐经》已经失传，剩下的称“五经”。“四书”指《论语》《孟子》《大学》和《中庸》。“左史庄骚”，指《左传》《史记》《庄子》《离骚》；“贾董策略”，贾是西汉政论家贾谊，董是西汉大儒董仲舒；“诸葛表章”，指诸葛亮前后《出师表》等奏章；“韩文杜诗”，指韩愈的文章、杜甫的诗。

《禹贡》《洪范》出自《尚书》。《禹贡》分天下为九州，是作者构想“天下大一统”后如何治理国家的方案。《洪范》相传是大臣箕子向周武王进献的统治天下的根本大法，“洪”是“大”，“范”是“法”。

《月令》以四时为纲、十二月为目，基于五行原理解释人与自然的关系，朝廷可据此制定生产与生活方面的政令。“七月流火”出自《诗经·豳风·七月》，以农事节令为中心，展示广阔的生活画面。板桥认为以上篇章是“六经”的精髓，“至之至者”，需要随时探究，须臾不可分离。

张横渠是北宋大儒张载，他讲课的教室，有东、西两扇窗子，分别悬挂《东铭》《西铭》两篇座右铭，其中《西铭》说：

民吾同胞，物吾与也。凡天下疲癃（曲腰高背之疾）、残疾、惸独（qióng，孤苦伶仃的人）、鳏寡，皆吾兄弟之颠连而无告者也。

张载认为，世人都是我的同胞，万物都是我的同辈，要求泛爱一切人和物。张载的这一层意思，王阳明在《大学·问》中说得更明白：“大人者，以天地万物为一体者也，其视天下如一家，中国犹一人焉。若夫间形骸而分尔我者，小人矣。”

板桥受张载“民胞物与”的思想影响很深，无论对家人子弟、佣人、佃户，还是贫苦乡邻都一视同仁，处处替人着想，亲爱有加。板桥还认为，不仅对活着的人，对去世的人，也要公正地对待他们。他一直惦念一件事，父亲立庵先生在世时，想在郝家庄买一块墓田，价值 20 两银子。因墓田上有一无主的孤坟，必须刨去，父亲认为，掘他人坟墓来安葬自家身躯，多有不妥，就此放弃。在家书中，板桥叮嘱堂弟，让他去查看此块墓地是否已售出，如果已售出，就转买过来作为自己百年后的葬身之地，至于那一处孤坟，则保留一侧，与他们作伴，并刻石警示子孙，永远不得毁损，以彰显忠厚、退让之义。至于风水先生的说法，板桥说：

夫堪舆家言，亦何足信。吾辈存心，须刻刻去浇存厚，虽有恶风水，必变为善地，此理断可信也。后世子孙，清明上冢，亦祭此墓，卮酒、只鸡、盂饭、纸钱百陌，著为例。

板桥心心念念要“去浇存厚”，变刻薄为醇厚，移风易俗，并且相信这样去做，“虽有恶风水，必变为善地”，风水只是道德的附庸。

板桥认为读书“第一要明理做个好人”，他心目中的好人便如上说。关于读书，板桥尚有许多言论让人耳目警醒。他在给友人的信中说：

有学而无问，虽读书万卷，只是一条钝汉尔。

五经、廿一史、藏十二部，句句都读，便是呆子，汉魏六朝、三唐两宋诗人，家家都学，便是蠢才。

读书以过目成诵为能，最是不济事。眼中了了，心下匆匆，方寸无多，往来应接不暇，如看场中美色，一眼即过，与我何与也。千古过目成诵，孰有如孔子者乎？读《易》至韦编三绝，不知翻阅过几千百遍来，微言精义，愈探愈出，愈研愈入，愈往而不知其所穷。

即如《史记》百三十篇中，以《项羽本纪》为最，而《项羽本纪》中，又以钜鹿之战、鸿门之宴、垓下之会为最。反覆诵观，可欣可泣，在此数段耳。若一部《史记》，篇篇都读，字字都记，岂非没分晓的钝汉！

总是读书要有特识，依样葫芦，无有是处。而特识又不外乎至情至理，歪扭乱窜，无有是处。

竖儒之言，必不可听，学者自出眼孔、自竖脊骨读书可尔。

板桥非闭户读书者，常游于古松、荒寺、平沙、远水、峭壁、墟墓之间。然无之非读书也。求精求当，当则粗者皆精，不当则精者皆粗。思之思之，鬼神通之。

板桥的这些言论，如在读书、进学时反复研习，必有所得。他讲的“钝汉”“呆子”“蠢才”“竖儒”“闭户读书者”，其间种种毛病，对读书人来说，自有镜鉴。贯穿板桥一生，无论读书还是作画，有一个宗旨，“学者当自树其帜”，或者说“自立门户”，“自竖脊骨读书”，“要有特识，依样葫芦，无有是处”，板桥有主见，特立独行，彰显自我。

板桥为书斋自题一联，“删繁就简三秋树，领异标新二月花”，最让人佩服。此联既说读书，也说绘画，“删繁就简”是要以最简练的笔墨表达最丰富的内容，以少胜多，如深秋的树，瘦劲秀挺，落尽细枝繁叶，举例来说，是“《史记》百三十篇中，以《项羽本纪》为最，而《项羽本纪》中，又以钜鹿之战、鸿门之宴、垓下之会为最”，要把厚书读薄，含英咀华，全是干货。“领异标新”是“自出手眼，自树脊骨”，不赶潮流，不趋风气，自辟新路，像春天的“二月花”那样，一花开来百花开，春色满园，洋洋大观。

板桥读书不随流言，他根本不相信“过目成诵”，即使真有这种本领的人，也“最是不济事”。板桥举的例子很有说服力，千古过目成诵的天才，大约没有谁能超过孔子，但孔子读《易经》“韦编三绝”，读的次数太多了，联结竹简的熟牛皮绳都断了。板桥反对“浅阅读”，他相信“微言精义，愈探愈出，愈研愈入，愈往而不知其所穷”，板桥不是天才，也不相信世间有天才。

板桥在《自舒书画心诀》中说：“隔靴搔痒说何益，入木三分骂亦精。”他最听不得那些隔靴搔痒、不得要领、无关痛痒的言论，这样的言论毫无益处；相反，那些入木三分、鞭辟入里、切中肯綮的真知灼见，即便是骂人，也让人精神酸爽，刻骨铭心。

板桥还在家书中展开自我批评，尤其针对“爱骂人”的毛病，想请堂弟帮忙监督：

东坡一生觉得世上没有不好的人，最是他好处。愚兄平生谩骂无礼，然人有一才一技之长，一行一言之美，未尝不啧啧称道。囊中数千金，随手散尽，爱人故也。至于缺阨欹危之处，亦往往得人之力。

好骂人，尤好骂秀才。细细想来，秀才受病，只是推廓不开，他若推廓得开，又不是秀才了。且专骂秀才，亦是冤屈，而今世上那个是推廓得开的？年老身孤，当慎口过。爱人是好处，骂人是不好处。东坡以此受病，况板桥乎！老弟当时时劝我。

一个人的性格很难改变，加之以年龄，或许会渐渐平和一点。板桥仕途蹉跎，有痛定思痛的一面，脱离官场是他的必然归宿，板桥慢慢接受了这个现实，好在他有退路，能够回到书画世界，做回“真板桥”。

板桥或许是策略化运作意识最强的艺术家之一。他的书画生涯可以从道、法、术三个方面加以分析，我有时觉得板桥是“书画界的大将军”，有天纵英才的成分，又有排兵布阵、避实击虚、重点突破的经营手段。了解板桥越多，越发感觉亲切，比东坡亲切，因为板桥是草根一族，和普通人的生活和事业更加接近，不像东坡光芒万丈，可望而不可即。

板桥的绘画之道，有价值观和方法论两个方面。板桥绘画的价值观可以用一句话概括，就是“慰天下之劳人”，其背后则是张载“民胞物与”的思想。

传统文人画以山水居首，卧游澄怀，怡情悦性。唐代大诗人王维开创水墨山水，宋元文人在山水之外，偏爱画兰、画竹、画梅，到了明代，又加上画菊，如此“四君子”齐备。东坡喜画枯木怪石，寓不屈不挠之心志；宋末郑思肖有感于国土沦丧，喜画无根之墨兰，八大山人画鱼、画鸭、画鸟，皆白眼向天，充满倔强之气。文人画托物寄兴，人生之不平，难解之怨气，以书画为渲染之媒介。

板桥的不同之处在于，他画竹、画兰、画枯木怪石，不以个人情愫的表达为中心，而是转向慰藉民众，为天下劳苦人代言。板桥有许多题画诗，是板桥作品中最好的一部分，他在《靳秋田索画》中说：

三间茅屋，十里春风，窗里幽兰，窗外修竹。此是何等雅趣，而安享之人不知也。懵懵懂懂，没没墨墨，绝不知乐在何处。惟劳苦贫病之人，忽得十日五日之暇，闭柴扉，扫竹径，对芳兰，啜苦茗，时有微风细雨，润泽于疏篱仄径之间；俗客不来，良朋辄至，亦适适然自惊为此日之难得也。

凡吾画兰、画竹、画石，用以慰天下之劳人，非以供天下之安享人也。

文艺是为谁服务的？板桥明确区分两类人群，一是“安享之人”，一是“劳苦贫病之人”。板桥认为自己的艺术创作使命是，“画兰、画竹、画石，用以慰天下之劳人，非以供天下之安享人也”。我觉得非常震惊，在200多年前，板桥的文艺观已经无限逼近“无产阶级文艺观”。毛主席《在延安文艺座谈会上的讲话》中说：

第一个问题：我们的文艺是为什么人的？

这个问题，本来是马克思主义者特别是列宁所早已解决了的。列宁还在1905年就已着重指出过，我们的文艺应当“为千千万万劳动人民服务”。

板桥当然不会有阶级分析的观点，但他明确提出自己的文艺创作是“为人民服务”的，这可以部分解释，为什么在新中国成立以后，板桥的地位非常高，超出了他在美术史和文学史上应有的地位，因为他被置于一个全新的坐标系中。

当然，板桥从来不是政治画家，他的绘画宗旨来自个人经历和传统儒家思想。他有一首题画诗说：

莫漫锄荆棘，由他与竹高。

西铭原有说，万物总同胞。

板桥一再强调，张载《西铭》对他影响很深，“物各有性”，但万物都是同胞。他在《丛兰荆棘图》中说得更清楚：

东坡画兰，长带荆棘，见君子能容小人也。

吾谓荆棘不当尽以小人目之，如国之爪牙，王之虎臣，自不可废。兰在深山，已无尘嚣之扰，而鼠将食之，鹿将龌（同“啃”）之，豕将豚（虫蛀木，引申为器物久磨将断的样子）之，熊、虎、豺、麏、兔、狐之属将啮之，又有樵人将拔之割之。若得棘刺为之护撼，其害斯远矣。

秦筑长城，秦之棘篱也。汉有韩、彭、英，汉之棘卫也，三人既诛，汉高过沛，遂有“安得猛士守四方”之慨。然则蒺藜、铁菱角、鹿角、棘刺之设，安可少哉？予画此幅，山上山下皆兰棘相参，而兰得十之六，棘亦居十之四。画毕而叹，盖不胜幽并十六州之痛，南北宋之悲耳！以无棘刺故也。

从屈原开始，中国人一向认为“兰是君子、荆棘是小人”。板桥做翻案文章，认为“荆棘、兰竹各有德性”，而荆棘“如国之爪牙，王之虎臣，自不可废”。板桥有《西铭》作为思想底色，胸襟非常开阔。即使是“兰”，板桥也不肯因袭前说，单纯视为君子就万事大吉，他在题画诗中说：

鱼以水为家，无水是无鱼也；

鸟以树为家，无树是无鸟也；

兰以石为家，无石是无兰也。

水愈阔，鱼愈巨；林愈茂，鸟愈多；山愈深，兰愈盛。

故兰有百年之根，数尺之箭，有数月之花，有数十里之香。人之过之者，闻其香而莫知兰之所在，此则山之妙也。为之诗曰：

蝶蜂有路依稀到，云雾无门不可通。

更是东风难着力，自然香在有无中。

板桥能够创造性地"体物之情"，他说"兰有百年之根，数尺之箭，有数月之花，有数十里之香"，而兰之香是幽香，"香在有无中"。王维在五律《汉江临泛》中描绘汉水周边风景，"江流天地外，山色有无中"，板桥化用其意，转"山色"为"兰香"，让人惊喜。

板桥有"慰天下之劳人"的价值观，还有"真我面目"的方法论。板桥一生最崇拜的人，不是孔子、孟子，也不是李白、杜甫，而是明朝大画家徐渭。

徐渭，字文长，号青藤居士，浙江绍兴人，一生凄惨，也充满传奇。徐渭出身官僚世家，少时天才超逸，"六岁受《大学》，日诵千余言"，20 岁考中秀才，但随后 8 次参加科举考试，"皆以不合规寸，摈斥于时"。科举不利，徐渭设馆授徒，做了一名私塾先生，后来成为闽浙总督胡宗宪的幕僚。徐渭有军事才能，多方筹划，百般经营，屡次大破倭寇。嘉靖四十三年（1564 年），明朝奸相严嵩倒台，胡宗宪以

“党严嵩及奸欺贪淫十大罪”被捕，在狱中自杀，徐渭受牵连下狱。徐渭在狱中九次自杀，“引巨锥刺耳，深数寸；又以椎碎肾囊，皆不死”，精神失常，几近癫狂。嘉靖四十五年（1566年），徐渭精神癫狂，认为继妻张氏出轨，狂乱中杀死了她，再次下狱七年。万历元年（1573年），大赦天下，状元张元忭营救徐渭出狱，时年53岁。徐渭晚年隐居乡里，穷困潦倒，靠卖字画度日，享年73岁。

徐渭是全能型艺术家，在诗文、戏剧、书画等方面独树一帜。尤其是绘画，他的泼墨写意花鸟画，别开生面，一挥而就，尽在“似与不似之间”，笔墨之疾徐、浓淡、干湿、疏密，即使本人也无法重复，驱墨如云，气势如虹。徐渭的泼墨牡丹，脱尽传统牡丹色彩绚丽、富贵逼人之气，纯用水墨，清雅脱俗，所谓“从来国色无装点，空染胭脂媚俗人”。徐渭的泼墨写意花鸟画，实是个人人格之写照，他的一生不媚权势、不阿时俗，有无穷无尽的寂寞，他在《题墨葡萄诗》中说：

半生落魄已成翁，独立书斋啸晚风。
笔底明珠无处卖，闲抛闲掷野藤中。

徐渭让板桥神魂颠倒，自称“青藤门下牛马走”，又刻一方印章“徐青藤门下走狗郑燮”。“牛马走”，出自司马迁《报任安书》“太史公牛马走”，是自谦之辞。

徐渭是阳明心学信徒，又直接影响到板桥。明代中叶，信奉阳明心学的人上至宰相，下及走卒，其中入阁拜相者如徐阶、张居正、赵贞吉，其余各领域独领风骚者更是比比皆是，比如汤显祖、徐光启、李贽。

阳明有一个著名弟子王畿，字汝中，号龙溪，20 岁开始受业于阳明。徐渭与阳明后学来往密切，师从王畿、季本，与钱德洪、唐顺之亦有交往。徐渭与王畿，既是同乡，又是远房表亲。徐渭有诗云：

龙溪吾师继溪子，点也之狂师所喜。
自家溪畔有波澜，不用远寻濂洛水。

“濂洛”指北宋理学，“濂”是濂溪周敦颐，“洛”是洛阳程颢、程颐兄弟。徐渭说：“二十七八岁，始师事季先生（季本），稍觉长进，此前空过二十年矣。”明确表示从濂洛理学转向阳明心学，“自家溪畔有波澜”，指家乡本地就有阳明之圣学倡导东南，无须舍近求远，“远寻濂洛水”。

阳明后学中，王艮、李贽建立泰州学派，主张“百姓日用即是道”，又转移阳明“人皆可称为圣人”的命题为“满街都是圣人”。李贽以孔孟异端自居，思想激进，无所顾忌，他最讨厌装模作样的道学家，骂他们“阳为道学，阴为富贵，被服儒雅，行若狗彘（zhì 猪）”，道学家满口仁义道德，目的在于“欺世获利”，他们“口谈道德而心存高官，志在巨富”。李贽是阳明信徒，相信“童心”是万物的本源，大自然不过是“我妙明真心的一点物相”。什么是童心呢？就是最初一念之本心，没有受外界污染的一点初心。童心主宰一切，万事万物、山河大地尽在其中，尘世诸相只是童心的外现，诸相与童心的关系，如同大海中的波浪与海水的关系。

李贽坚决反对思想禁锢，主张个性解放，不惜把孔夫子拉下神坛，他说“孔夫子亦庸众人类也”，因此无须“以孔子之是非为是非”，那些一定要将孔子奉为偶像，一举一动都要学孔子的人，李贽称之为“丑妇之贱态”。

李贽的童心理论，反映到文艺创作上就是“童心说”，要求“绝假还真”，自抒胸臆，激烈批判当时风行的“摹古”文风。徐渭受诸多阳明后学的影响，主张“真心”，追求个性自由，在诗文、书画创作上强调“本乎性情”“真我面目”，在戏剧创作上强调“贱相色，贵本色”。徐渭在《题昆仑奴杂剧后》中说：

语入要紧处，不可着一毫脂粉，越俗越家常，越警醒，此才是好水碓，不杂一毫糠衣，真本色。

水碓（duì），利用水流力量舂米的水车。好的水碓，转动无限，不夹杂稻谷碾下来的秕糠，是“真本色”。徐渭在《书季子微所藏摹本兰亭》中说：

非特字也，世间诸有为事，凡临摹直寄兴耳，铢而较，寸而合，岂真我面目哉？临摹《兰亭》本者多矣，然时时露己意者，始称高手。

照一般人的想法，临摹书帖当以无限接近“蓝本”为旨归，但徐渭要求表达“真我面目”，要“时时露己意者，始称高手”，见解超然，令人难忘。

虽然没有明确的史料可以佐证板桥是阳明信徒，但板桥既然崇拜徐渭到无以复加的程度，说其丝毫不受阳明心学的影响，肯定不是事实。况且板桥老家兴化，地近泰州学派中心，地利之便，流风余韵，也很难不为波及。

李贽、徐渭都是狂人，板桥“狂怪”，得之徐渭处甚多。板桥说：

终日作字作画，不得休息，便要骂人。

三日不动笔，又想一幅纸来，以舒其沉闷之气，此亦吾曹之贱相也。

今日晨起无事，扫地焚香，烹茶洗砚，而故人之纸忽至。欣然命笔，作数箭兰、数竿竹、数块石，颇有洒然清脱之趣。其得时、得笔之候乎？

索我画，偏不画，不索我画，偏要画，极是不可解处，然解人于此但笑而听之。

狂怪就必有常人“不可解处”，就有板桥自称的“贱相”，但在“解人”看来，懂得了他们的真我面目，“但笑而听之”就可以了。板桥在《题乱兰、乱竹、乱石与汪希林》中说出了他的艺术雄心：

掀天揭地之文，震电惊雷之字，呵神骂鬼之谈，无古无今之画，原不在寻常眼孔中也。未画以前，不立一格，既画以后，不留一格。

板桥要做文艺界开天辟地的大人物，为此他排兵布阵，步步为营，直上险峰。自雍正三年（1725 年）板桥从北京返回扬州起，到乾隆七年（1742 年）任范县知县，这是板桥卖画扬州的第一阶段，历时 10 多年。当时的情况，板桥写诗说：“十载扬州作画师，长将赭墨代胭脂。写来竹柏无颜色，卖与东风不合时。”总体而言，是失败的。板桥初登画坛之际，扬州画坛以石涛为大宗师，板桥要立足，就必须打造自有品牌。

清中叶的扬州画坛，是个非常成熟的大市场，经济导向十分明显。在这种情况下，依样画葫芦，邯郸学步，殊难出头。求新求变，独树一帜，是立足画坛，打开销路的不二法门。一直到今天，画坛生存法则从未根本改变。

在板桥之前，进军扬州画坛获得成功的典型案例是黄慎。黄慎，字恭懋，福建人，一开始从学民间画家上官周，后离家远游，多次到扬州卖画。黄慎初来扬州时，模仿萧晨、韩范作工笔人物，书法学钟繇，但市场不接受。黄慎闭门三年，潜心变法，变楷书为行书，变工笔画为写意画，市场行情逐步打开。黄慎再进一步，变行书为大草，变写意为泼墨大写意，自此登门者络绎不绝，终获成功。

板桥要蹚出一条自己的路，他的做法，与今天打造品牌的方法如出一辙。

第一，确立品牌名称。

古人有姓、有名、有字、有号，“姓”得自家族传承，婴儿出生三月由父亲取“名”，男子 20 岁行成人冠礼取“字”。古人尊对卑称“名”，卑自称也是“名”，对平辈或尊辈则称“字”。此外，还有

“号”，或者自取，或者他人代取，用于日常称呼。比如东坡，姓苏，名轼，字子瞻，自号东坡居士，后世最知名的称呼是东坡。再比如唐伯虎，姓唐，名寅，字伯虎，号六如居士、桃花庵主、鲁国唐生、逃禅仙吏等，一大串，真正行于后世的称呼是唐伯虎。

板桥有强烈的品牌意识，对于自家名号，极为重视，他在《靳秋田索画》中说：

石涛画法千变万化，离奇苍古，而又能细秀妥帖，比之八大山人，殆有过之无不及处。然八大名满天下，石涛名不出吾扬州，何哉？八大纯用减笔，而石涛微茸耳。且八大无二名，人易记识，石涛弘济，又曰清湘道人，又曰苦瓜和尚，又曰大涤子，又曰瞎尊者，别号太多，翻成搅乱。八大只是八大，板桥亦只是板桥，吾不能从石公矣。

板桥敏锐地发现一个问题，石涛画法比八大，有过之而无不及，但是“八大名满天下，石涛名不出扬州”，八大是全国品牌，石涛只是地方品牌，板桥问，这是为什么？分析下来，板桥认为石涛别号太多，让人眼花缭乱，记不住；而“八大无二名”“八大只是八大”，板桥从中得到启发，锁定“板桥”两字，尽全力维护。其实板桥姓郑，名燮，字克柔，知道板桥名、字的人就很少。

第二，聚焦单品类，差异化竞争。

石涛是全能型选手，山水、花鸟、鞍马人物，样样精通。板桥觉得要胜过石涛，战线不能太长，他的策略是“专攻兰竹，聚焦取胜”，在兰竹这个品类上做到极致，他说：

石涛善画，盖有万种，兰竹其余事也。板桥专画兰竹，五十余年，不画他物。彼务博，我务专，安见专之不如博乎！

板桥为什么选择专攻兰竹呢？

盖以竹干叶皆青翠，兰花叶亦然，色相似也；
兰有幽方，竹有劲节，德相似也；
竹历寒暑而不调，兰发四时而有蕊，寿相似也。
又闻有明三百年，文人皆善兰竹，今概不见，不识何故。

板桥讲了 4 个方面的原因：一是兰竹人格化特征强，容易让人在精神上对号入座；二是兰竹扶疏，极易与诗文搭配。板桥兼擅诗、书、画、印，方便熔于一炉，形成自家特色；三是兰竹在当时存在市场空缺，容易突破，容易做成品类第一；四是板桥老家兴化喜种竹，观察方便。有此几项原因，在刻苦攻读圣贤书之余，“闭门只是画兰竹”就是很自然的事了。

石涛是兰竹名家，板桥要学石涛，难度极大，他说：

石涛画竹，好野战，略无纪律，而纪律自在其中。燮为江君颖长作此大幅，极力仿之。横涂竖抹，要自笔笔在法中，未能一笔逾于法外。甚矣，石公之不可及也！

学石涛“笔笔在法中”，非常难，但是不等于不能学习，他的方法是：

石涛和尚客吾扬州数十年，见其兰幅，极多亦极妙。学一半，撇一半，未尝全学；非不欲全，实不能全，亦不必全也。

板桥说不能全学石涛，既“不能全”，也“不必全”。如果全学石涛，最多成为“石涛第二”，就没有板桥了。齐白石说：“学我者生，似我者死。”这个道理，板桥老早就懂了。

第三，博采众长，跨界移植，终成自家风貌。

板桥善于向各家各派学习，师法对象包括苏东坡、黄庭坚、文同、郑思肖、陈元素、徐渭、梅清、禹之鼎、八大、石涛等，是吃百家饭长大的。比如学黄庭坚书法，再以书入画：

与可（文同）画竹，鲁直（黄庭坚）不画竹，然观其书法，罔非竹也。瘦而腴，秀而拔；欹侧而有准绳，折转而多断续。吾师乎！吾师乎！其吾竹之清癯雅脱乎！书法有行款，竹更要行款。书法有浓淡，竹更要浓淡。书法有疏密，竹更要疏密。

此幅奉赠常君酉北。酉北善画不画，而以画之关纽，透入于书。燮又以书之关纽，透入于画。吾两人当相视而笑也。与可、山谷亦当首肯。

书画相通，常君酉北“以画之关纽，透入于书”，板桥“又以书之关纽，透入于画”，想来非常得意，觉得自己这种做法，就是文同、黄庭坚死而复生，亦当首肯。

板桥有精密的现实感，知道什么可学，什么不可学，关键在于自身条件、自家性情，他说：

予作兰有年，大率以陈古白（陈元素，明代书画家）先生为法。及来扬州，石涛和尚墨花，横绝一时，心善之而弗学，谓其过纵，与之自不同路。

板桥不学石涛水墨花卉，不是不好，只是“过纵”，与自身性情“不同路”。板桥又说：

郑所南（郑思肖，宋末诗人、画家）、陈古白两先生善画兰竹，燮未尝学之；徐文长（徐渭）、高且园（高其佩，清代画家，指画开山祖）两先生不甚画兰竹，而燮时时学之弗辍，盖师其意不在迹象间也。文长、且园才横而笔豪，而燮亦有倔强不驯之气，所以不谋而合。彼陈、郑二公，仙肌仙骨，藐姑冰雪，燮何足以学之哉！

板桥在此上升到理论高度，学画“盖师其意不在迹象间也”，什么能学，什么不能强学，要看性情气度是不是“不谋而合”。

除了“以书入画”外，板桥还擅长“以诗入画”，诗画互补，同时将“题画诗”发展成独立的品类，对近现代吴昌硕、齐白石、潘天寿等画家产生了深远的影响。

题画诗通常分两种情况，一是先有诗，后作画，属命题作画。古代画院考试，多采取此种形式，如“深山藏古寺”“野渡无人舟自横”“竹锁桥边卖酒家”等诗句，都是现成的考试题目。另一种情况是，先有画，再依据画意补作诗。板桥以第二种情况居多，他的题画诗，立意深远、脍炙人口：

咬定青山不放松，立根原在破岩中。
千磨万击还坚劲，任尔东西南北风。

秋风昨夜度潇湘，触石穿林惯作狂。
唯有竹枝浑不怕，挺然相斗一千场。

画竹插天盖地来，翻风覆雨笔头载。
我今不肯行人去，写出龙须凤尾排。

这些题画诗风神隽朗，醒人耳目，对比当今诸多画家，动辄称大师，但没有一句诗透露胸中消息，甚至没有一篇像样的文章，终究不入大师之门。

在书法领域，板桥同样博采众长，兼收并蓄。中国书法有篆、隶、楷、行、草五种书体，每种书体都有代表性名家，如行书有王羲之、苏东坡，楷书有欧阳询、颜真卿、柳公权、赵孟頫四大家，草书有张旭、怀素，至于篆书和隶书，是秦汉及秦汉前的古文字，在清朝得到复兴，名家有邓石如、吴昌硕等。

每种书体，各有相应的规范和技法。五种书体，自成体系，就像五条铁轨，并行不悖。板桥的创新之处在于，他混同书体界限，一幅作品内同时出现楷书、行书和隶书，甚至同一个字内都有不同的变化。板桥解构五种书体基因，再重新拼装组合，创造出新的书写样式，称“六分半书”，后世称为“板桥体”。

何以称“六分半书”，并非横空出世，而是源远流长。秦代书法家程邈创制隶书，秦丞相李斯统一六国古文字为小篆，东汉书法家王次仲舍弃隶书的八分，只取二分，再舍弃小篆的二分，取八分，创造出“八分书”，后来经蔡邕（蔡文姬之父）简化，称“汉隶”，用作官方字体。

板桥上溯汉隶源头，“以汉八分杂入楷、行、草”，再融入画兰、画竹笔法，自创“六分半书”。至于说取了哪里的“六分”，哪里的“半分”，其余不取的“三分半”又在何处，书法是心画，不是化学实验，不必拘泥。

康乾盛世，康熙皇帝酷爱董其昌，乾隆皇帝推崇赵孟頫。上有所好，下必甚之，当时科举考试、政府公文遂以赵、董两家楷书为正宗，具备方正、光滑、乌黑、大小一律等特点，称“馆阁体”。

板桥准备科举多年，对馆阁体很熟悉，但这种千人一面、泯灭个性的书法形式，与板桥我行我素的性格、自立门户的创新意识格格不入，为官以后，板桥刻意标新领异，适应书法市场竞争的需要，创造出新的书法形式。

板桥好友金农，专门临摹汉代碑刻，聚焦隶书，多年精进，终于杀出一条血路，形成非常风格化的“漆书”，一时名动京华，海外争购。金农的创新可称为“集中优势兵力，单点突破”，板桥的创新属于另一种形式，可称为“边缘切入，跨界整合”，杂糅各家书体，面貌独特，而且能够掩盖优势兵力不足的缺点。这无疑是一条捷径，也因此板桥书法只能称“名家”，不能称“大家”。

板桥书法，一直被视为另类，好评、差评皆如潮水。

好评者称板桥书法“如灌夫（西汉大将）使酒骂坐，目无卿相”，又说，“行楷中笔多隶法，意之所之，随笔挥洒，遒劲古拙，另具告致”，又说，“如秋花依石，野鹤戛烟，自然成趣。时称板桥体，多效之者，然弗能似也”，又说，“中年始以篆隶之法阑入行楷，蹊径一新，卓然名家”。

对板桥书法的差评以袁枚为代表，他说：

唯书法近学郑板桥，则殊不必。

板桥书法野狐禅也，游客中有寿门、楚江诸公，皆是一丘之貉，乱爬蛇引，不足妃豨，以揠苗助长之功，行索隐行怪之状，亦如孙寿本无颜色，又不肯安心梳里，故为龋齿笑，坠马妆，以蛊惑梁冀、秦宫耳。若西施王嫱，天然国色，明珰玉佩，整整齐齐，岂屑为此娇弱造作小家子态哉！

昔人论诗，道苏东坡如名家女，大脚步便出，黄山谷缩头拗颈，欲出不出，有许多作态，为是甚的，字亦如是。

袁枚骂人功夫一流。孙寿是东汉权臣梁冀之妻，袁枚说她“本无颜色”，因此造作出许多“愁眉、坠马髻、折腰步、龋齿笑”等妆容，借以媚惑男人。如果是国色天香的西施、王嫱，“淡妆浓抹总相宜”，根本不需要这些“造作小家子”伎俩。黄庭坚，字山谷，袁枚把他一齐骂倒，自己在废墟上巍然独立，好不威风。

不管他人如何评价，板桥自己也有说法：

庄生谓：“鹏怒而飞，其翼若垂天之云。”古人又云：“草木怒生。”然则万事万物何可无怒耶？板桥书法以汉八分杂入楷行草，以颜鲁公《座位稿》为行款，亦是怒不同人之意。

是的，板桥确有“怒不同人”的爆发力，虽非国色天香，但也自成一格。

第四，提出“胸无成竹”的绘画理论，建立新话语权。

画竹之理论，有不可逾越之高峰，板桥看到“山在那儿”，总想着“山高人为峰”，他要挑战东坡“胸有成竹”的著名画论，东坡在《文与可画筼筜谷偃竹记》中说：

故画竹，必先得成竹于胸中，执笔熟视，乃见其所欲画者，急起从之，振笔直遂，以追其所见，如兔起鹘落，少纵则逝矣。

文同，字与可，是东坡表兄弟，擅长画竹。东坡此则画论，造就一著名成语“胸有成竹”，影响及于画外。东坡身边有一文人集团，“苏门四学士”之一的晁补之，进一步说，“与可画竹时，胸中有成竹”。板桥不信这个邪，他偏要说“胸无成竹”：

江馆清秋，晨起看竹，烟光日影露气，皆浮动于疏枝密叶之间。胸中勃勃，遂有画意。其实胸中之竹，并不是眼中之竹也。因而磨墨展纸，落笔倏作变相，手中之竹，又不是胸中之竹也。总之，意在笔先者，定则也；趣在法外者，化机也。独画云乎哉？

板桥选定了两个攻击点，一是“晨起看竹”，也就是“师法自然”，这是谁也无法否定的根本大法；二是东坡“胸有成竹”的画论本来不错，但随着时间推移，“胸有成竹”有了弊病，就是画竹先有程式，甚至有约定俗成的套路，结果反遭束缚。板桥强调，“胸中之竹”并不是“眼中之竹”，更不是“手中之竹”，在三者之间建立起一贯的联系，是一种僵化；“意在笔先”固然没有疑问，但画竹最终的生命力还在于“法外之趣”，要有不同于古人的“真我面目”。板桥几乎要说出他最想说的话：画竹在文同之外，还有板桥！板桥懂得和谐，他说：

文与可画竹，胸有成竹；郑板桥画竹，胸无成竹。
浓淡疏密，短长肥瘦，随手写去，自尔成局，其神理具足也。
藐兹后学，何敢妄拟前贤。然有成竹无成竹，其实只是一个道理。

板桥说：“其实只是一个道理。”是的，关于法度与自由的讨论，在艺术史上由来已久。东坡论书法时说："我书意造本无法，点画信手烦推求。"石涛说："至人无法，非无法也，无法而法，乃为至法。"板桥某种意义上是"打着红旗反红旗"，因而立于不败之地，终于在绘画理论的顶层设计上成功突围。

乾隆十九年（1754 年），板桥罢官，回兴化小住，很快来到扬州，一时诗朋画友，纷纷来会。安徽诗人李啸村赠板桥一副对联：

三绝诗书画，一官归去来。

板桥感念老友挚情，非常激动，不能自已，马上挥毫画竹，并题诗一首：

二十年前旧酒瓶，春风倚醉竹西亭。
而今再种扬州竹，依旧淮南一片青。

11 年后，乾隆三十年（1765 年），板桥去世，葬于兴化城东管阮庄，享年 73 岁。板桥生于兴化、归于兴化，给中国诗画园地留下了"一片青"。